吉林省农民收入结构问题研究

Research on farmers' income structure in Jilin province

张茗朝 陈忠明 姜会明 著

中国农业出版社

前　言

20 世纪 90 年代以来，伴随着中国经济市场化改革与工业化、城镇化进程的加快，大量农业剩余劳动力向非农产业转移，农民从事非农经营活动收入和外出务工取得的工资性收入逐渐增加，农民对土地的依赖程度呈现下降的趋势，这不仅有利于土地流转和农业劳动力向城镇转移，而且有利于城乡统筹发展，实现城乡一体化。与此同时，在吉林省，农民非农收入在农民收入中的比重与全国平均水平却未能同步，农民从事非农经营活动收入和外出务工取得的工资性收入少，农民非农收入的总量和比例均有待提高。如何为农民非农经营活动和外出务工提供更多的机会，进而增加农民非农收入是吉林省农民持续增收的核心，也是缩小城乡收入差距的关键。

本书以吉林省农民收入结构作为研究的主题，共分为 10 章。其中：第一、二章为理论分析部分，提出本书的研究背景及研究意义、研究目的、研究方法、相关概念界定、理论基础和国内外研究现状等内容。第三、四、五、六、七、八、九章为实证分析部分，第三章分析了吉林省农民收入结构现状；第四章分析了吉林省农民收入时空差距；第五、六章分别从宏观和微观视角利用时间序列数据和截面数据分析了吉林省农民收入结构的影响因素；第七章分别从粮食生产、非农就业、居民消费和经济增长等方面分析了吉林省农民收入结构的变动效应；第八章分析了吉林省农民增收的产业选择与布局优化；第九章对吉林省现行农民收入支持政策给予评价，提出了政策改革方向。第十章对前面研究进行总结并提出相应对策建议。

吉林省农民收入经历了从低速增长向快速增长转变的过程，农民收入的非农化特征逐渐显现出来。但在吉林省农民收入的构成中，仍以家庭经营性收入为主，家庭经营性收入中第一产业占有绝大比重，第一产业的内部结构，种植业一枝独秀，特别是玉米种植业收入比重较大。从收入结构变动来看，农民家庭经营性收入有下降趋势，但是下降幅度并不明显，农民工资性收入虽有上升趋势，但是上升的幅度不显著，工资性收入对农民收入增长的提升作用不明显。吉林省城乡居民绝对收入差距一直呈现扩大的趋势，相对收入差距近年来有缩小的趋势。从农户内部收入差距变化的趋势来看，农民之间的基尼系数呈现不断扩大的趋势；从农民收入区域差距来看，泰尔指数呈现缓慢上升的趋势，县域内贡献总体呈现波动下降的趋势，县域间贡献总体呈现波动上升的趋势。基于宏观视角利用时间序列数据实证研究结果表明：吉林省农民收入结构与“城镇化经济水平”“非农资本活跃度”“二、三产业发展力”正相关。基于微观视角利用截面数据实证研究结果可以看出：在外部环境一定情况下，农民非农收入会受到农民自身因素、居住地因素、家庭因素的影响。对不同类型农民的土地利用效率的研究发现，一定非农收入有利于农户土地利用效率的提高，但是当农民非农收入所占比重超过一定水平时，例如，非农收入超过50%时，农民土地利用的效率会出现明显下降，由此可以推论，农民收入结构变动会给粮食生产带来一定的影响。由于农民人均耕地资源较丰富，吉林省农民非农收入的增加并不能够让农民放弃农业经营。而且，随着国家支农惠农力度的加大，农业各种补贴也使得农民经营农业的积极性增强，导致农民放弃农业经营转向其他职业的机会成本变大，农民并不愿意放弃农业经营去转变职业角色。在收入结构对消费支出结构的影响方面，家庭经营性收入和工资性收入仍然是影响农民基本消费支出的最主要收入来源，转移性收入对农民非基本生活消费支出的正向影响较大，尤其是对农民文化教育方面消费支出的影响最大。工资性收入和转移性收入对农民医疗消费支出的正向影响较大，工资性收入对农民交通通信消费支出的正向影响最大。农民非农收入与地区经济发展的关系，更多地表现为地区经济发展对农民非农收入的影响。吉林省农民增收的关键在于非农产业吸纳农业剩余劳动力的能力。

现行农民收入支持政策对于促进吉林省农民增收取得了一定成效，但粮食支持政策、土地流转政策、区域发展政策和新型农业经营主体培育政策仍有完善的空间，垄断式的收储政策制约了市场功能的正常发挥，临储价格的实施也使得大量的生态脆弱区、湿地保护区变成了玉米种植区，破坏了生态环境，也造成了下游产业的高成本效应。未来应实施差异化粮食支持政策，向专业种粮农民倾斜，促进土地流转，强化生态环境意识，重视农业保险补贴，降低农业灾害与市场风险。同时，中央政府应该加大对吉林省区域经济发展的支持力度，积极培育新型农业经营主体，推动农业现代化进程。

本书是吉林省委财经办项目——“收入分化视角下农民增收路径研究”、吉林省社科基金项目——“吉林省农业供给侧结构性改革的路径与模式研究”、吉林省科技厅项目——“吉林省现代农业产业体系构建和发展模式研究”和吉林省教育厅项目——“基于服务吉林经济视角的高等农业院校科教资源配置研究”的部分成果。课题组成员姜会明、张茗朝、陈忠明、许珺、于泓淼、孙雨、冯静、马瑞、窦以鹏、吉宇琴等集体参与，由张茗朝、陈忠明、姜会明执笔完成，省内专家郭庆海教授为完善本书奉献了思想与智慧。我们在研究过程中研读或引用了国内外同行的一些研究资料，其中部分被引用的资料已于正文和参考文献中作了注释，但也有部分资料其观点和思想曾给我们以启迪却没有被列出，谨此致谢。本研究难度远超出我们当初进行立项设计时的预料，我们虽然努力想做得更好，但限于知识与能力，仍不免对研究的深度和水平存在许多遗憾，敬请有关专家、广大同行给予批评与指正。

作　者

2016年9月21日

目　录

第一章 绪　　论

1.1 问题提出

1.1.1 选题背景

20世纪90年代以来，随着中国改革开放政策的实施和市场经济体制的建立，中国经济发展的步伐不断加快，人民生活水平显著提高，综合国力不断增强，现阶段，中国已经进入全面建成小康社会的关键时期。要全面实现小康社会和共同富裕的宏伟目标，就必须加快促进社会结构、经济体制与经济发展方式的同步转型，实现社会经济整体协调发展。而完成这“惊险一跳”的重要标志和内容就是中等收入者阶层的扩大和“橄榄形”社会的形成。我国仍然是拥有6亿多农民的发展中国家，扩大中等收入人群的比例，需要扩大农村中等收入农民的比例。没有农民的富裕、农村的小康，很难实现全面建成小康社会的目标。2007年以来，随着国际金融危机的影响，全球经济环境发生了变化，中国经济面临着劳动力成本上升、资源环境制约力度加大等诸多压力，中国经济发展的速度也开始下降。在中国经济增速放缓的背景下，农民收入增长也面临着巨大的困境，家庭经营性收入和工资性收入增速放缓。在这样的背景下，如何促进农民收入结构的优化，加快农民收入增长是亟待研究的重要课题。

中国由于人口众多，耕地面积占国土面积比例较低，这样的资源禀赋约束使得中国农业成为典型的耕地资源约束型农业。农业利润率低于社会平均利润率和土地规模报酬递减规律共同决定了农业不能成为农民持续增收的主要动力，进而农民增收问题解决很难从农业生产中找到突破（黄季焜，2000）。20世纪90年代以来，伴随着农村市场改革与经济非农的转型，民营经济、乡镇企业的发展，城乡劳动力市场壁垒的打破，大量农村剩余劳动力进入城镇，转移到非农产业就业，传统的纯农业经营户出现了非农经营和兼业经营的现象，农民从业出现了多样性和兼业性的特点。伴随着农民家庭非农生产经营活动的增加和农村劳动力非农就业的转移，农民收入结构发生了变化，非农收入占农民家庭总收入的比重逐渐上升，农业收入所占比重逐渐下降，非农收入已经成为农民收入持续增加的关键因素。伴随着农民家庭收入结构的变化，农民家庭收入对土地的依赖度下降，进而加快了土地的流转和规模经营。劳动力的非农转移和土地的流转有利于实现城乡统筹发展，进而实现城乡一体化。农民非农收入对农民增收的重要性已得到了学术界普遍的重视，解决农民收入问题的关键是农民非农就业问题（张车伟，王德文，2004；蔡昉，2005；钟甫宁，何军，2007 等）。因此，研究农民收入结构问题有利于找出农民收入结构变动的客观规律，揭示农民收入变动和收入结构变化的趋势，找到农民收入增长的长效机制，为政府制定相关的农业政策提供决策参考依据。

吉林省地处中国东北地区，是中国 13 个粮食主产区之一，粮食商品率高于全国平均水平，是中国粮食净调出省份之一。20 世纪 90 年代以来，吉林省粮食产量不断增加，先后突破 500 亿斤*、600 亿斤、700 亿斤等大关，2014 年粮食总产量达到 706.56 亿斤，有榆树、公主岭、农安、梨树和扶余 5 个县（市）进入中国产粮大县（市）前 10 位。吉林省的粮食生产关系到中国的粮食安全，而决定吉林省粮食稳产的关键在于吉林省农民收入持续稳定的增长。1991—2014 年吉林省农民人均纯收入年均增长 12.30%，略高于同期全国农民人均纯收入 12.14%的增长速度。2014 年吉林省农民家庭人均可支配收入首次突破万元，达到 10 780.12 元。吉林省农民收入虽然总体上呈现不断增长的趋势，但是农民收入结构变化较小，与全国平均水平相比，吉林省农民非农收入占农民家庭人均纯收入的比重较低，而作为非农收入中的重要来源的工资性收入远远低于全国平均水平，2014 年吉林省农民人均工资性收入为 1 937.6 元，工资性收入占农民家庭人均纯收入的比重为 17.97%，而 2014 年中国农民人均工资性收入为 4 152.2 元，工资性收入所占比重为 41.98%，吉林省农民工资性收入无论从总量上还是从比重上来看，都远远低于全国平均水平。增加农民收入，关键在于提高农民工资性收入，优化农民收入结构。因此，找出影响吉林省农民收入结构的因素，推动一部分农民转换为市民，就业向非农产业转

* 斤为非法定计量单位，1 斤＝0.5 千克。——编者注

移，进而扩大专业农户、种粮大户和家庭农场等经营主体从事农业经营的规模，寻求吉林省农民收入增长的长效机制，对解决吉林省“三农”问题具有重要的现实意义。

农民收入问题一直是学术界、政府和社会媒体关注的热点，随着工业化、城镇化进程的加快，农民收入增长的主要来源也由过去依靠务农收入转为依靠非农收入，农民增收问题已经不再是单纯的农业问题，也不再是农民个人素质的问题，而是一个与区域经济发展、工业化和城镇化等诸多方面相互关联的问题。研究农民增收问题需要对农民收入结构的特点和变化趋势以及影响因素进行分析，同时，农民收入结构的变化又和农民行为的变化相互关联。农民收入结构的变化与农民非农就业行为、消费行为之间存在何种关系？另外，农民收入结构的变化又与经济增长之间存在着何种关系？这些问题的研究对于厘清农民收入结构变化问题，进而厘清农民收入问题具有重要的意义。从国内现有的研究来看，研究农民增收问题的成果较多，但从农民收入结构的视角，研究农民收入结构影响因素，将农民收入结构与粮食生产、农民非农就业和农民消费行为结合起来研究的文献还比较有限。本书基于前人对农民收入问题的研究，从农民收入结构视角出发，分析吉林省农民收入结构的特点，农民收入结构的影响因素，研究农民收入结构与农民行为选择的关系，最后分析农民收入结构与经济增长之间的关系，在以上分析的基础上提出促进吉林省农民收入结构优化和农民收入增长的长效机制，以期为各级政府制定粮食增长政策和农民增收政策提供决策参考依据。

1.1.2 研究目的

本研究在回顾农民收入问题和农民收入结构相关文献的基础上，借鉴产业结构转换理论、二元经济理论和舒尔茨的“理性小农说”等相关理论，采用理论与实证相结合、定性与定量相结合、静态分析与动态分析相结合的方法，以吉林省农民收入结构问题为切入点，通过对吉林省农民收入结构的特点、吉林省农民收入结构的影响因素和吉林省农民收入结构的效应等问题的研究，揭示吉林省农民收入结构变动的规律。本研究主要达到以下 5 个目的：一是分析吉林省农民收入结构现状，找出吉林省农民收入结构的特征及矛盾冲突；二是分析吉林省农民收入时空差异，利用基尼系数分析农民间收入差距，采用泰尔指数分析农民收入空间差距，并分析市（州）贡献和县域内贡献；三是基于宏观与微观两个视角，利用时间序列数据和截面数据分析吉林省农民收入结构的影响因素和影响程度，厘清影响农民收入结构的主要因素，从而为优化农民收入结构和促进农民增收提供决策参考依据，逐步消除阻碍农民收入持续增长的障碍因素；四是从粮食生产、农民非农就业、农村居民消费和经济增长 4 个方面分析农民收入结构效应，分析农民收入结构同粮食生产、农民非农就业、农村居民消费和经济增长之间存在的联系和规律；五是分析吉林省农民增收的产业选择与布局优化；六是对现有影响农民增收和农民收入结构的支持政策进行评价，以便找到农民持续增收和粮食安全的政策建议。

1.1.3 研究意义

（1）理论意义

从农民收入结构视角，按照农民收入来源和收入性质来研究农民收入问题，研究方法和研究结论有利于从理论上丰富已有的研究成果。一是有利于丰富农民增收的基本理论。从农民收入结构着手，细化农民收入问题的研究，尝试系统地探索农民收入增长机理，进一步创新农民收入增长的理论支撑，有助于正确认识农民收入增长规律。二是有利于完善农民收入结构优化理论。研究农民收入结构的变化规律有助于促进农民家庭经营内部分工分业，促进农村与城镇的和谐共生，不仅能够增加农民收入，而且能够缩小城乡之间的收入差距，有利于实现共同富裕。三是有利于农村劳动力资源、资金和技术等要素流动理论的完善，推动农民收入结构变动，鼓励农村富余劳动力转向城市，实现生产要素在城乡之间和产业之间的再配置和优化，完善生产要素流动理论。

（2）实践意义

现阶段，我国农业外部受到其他国家农业的竞争，内部面临劳动力成本、物质投入成本和土地租金成本不断上升的压力，农民收入越来越受到全球经济的影响，农民持续增收有机遇，但也有压力和挑战。2014 年我国政府提出了经济发展“新常态”的理念，那么农业增产和农民增收问题都要在经济发展“新常态”的大背景下予以实现，这对农民增收提供了新机遇和新挑战。本研究的实践意义主要体现在以下 3 个方面：一是通过分析吉林省农民收入结构现状，研究影响农民收入结构的因素，同时结合吉林省具体省情，制定切合实际的农民收入结构优化和农民增收政策，发展非农产业，加速新型城镇化建设，实现一、二、三产业融合，增加农民非农收入。这些政策在确保农民土地承包权益得以维护的同时又可以使农业“两个剩余”得到更有效利用，对于促进“四化”统筹协调发展具有重要的现实意义。二是通过对吉林省农民收入结构和农民非农就业的深入研究，揭示农民收入结构与农民非农就业之间的相互响应机制，并探求存在的问题，以此来尝试降低兼业农户对土地的依赖，使其自主转出土地给愿意扩大土地经营规模的农民，推动农村土地有效流转、促进土地的集中经营和规模经营，进而提高农业的市场抗风险能力和竞争能力。三是吉林省作为老工业基地和粮食主产区，找到促进吉林省农民增收又能保证粮食生产增加的基本思路和策略，对吉林省乃至我国经济稳定增长有重要的现实价值，同时，本研究也可为我国其他粮食主产区农民收入结构问题和农民增收问题提供经验借鉴。

1.2 概念界定

1.2.1 农民

农民这一概念，虽然经常使用，但是它的含义却随着不同的社会发展水平和不同的历史时期而有所不同。从字面意思上讲农民就是农村居民。农民除了是对一群人的统称以外，还指一种职业角色，是指从事农、林、牧、渔业生产经营的人的统称。这一表面认识也出现在一些词典中，例如《辞海》和《经济学大辞典》都将农民界定为从事农业生产的劳动者（《辞海》，1980；《经济学大辞典》，1992）。《新帕尔格雷法经济学大辞典》对农民的解释更加全面，它指出小农是指生活在农村并进行土地耕作的人，这类人包括对土地具有所有权的人，还包括租种土地的农场主，甚至还包括农奴，只要能够得到耕种土地的权利和保障，就可以把这类人称为农民。西方发达国家对农民更多的是从职业的角度来界定的，农民是指从事农业生产经营活动的劳动者，和工人、教师、律师等一样是一种职业，农民和其他职业的劳动者之间的区别不大，享受的社会公共福利和社会保障制度大体上一样。西方发达国家农民这种职业和其他职业之间的流动也较为通畅，农民在农村和城市中生活和就业等方面并不存在制度上的限制条件。农民不仅是一种职业，还代表一种社会存在状态和社会组织方式。

我国学者对农民这一概念的理解，一般从职业和户籍两个角度来理解，从职业角度来讲，农民就是指从事农业生产经营活动的劳动者，显然，这一界定是对农民这一概念的狭义理解；从户籍制度来讲，由于我国特殊的二元经济结构，从1958年开始实施《中华人民共和国户口管理条例》以来，我国就形成了农村户口和城市户口分类登记管理的制度，当然很长时间，农民就被认为是具有农村户籍的居民。由此看出，农民这一概念可以从两个层面来理解，一方面指具有农村户口并且从事农业生产的劳动者；另一方面指具有农村户口，但是从事非农生产的劳动者，这部分劳动者不享受城市医疗、养老等社会保障，那些虽然具有农村户口，但是却从事非农生产经营活动，并且享受城市医疗、养老等社会保障的劳动者不能算作农民。随着经济的发展和农业生产方式的转变，农民这一群体的概念和内涵也在发生变化，例如，随着农村富余劳动力往非农行业转移，农村居民往城镇转移，农村从事农业生产经营活动的主体由过去的分散、小规模经营的农民变成了专业农民、种粮大户、家庭农场和合作社等新型经营主体；同时，城乡社会保障体系逐渐统一，差别越来越小，相应的农民概念未来会更加体现职业的特点。为了相关研究的需要，本研究需要使用相关的统计资料进行实证研究，因而仍然将农民界定为：具有农村户口的劳动者，不仅包括专门从事农业生产的劳动者，也包括农业兼业农民，还包括具有农村户口，但是不享有城市社会保障福利的从事非农生产经营的劳动者。

1.2.2 农民收入结构

本研究中的农民收入是指农民人均纯收入，是指农户家庭人均总收入扣除相应费用之后的净值，宏观统计数据中的农民人均纯收入反映的是一个区域农村居民的平均收入水平，同时农民人均纯收入也反映了一定区域农村居民生活水平，微观调研数据反映的是家庭人均收入水平，反映的是农村家庭生活水平。在没有特别说明的情况下，本研究中农民收入默认为农民人均纯收入。

本研究中的农民收入结构是指农民家庭收入的来源，以及不同收入来源所占的比例和不同收入来源之间的相互关系，农民收入结构是一个随着时间变化和地域变化而变化的概念。根据研究视角的不同，农民收入结构的构成也有所不同。

（1）按照不同的收入来源渠道，可以将农民家庭收入分为家庭经营性收入、工资性收入、财产性收入和转移性收入，这种农民收入来源分类既能反映不同收入来源对家庭收入的贡献率，又能反映农民对自身资源的配置方式及效率。家庭收入的第一个重要来源是家庭经营性收入。家庭经营性收入是指以家庭为单位进行生产经营活动取得的收入。按照经营活动的行业属性可以将家庭经营性收入分为第一产业、第二产业和第三产业收入，其中，第一产业经营性收入又可以分为农、林、牧、渔经营性收入。农民工资性收入是指农民为用人单位提供劳动然后获得的工资报酬，这种劳动既包括体力劳动，也包括脑力劳动，相应用人单位既包括工商企业类组织，也包括非营利组织，同时还包括行政、事业单位。农民收入的第三个来源是财产性收入。财产性收入是指农民通过出租、存放、有偿使用等方式从固定资产、金融资产和其他资产取得的各种收入，主要包括出租固定资产的租金收入、银行存款利息收入和集体资产分红等各种财产性收入。农民收入的第四个来源是转移性收入。转移性收入是指各级政府、企业、非营利性社会组织或者个人通过无偿的形式向农民转移的资金、物资和服务。转移性收入属于农民在二次分配中获得的收入，按收入来源不同可分为以下几个方面：一是从国家财政转移中获得的收入，包括各种农业补贴、奖励、灾害补偿等；二是从企业或其他社会组织捐赠获得的收入；三是亲属、社会个人给予的馈赠和资助等；四是其他方式获得的转移性收入。

（2）按照农民家庭收入来源的性质可以将农民收入分为生产性收入和非生产性收入。农民生产性收入是指农民通过从事农业、工业、建筑业等生产经营活动取得的收入，依据农民从事生产活动的性质可以将农民生产性收入分为农业生产性收入和非农业生产性收入。农业生产性收入主要是指农民从事农业生产经营活动所取得的收入，是指家庭经营性收入中的第一产业收入。非农业生产性收入，本研究简称非农收入，是指农民从事非农生产经营活动所取得的收入，包括家庭经营性收入中的非第一产业收入和务工取得的工资性收入。农民非生产性收入是指农民无需提供任何劳动就能获取的收入，是农民家庭收入中去除生产性收入剩余的收入部分，主要包括财产性收入和转移性收入。

根据以上分析，可以将农民收入结构按照表 1-1 所示来区分。

表 1-1 农民收入结构的界定

收入来源分类	收入内容	收入性质分类	
工资性收入	工资性收入	非农收入	生产性收入
家庭经营收入	第二、三产业收入（交通运输业经营收入、建筑业经营收入、邮电业经营收入、工业经营收入、批发和零售业经营收入、餐饮业经营收入、社会服务业经营收入、文教科卫业经营收入）		
	第一产业收入（农业、林业、牧业、渔业经营收入）	农业收入	
财产性收入	财产性收入		非生产性收入
转移性收入	转移性收入		

需要指出的是，从2012年第4季度起，中国国家统计局对城镇和农村住户调查进行了一体化改革，规范了城乡划分范围，将过去城乡居民收入两套统计指标统一为一套统计指标，建立了城乡一体的住户调查制度，在此基础上开展统计数据的调查和收集工作。将“农民家庭平均每人纯收入”这一指标统一调整为“农民家庭平均每人可支配收入”，城镇居民收入和农村居民收入统一采用居民可支配收入这一指标。农民家庭平均每人可支配收入反映的是农村居民在国民收入分配中的最终所得，更加符合实际经济意义。农民人均纯收入与农村居民人均可支配收入在指标性质、指标口径、调查对象和调查范围都有所差异，笔者在分析时尽力加以调整，但碍于现有统计数据，难免出现混用的情况，好在数据差异不大，反映趋势是一致的。

1.2.3 农民分化

农民分化是指在传统农业社会向现代工业社会转变过程中，由于现代工业部门的规模报酬和劳动力边际产出普遍高于传统农业，在寻求更高边际产出的驱动下，大量农村劳动力从农业转向工业和第三产业，原来小农经济下的农民由单一的农业生产转向工业生产，农民在职业、经济收入、居住地点、消费方式、价值观念等方面开始分化，从原来几乎同质的农民中分化出来大量非农业劳动力，由农村向城市流动和集中居住，带来现代意义上的城市大发展。农民分为3类。第一类是在城市务工的农民，完全放弃了农业经营行为，将全部劳动时间都用在非农产业中；第二类是半工半农的农民，这部分农民在农忙时回家务农，农闲时外出务工；第三类是纯农民，这部分农民并没有出现外出务工的现象，仍然将全部劳动时间用于农业生产经营，以此取得劳动报酬。以上对农民类别的划分主要依据农民收入的来源和农民日常生活居住的场所，这种分类并不是一成不变的，而是彼此可以转换的。随着第一类农民收入的不断提高和在城市中较强人脉的建立，这类农民可能完全脱离农村，变成市民，这类农民家庭中务农的老人也会随之进入城市，变成市民。当然，第一类农民也有可能受到就业行业经济不景气的影响返回农村务农，变成第三类农民。同时，随着经济的发展以及农民职业技能及经验的积累，第二类农民也可能转换为第一类农民，同样，有一部分第二类农民由于年龄的增长和知识技能更新换代较慢也可能转换为第三类农民。从整体上看，随着工业化和城镇化进程的加快，第一类农民所占的比重逐步增加，第三类农民所占的比重逐渐降低。随着工业化、城镇化进程的完成，农业经营的主体会变成专业农民、种粮大户、家庭农场和合作经济组织。

农民分化伴随着农民收入结构变动和农民就业分化。农民收入结构变动是指伴随着工业化和城镇化进程的加快，农村富余劳动力开始往非农产业转移，农民家庭收入的来源出现了多元化的现象，由过去的以家庭经营性收入为主，尤其是以第一产业生产经营为主，逐渐向以家庭经营性收入和工资性收入为主转变，部分兼业化程度较高的农民家庭收入主要以工资性收入为主。农民收入结构的变动主要表现在非农收入比重逐渐加大，本研究用非农收入占总收入的比值来反映农民收入的非农化程度，这样农民非农收入所占比重越大，农民的非农化程度也就越高。农民收入结构的变化是农民职业分化的结果，农民职业分化是指随着工业化、城镇化进程的加快，以及城乡二元经济体制的放开，一部分农民将部分劳动时间或者全部劳动时间转移到非农产业，以便获得相应收入。农民非农就业从根本上来讲是行业利润率存在差距的结果，也就是非农产业利润率高于农业利润率，进而吸引部分农村富余劳动力或者农民部分劳动时间进入非农产业。同时，随着收入结构的变动，农民内部也出现了分化的现象。

1.3 研究目标与研究内容

1.3.1 研究目标

本书以吉林省农民收入结构为主题，分析吉林省农民收入结构的现状、特征，利用统计资料和实地调研数据，从宏观和微观两方面寻找农民收入结构影响因素，分析农民收入结构对粮食生产、农民非农就业、农民消费支出和经济增长的效应，对影响农民增收和农民收入结构变动的政策进行阐述和评价，试图构建一个使农民非农收入增加、农业收入增长的“和谐”收入结构，为改善农民福利政策制定提供实证依据，以促进吉林省农民收入健康、快速地增长。研究的具体目标为：

(1) 从收入来源、收入性质视角，旨在分析吉林省农民收入结构变动特征，总结吉林省农民收入结构变动的趋势。首先从纵向阐述吉林省农民收入结构变动的情况，其次对吉林省农民收入结构进行横向比较，最后阐述吉林省农民收入结构变动的矛盾与冲突。

（2）分析吉林省城乡居民的绝对收入差距和相对收入差距，测算吉林省农民内部收入差距的基尼系数；计算农民收入区域间差距的泰尔指数，并分析泰尔指数的县域内贡献和县域间贡献。旨在从时空上全面了解吉林省农民收入差异。

（3）基于宏观与微观视角利用时间序列数据和截面数据分别研究农民收入结构的影响因素，探讨吉林省农民收入结构的影响因素和影响程度。

（4）从粮食生产、农民非农就业、农民消费和经济增长等方面探讨吉林省农民收入结构变动的效应。

（5）分别从吉林省优势产业选择、吉林省产业发展的重点和优化吉林省产业布局等方面来分析吉林省农民增收的产业选择与布局优化。

（6）吉林省农民收入结构的变化离不开国家支持政策的变化，对影响农民增收和农民收入结构变动的政策进行阐述和评价，结合本书的实证分析，找到促进农民增收和保证粮食安全的对策建议。

1.3.2 研究内容

针对以上研究目标，本书具体研究内容一共分为10章。其中前两章为理论分析部分，提供研究的背景及意义、相关概念界定、研究目标、研究内容、研究方法、理论基础，国内外研究综述等内容。第三、四、五、六、七、八、九章为实证分析部分，第三章分析了吉林省农民收入结构现状；第四章分析了吉林省农民收入时空差距；第五、六章分别从宏观和微观视角利用时间序列数据和截面数据分析了吉林省农民收入结构的影响因素；第七章分别从粮食生产、非农就业、居民消费和经济增长等方面分析了吉林省农民收入结构的变动效应；第八章分析了吉林省农民增收的产业选择与布局优化；第九章对吉林省现行农民收入支持政策给予评价，提出了政策改革方向。第十章为对前面研究的总结并提出相关对策建议。

第一章，绪论。在研究背景的基础上梳理出研究问题。首先，阐述本书的选题背景、研究目的和研究意义；其次，对相关概念进行界定；再次，介绍本书的研究目标、研究内容、研究方法和技术路线；最后，介绍本研究的主要创新点和不足之处。

第二章，理论基础与文献评述。对书中用到的相关理论进行阐述；综述农民收入结构问题的国内外研究现状，同时对国内外目前的研究进展进行评述，以便为下面的研究提供借鉴。

第三章，吉林省农民收入结构现状分析。以 1991—2014 年吉林省农村居民家庭人均纯收入的相关数据为基础，分别从横向和纵向两个方面来分析农民收入结构的变化；分析吉林省农民收入结构变动的矛盾与冲突。

第四章，吉林省农民收入结构与收入差距。分析 2001—2014 年吉林省城乡居民收入的绝对差距和相对差距；对 2001—2014 年吉林省农民内部收入差距的基尼系数进行测算；对 2001—2014 年吉林省农民收入区域差距的泰尔指数进行测算，并对泰尔指数进行分解，了解县域间贡献和县域内贡献。

第五章，吉林省农民收入结构影响因素分析：宏观视角。根据 1991—2015 年《中国统计年鉴》和《吉林统计年鉴》的相关统计数据，对吉林省农民收入结构的宏观影响因素进行定量分析，找出农民收入结构的影响因素。

第六章，吉林省农民收入结构影响因素分析：微观视角。依据吉林省入户调研数据对非农收入大致状况进行统计描述，并且采用累计 Logistic 回归分析法探讨农民自身因素、居住地因素、家庭因素等因素对农民收入结构的影响。

第七章，吉林省农民收入结构变动效应分析。主要对农民收入结构与粮食生产、农民收入结构变动与非农就业、农民收入结构与农民消费、农民收入结构与经济增长之间的交互响应情况及其响应路径进行全面的分析。

第八章，吉林省农民增收的产业选择与布局优化。分别从吉林省优势产业选择、吉林省产业发展的重点和优化、吉林省产业布局等方面来分析。了解吉林省农民收入与产业结构的协调性。

第九章，吉林省农民收入支持政策评价。吉林省农民收入结构的变化离不开国家支持政策的变化，介绍农民收入主要支持政策的沿革，并对现有政策进行评价，提出政策的改革方向，为农民收入结构政策完善提供依据。

第十章，研究结论与对策建议。主要介绍研究结论，在对以上各章进行总结性述评的基础上有针对性地提出对策建议，并对农民收入结构问题研究提出展望。

1.4 研究方法与技术路线

1.4.1 研究方法

为实现以上的研究目标，完成以上研究内容，本研究采用理论分析与实证验证相结合、定性与定量相结合、静态分析与动态分析相结合的研究方法。计量分析方法在具体应用时会予以阐述，除此之外的研究方法包括：

（1）文献分析法

用图书馆大量专业藏书、网络图书馆等电子信息资料，获取大量的国内外农民收入结构相关的研究文献资料，通过认真阅读，进行归纳整理，加深对农民收入结构问题的初步了解，总结以往研究中可借鉴的部分，归纳研究的不足之处，对农民收入结构问题获得总体性与系统性认识，为本书的研究创造空间。

（2）问卷调查法

本研究的宏观数据，主要来自于历年的《中国统计年鉴》《吉林统计年鉴》数据整理，还有部分资料来自吉林省统计局、吉林省农委等相关部门。同时，由于缺乏农民收入结构的系统资料，通过实地调查了解农村居民收入结构情况，选取吉林省典型地区作为调研区域，根据研究的目标设计调查问卷，对当地农户进行入户调查，为本书的研究提供农民收入结构的基础性数据资料，了解现阶段吉林省农民收入的现状及其构成情况。通过访谈调查，与不同乡镇、村庄的农民沟通，获取农民增收方面的需求和相关建议。

（3）总结归纳法

对现有的文献和数据资料进行加工整理和初步分析，是本研究的基础。通过分析历年吉林省农民收入结构变动情况，总结归纳出吉林省农民收入结构变动的纵向特征。通过与全国平均情况和其他省份的横向比较总结出吉林农民收入结构的特征。结合吉林省“三农”发展的基本特点，提出适合吉林省省情的、操作性较强的农民增收的可行性方案。

1.4.2 技术路线

本研究采用定性分析和定量分析相结合的方式，在已有研究的基础上，运用宏观统计数据和微观调研数据，根据研究目标、研究假设和研究内容，采用以下的技术路线和研究思路，如图 1-1 所示。

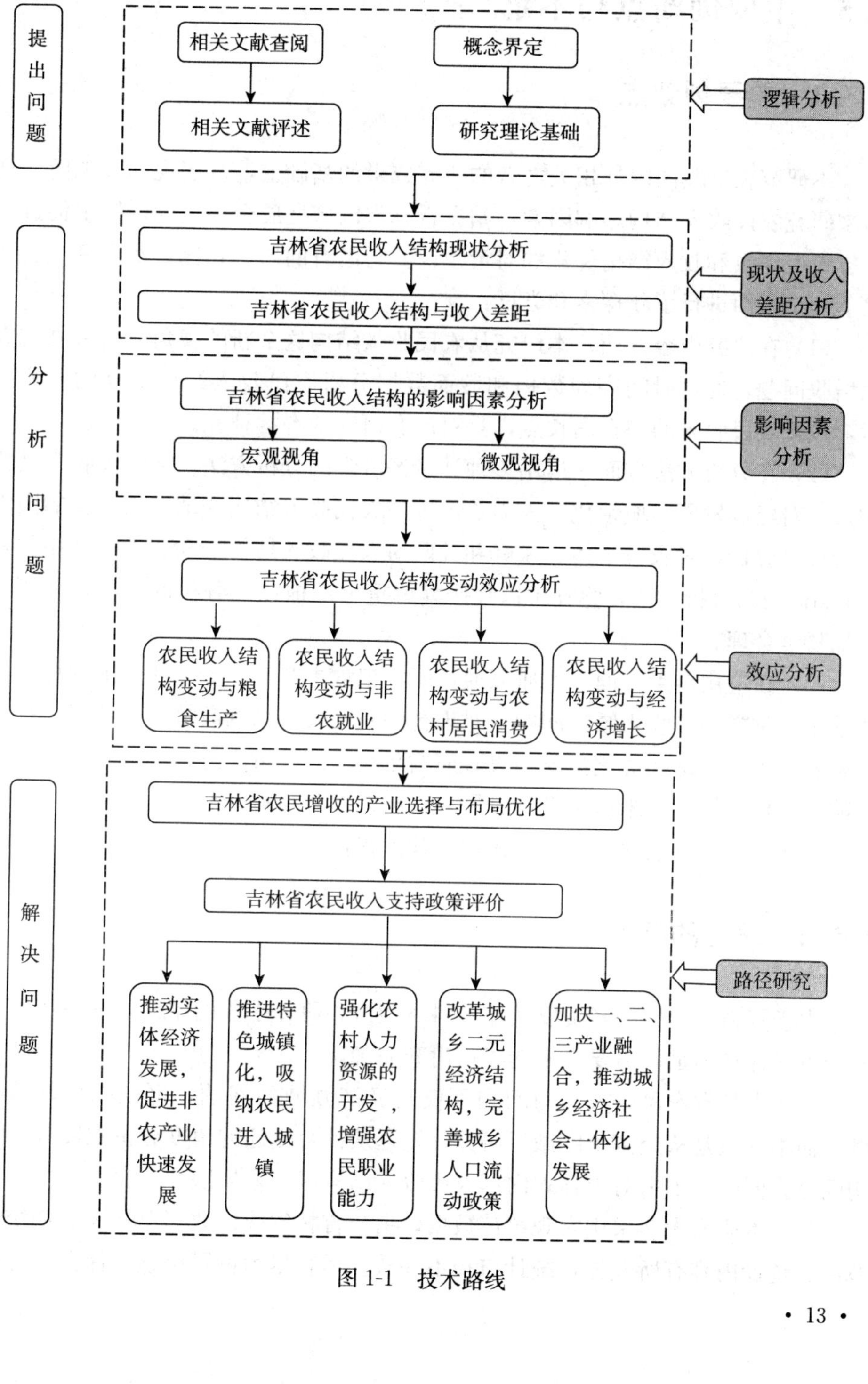

图 1-1　技术路线

1.5 主要创新点与不足

1.5.1 主要创新点

本研究在借鉴国内外相关学者的研究成果的基础上，从宏观和微观两个视角来研究农民收入结构影响因素，站在吉林省区域发展全局角度，提出促进吉林省农民增收和收入结构优化的对策建议。与已有的研究相比，本研究主要在以下几个方面进行了新探索和尝试：

（1）在研究内容方面，本研究从农民收入结构这个新的视角分析吉林省农民增收问题，通过时间序列数据和截面数据分析农民收入结构变动的影响因素，挖掘农民收入的潜在增长点，是对已有研究的有益补充。

（2）在分析方法方面，运用多种计量经济学的分析方法，从农民收入结构切入，对经济发展、城镇化、人力资本等与农民收入结构变动密切相关的因素进行计量分析，对农民个体、家庭和社区对农民收入结构变动的影响采用累积Logistic回归分析方法，弥补了以往研究偏重定性描述性分析的不足，使研究更加科学合理。

（3）在应用对策方面，本研究通过研究粮食主产区、老工业基地这样一个背景下吉林省农民收入结构问题，对现行的农民收入结构政策给予评价，提出吉林省农民收入结构优化需要中央政府给予相应的政策支持，应放弃玉米最低收购保护价，推动玉米后续产业发展，实施差异化粮食补贴政策，促进土地流转。本研究可为各级政府制定农民增收政策提供相应的借鉴。

1.5.2 研究的不足

由于资料、时间、经费以及作者科研能力和研究手段的制约，本书在以下几个方面存在不足，需要未来继续探讨和完善。

（1）吉林省农民收入结构问题不仅是经济领域的问题，也是社会领域问题，而本书只是从经济角度做了研究，缺乏从社会变迁的角度分析农民收入结构问题。同时，本书对吉林省内部农民收入结构区域差异缺少分析。

（2）本研究大多采用宏观统计数据，由于吉林省统计数据在不同时期统计范围、统计内容有所差异，统计口径不一致，尽管尽力做了调整，保证统计指标的一致性，但限于条件，仍显不足。截面数据分析时限于调查因素，数据在省内分布不全，对于不同类型农户在定量分析上存在不够严谨问题，在今后的研究中将努力完善。

（3）现行农民收入支持政策对吉林省农民收入结构变动的影响较大，本书只是从定性角度对主要政策作用进行了分析，缺乏将政策影响进行量化分析，政策对农民收入结构的影响程度多大，没有深入地给予验证。

第二章　理论基础与文献评述

2.1　理论基础

2.1.1　产业结构转换理论

威廉·配第（William Petty）早在17世纪就发现不同国家国民收入水平之间存在差异，同一国家或同一地区不同产业部门之间由于利润率之间的差异导致劳动报酬出现差距。由于不同部门劳动者收入的差异，劳动力就会在不同产业部门之间转移。威廉·配第通过对荷兰和英国等不同国家的考察发现：制造业和商业发达的荷兰的国民人均收入要高于欧洲的其他国家。就同一个国家，例如英国来看，从事农业生产经营的农民人均收入远远低于从事商业生产经营活动的人均收入。威廉·配第通过观察发现，从农业到工业，再到商业，三个部门从业人员人均收入依次增加。科林·克拉克（Colin Clark）在威廉·配第研究的基础上，根据费希尔的国民经济划分三次产业的主张，通过对20多个国家各部门劳动投入和总产出的时间序列数据进行分析，提出了经济发展的三个阶段理论。第一阶段是以农业为主的社会经济阶段，这一阶段，国民主要从事农业生产经营，劳动效率较低，人均收入较少；第二阶段是以制造业为主的工业经济阶段，这一阶段制造业快速发展，吸引大量劳动力从农业转移到制造业部门，人均国民收入大幅度提高；第三个阶段是商业和服务业经济阶段，这一阶段商业和服务业快速发展，由于商业和服务业的劳动生产率和劳动报酬均高于制造业产业，这样，商业和服务业又会吸引劳动力从工业部门转移到商业和服务业部门，这一阶段国民收入会进一步提高。总之，随着经济社会的不断发展，劳动力转移呈现出第一产业向第二产业转移，并由第二产业向第三产业转移的规律，这一规律称为“配第-克拉克定理”。这一理论反映了由于各个产业间的投入产出率不同引起了劳动者收入水平的差异，这种收入结构的差异引起了产业结构和劳动力结构的变化。这个理论在一定程度上反映了经济发展过程中产业结构和劳动力就业结构之间的变动规律，对于农民收入结构的变动尤其是最近几年工资性收入的不断提高都有一定的指导意义。

西蒙·库兹涅茨（Simon Smith Kuznets）在吸收克拉克研究成果的基础上，选取了 57 个国家和地区的截面数据，将这些国家和地区的数据按照人均国内生产总值分成 8 组，然后计算每组的农业、工业和服务业在国民生产总值中的比重和劳动力在三次产业中各自所占比重。西蒙·库茨涅茨发现农业部门的劳动力所占比重一般高于农业产值所占的比重，工业和服务业的劳动力所占比重明显低于工业和服务业产值所占比重。从人均国内生产总值低的国家到人均生产总值高的国家，农业产业劳动力所占比重的下降和农业产值所占比重的下降一样的显著。劳动力产业分布比例变动要大于产业产值所占比重变动，并且在第二产业和第三产业这种变动更加明显。在纵向方面，库兹涅茨选择了 13 个发达国家和 4 个能取得连续统计数据的欠发达国家来研究，结果发现，在发达国家中，农业产业产值所占比重在长期表现为显著的下降趋势，工业部门产值所占比重上升趋势显著，服务业所占比重有的表现为上升，有的表现为下降，没有明显的变动趋势。所有发达国家和欠发达国家，农业部门的劳动力比重都在不断下降，并且大多数国家农业部门劳动力所占的比重下降较大，第二产业和第三产业劳动力所占比重都出现了上升。库兹涅茨的研究成果进一步证明了“配第-克拉克”定理，被称为“库兹涅茨法则”。

2.1.2　二元经济理论

威廉·阿瑟·刘易斯（William Arthur Lewis）1954 年在《曼彻斯特学报》发表了《劳动无限供给条件下的经济发展》，这篇论文提出了“农村剩余劳动”的概念和“二元”经济模型理论。“二元”模式是以工业部门和农业部门之间边际生产率存在差异为分析前提的，刘易斯认为工业部门的边际生产率较高，而农业部门的边际生产率较低甚至为零，而且工业部门的劳动报酬要明显高于农业部门的劳动报酬，这样在经济发展的过程中，农村剩余劳动力就会源源不断地往工业部门转移。刘易斯的“二元”经济理论指出，发展中国家劳动生产率低的农业部门和劳动生产率高的工业部门是同时存在的，传统农业部门人口过剩，耕地资源有限，因而劳动者的边际生产率趋于零，甚至负增长，这样就存在过剩的“零值劳动力”，正是由于大量的“零值劳动力”的存在，才造成了发展中国家的城乡“二元”经济差距，发展中国家的发展才长期处于较低水平。在工业部门不断发展过程中，需要大量的劳动力，而农业部门却存在大量的“零值劳动力”，这样劳动力就会由传统的农业部门向现代工业部门转移，这些廉价的劳动力不仅为现代工业部门创造了大量的利润，而且还为现代工业部门的扩张提供了原始积累。随着“零值劳动力”往非农产业转移的完成，农业部门的劳动生产率不断上升，上升到农业生产率足以留住劳动力从事农业生产。刘易斯认为，对经济发展起到主导作用的是现代产业部门，而传统的农业部门只是现代产业部门发展的基础，仅仅起到辅助作用，在经济增长中的作用是次要的，并且也是消极的。

在刘易斯提出的“二元”经济理论的基础上，拉尼斯（Gustav Ranis）和费景汉（John C. H. Fei）在20世纪60年代构建了“刘易斯-拉尼斯-费景汉”模型，对刘易斯模型忽视农业的缺陷进行了补充和修正，完善了“二元”经济理论。刘易斯提出的“二元”模式简单地将农业部门剩余的劳动力廉价地转移到工业部门看作是农村经济发展的出路，过度强调了工业部门的作用。费景汉、拉尼斯将农村剩余农民分为两类，第一类是边际生产率为零的劳动者，他们不会增加农业的总产值；另一类是不增加农业总剩余的劳动者，这部分劳动者的边际产出不为零，但却不能满足自己的消费需求。费景汉、拉尼斯将“二元”经济结构的演变划分为三个不同的阶段。第一个阶段是边际生产率为零的农业劳动力往工业部门转移，这部分农村剩余劳动力的转移不会给农业生产带来任何影响，工业部门只需要支付给这部分劳动者高于农业部门的平均收入的工资，农村富余劳动力就会源源不断地往工业部门转移。当第一类农业劳动力转移到工业部门后，第二类劳动力受到工业部门平均收入高于农业部门平均收入的影响也开始一部分转移到工业部门。这就是第二个阶段，这个阶段由于第二类农业劳动力的边际生产率不为零，这类劳动力的转出必然会降低农业总产出水平，当农业总产出水平降低到一定水平时必然会引起农产品相对价格的上升。农产品相对价格的上升会迫使工业生产成本上升，阻碍了工业部门的积累和发展，进而会妨碍现代的工业部门对农业劳动力的需求量。由于农业大量的劳动力流转到工业部门，农业部门通过技术、物质投入等手段来提高劳动生产率，以此来弥补一部分劳动边际生产率不为零的劳动者转移造成的影响，否则，难以实行工农业“二元”结构的转换。当农业和工业劳动力数量转换度过费景汉、拉尼斯所说"粮食短缺"阶段后，农业劳动力继续往工业部门转移，直到农业部门不再剩余劳动力，这时就进入第三个阶段。第三个阶段，全社会的劳动力在农业部门和工业部门之间自由地转移，农业部门要向工业部门继续提供农产品剩余，工业部门也要支持农业部门的发展，传统的农业必然要向商业农业转变。费景汉、拉尼斯通过将经济结构转换理论阶段分为三个阶段，找到了工农业劳动力数量转变、劳动力顺利转移的条件，那就是农业部门能够为工业部门发展提供农产品剩余，农业劳动生产率不断提高。拉尼斯和费景汉通过对劳动力市场供求关系的分析，指出了生产要素的收入分配问题和"二元"经济结构转换在收入分配中的作用。

1969年，经济学家托达罗（M. Todaro）在《美国经济评论》上发表了《欠发达国家劳动迁移与城市失业模型》，在论文中提出的模型被称为"托达罗模型"。该模型不同于以往的经济学分析，将预期收入纳入到分析劳动力转移的模型中，强调劳动力的转移不仅取决于经济收入因素，也有心理因素；劳动力转移主要受到城乡预期收入差距和就业概率两个变量的影响。托达罗认为"二元"经济结构导致了城乡收入差距，而城乡收入差距又促使农村富余劳动力不断往城市转移，这样又会引起城市劳动力市场失衡，失业问题严重。因此，不断增加城市的就业机会会引起大量的农业劳动力往城市转移，带来城市更多的失业人口，因而，增加城市就业机会不仅不能解决城市失业问题，反而引起更严重的失业问题。城市的失业问题不能单纯地依靠城市化来解决，而是应该加大对农村发展的支持力度，提高农业生产率，增加农村的就业机会，提高农村的收入水平。托达罗提出的模型比刘易斯模型更加接近发展中国家的实际情况，他提出了应该发展农村经济，增加农村中的就业岗位，以缩小城乡之间的不平衡。1970年，哈里斯（J. Harris）与托达罗合作在《美国经济评论》上发表了论文《迁移、失业与发展：一个两部门分析》，提出了H-T模型，被称为哈里斯-托达罗模型。该模型不仅继承了托达罗模型中收入预期的思想，而且还修正了托达罗模型，哈里斯-托达罗模型将农业部门和工业部门分开，建立了农业部门和工业部门的劳动力和工业产品的交易模式，进一步分析了劳动力转移对农村部门和城市部门的产值、居民收入和社会福利的影响。

2.1.3 西奥多·W. 舒尔茨的"理性小农说"

西奥多·W. 舒尔茨（Theodore W. Schultz）在《改造传统农业》一书中

驳斥了在经济学界长期流行的两种观点：一种观点认为传统的小农的资源配置效率低下；另一种观点认为传统的小农存在着边际生产率为零的劳动者。舒尔茨通过研究社会学家对危地马拉的帕纳加撒尔和印度的赛纳普尔这两个传统农业生产地区的调查资料，分析发现，这两个传统农业生产地区的农业生产要素配置效率并不是低下的，因而，反驳了第一种观点。西奥多·W. 舒尔茨指出，建立在传统生产要素和技术条件基础上的小农并不是人们一般认为的懒惰和不思进取的，而是像企业家一样，是理性的经济人，这些小农配置生产要素的方式和效率是在现有社会和技术等条件制约基础上的最佳选择。一旦有较好的投资机会和比较有效的刺激，农民也会像企业家一样赚取丰厚的利润。传统农业生产效率是低下的，但是既定的技术条件下生产要素的配置效率是很高的，在传统的生产技术条件下进行更多地储蓄和投入活动并不能对农村增长起到有效的作用。

舒尔茨通过分析印度 1918—1919 年因为爆发流行性感冒引起的农业劳动力降低进而引起的农业生产下降的情况，提出农业生产与农业劳动力的变化有着密切的联系，农业劳动力的降低会导致农业生产的下降。既然舒尔茨认为农业生产要素配置是有效率的，并且农业部门也不存在生产率为零的剩余劳动力，那么为什么传统农业的发展会出现停滞的现象？为了解决这一问题，舒尔茨提出了收入流价格理论。舒尔茨认为收入流的增加等于经济的增长，收入流的来源是农业生产要素。由于传统农业中，生产要素和技术状况不变，因而收入流的供给不变，因而，传统农业是停滞的。要想改造传统农业，就要引进先进的现代农业生产要素，此外，还要政府和相关社会组织推广先进的农业生产要素，这才能促进农业的发展。舒尔茨还提出了人力资本的理论，他认为，改造传统农业不仅要引进良种、机械等物质的要素，还需要引入具备现代经营管理知识的劳动者。对人力资本进行投资，这就需要对农业劳动力进行教育培养，对农民加大教育、医疗卫生等方面的投资。

2.2 国外学者研究动态

国外学者对农民收入问题的研究区域多集中在发展中国家，例如印度、尼日利亚、格鲁吉亚和中国等国家。Gregory Veeck 和 Clifton W. Pannell (1989) 对江苏省的 4 个农业生产区域进行了调查研究，结果发现，这些农业生产区域的农民收入来源有显著的差异，那些距离城市较近地区的农民的收入主要以非农收入为主，而那些距离城市较远地区的农民的收入主要以农业收入为主。TranThi Ut 和 Kei Kajisa（2006）回顾了越南的绿色革命的发展。Raphael O. Babatunde 和 Matin Qaim（2010）通过对尼日利亚地区农民收入问题的研究，指出农民非农收入来源已经出现了多样化的现象，非农收入对农民增收具有正的促进作用。Samuel H. Preston（1979）通过对发展中国家城市化的研究发现，包括教育水平、职业技能和自身健康状况等因素在内的人力资本变量是影响农民非农就业比较显著的变量。Gisser（1965）、Hanson（1971）和 Huffman（1980）等人的研究发现，农民的工资性收入与农民的教育程度成正比，工资性收入会随着文化水平的提高而增加。Iddo Kan，Ayal Kimhi 和 Zvi Lerman（2006）研究了格鲁吉亚农民收入问题，结果表明，高中教育与农民的非农收入呈较弱的负相关，相关系数为－0.35，高等教育与农民非农收入呈正相关，相关系数为 0.97。教育水平对农民非农收入具有正的促进作用，但是却对农业生产和农民农业收入产生负的影响。K. Davis（2011）采用实验分析法对东非地区农民收入与教育之间的关系进行分析，结果显示，田间学校对低文化水平农户提高收入具有积极的促进影响，参加田间学校的农民收入可以提高大约 61%。GG Liu 等（2015）通过对中国的相关数据分析发现，居民家庭收入与家庭成员的健康状况密切相关，家庭收入水平容易受到家庭成员的健康状况的影响。并且，在农村地区，农民家庭成员的健康状况对农民收入的影响更加显著。

国外学者还从其他方面研究了农民收入问题，从政策、工业化、价格和交通等方面分析了这些因素对农民收入结构和农民增收的影响。Matlon P. J.（1979）用实证分析方法，分析了尼日利亚北部地区农民收入分配与相关的政策之间的关系，结果显示，政府的相关农业政策会影响农民的收入。Dastrup S R 等（2007）分析了税收和政府转移支付对收入分配的影响，税收和转移支付已经成为影响农民收入的重要因素。转移支付不仅能够直接增加农民的总收入，而且还能在一定程度上影响农民的种粮积极性，进而增加农民的增收。Brian. C. Briggeman 等（2007）研究了美国农业补贴与农民收入之间的关系，结果显示，农业补贴可以增加农民的收入，但是农业补贴却减少了农民的农业收入，这样就降低了农民非农业行为，从而降低了农民离开农场的积极性。Robert J. Haupt Originally（2004）研究发现，当农民收入的一半来自种植业时，农产品价格的提高对农民收入的增加有促进作用。此外，还有学者分析其他变量对农民收入的影响，例如，Soy Transprotation Council（2010）利用

STC分析法分析了交通对农民收入的影响，詹弗斯维尔曲线显示，运输成本和农民收入之间有显著的相关性。

可以看出，国外学者对农民收入结构和农民增收问题的研究，已经从经济理论研究向微观实证分析转变，研究的视角不断细化，研究的层次不断深入。通过国外学者的研究发现，影响农民收入结构变动的因素非常多，不但有教育、培训和健康等人力资本的影响，还有包括税收、转移支付和农业补贴等国家经济政策的影响，除此以外，农民收入和收入结构变动还受到价格、交通状况等因素的影响，并且各个因素在不同类型农民和不同经济发展阶段对农民收入结构的影响不同。通过对现实问题的研究，农民增收问题和农民收入结构问题的相关理论体系不断完善。国外学者对农民收入结构问题的研究集中在以下几个方面：①农民非农收入所占比重的变化影响农民收入结构的变化，农民非农收入促进农民增收。②健康、教育等人力资本影响农民非农收入，交通与农民收入存在明显的相关关系，并分析农户非农收入的主要影响因素。③对不同地区农民非农收入的差异进行分析，并深入研究了造成这种差异的原因。

2.3 国内学者研究动态

国内学者对农民收入结构的问题进行了大量的学术研究，尤其是1991年以来，随着城镇化、工业化和农业现代化的发展和市场经济的逐步建立，国内学者对农民收入结构的研究更多。以下分别从农民收入结构变动与农民收入增长、农民收入结构变化影响因素、农民收入结构变动效应等方面进行阐述。

2.3.1 有关农民收入结构变动与农民收入增长的研究

国内学者对农民收入结构变动问题进行了大量的研究，本部分主要从农民收入结构变动与农民增收、农民收入结构变动贡献因素、农民收入结构变动与城乡收入差距和农民收入结构变动与农民分化等方面进行综述。

(1) 农民收入结构变动与农民增收方面的研究

陈吉元、韩俊（1995）通过对中国东部、中部和西部相关省份农民收入结构的研究，发现农民工资性收入有所提高，家庭经营性收入所占比重不断下降。经济发达地区非农经济发展迅速，农民非农收入快速增长，非农业收入已经成为这些地区农民增收的主要来源，虽然农业收入也不断增加，但是相对量不断下降。在中国西部地区，种植业收入仍然是农民收入的最重要来源，所占比重仍然较大。蔡昉、王德文（2005）将农民收入分为农业收入和非农收入，随着第一产业在国民经济中比重的快速下降，农业经济就失去了国民经济引擎的作用，随着农村富余劳动力的转移，农民收入结构的改变和工资性收入的增加成为必然的趋势。张风龙和藏良（2007）通过对中国农民收入结构的研究发现，如果把农民收入分为农业收入和非农收入，那么农业收入所占的比重逐渐下降，非农收入所占的比重逐渐上升；如果把农民收入分为实物收入和现金收入，那么实物收入逐渐下降，现金收入逐渐上升；如果将农民收入分为家庭经营性收入和工资性收入，那么家庭经营性收入逐渐下降，工资性收入逐渐上升。此外，农民种植业收入中经济作物经营收入比重逐渐上升，而粮食经营收入所占比重逐渐下降。姚俊（2010）指出，农民外出务工的流动性与农民工月工资水平成正比，此外，人力资本投资有利于农民收入的提高。马凌、朱丽莉、彭小智（2011）通过对1978—2010年江苏省农民收入结构分析发现，非农收入已经成为农民增收的主要影响因素，农民收入结构的变动主要受到城市化水平、就业结构与产业结构的匹配度、制度变迁等一系列因素的影响。周雪松、刘颖（2012）通过对中国农民收入水平与农民收入结构之间的变动规律的研究，根据农民家庭经营性收入和农民工资性收入二者之间的变动关系将中国农民收入结构变动分为三个阶段。第一个阶段是1978—1982年，农民家庭经营性收入所占比重小于农民工资性收入所占的比重。第二个阶段是1983—1989年，家庭经营性收入占比大于工资性收入。第三个阶段是1990年以后，这个阶段随着农村富余劳动力转移到城镇，家庭经营性收入所占比重逐渐下降，农民务工取得的工资性收入所占比重逐渐上升。张德华（2012）通过黑龙江农民收入结构的研究发现，黑龙江省农民家庭经营性收入所占比重较高，高于粮食主销区40%，高于全国平均水平20%。宫雨虹（2010）通过对中国农民收入结构的分析发现，随着农民家庭经营性纯收入占比的下降，农民工资性收入占比的上升，两者占比逐渐接近，农民财产性收入和转移性收入在不断波动中增加，但所占比重不大。陈军（2013）分析新疆地区农民收入问题发现，新疆地区农民增收主要依靠农民家庭经营性收入的持续增长，而家庭经营性收入的不断增加需要依靠农民合作经济组织的发展，尤其是涵盖农产品加工环节和流通环节的合作经济组织的发展。杨丽、刘京亮（2014）通过对河北地区农民收入结构的分析发现，关联度系数由家庭经营性收入大于转移性和财产性收入、转移性收入和财产性收入大于工资性收入转变为工资性收入大于家庭经营性收入、家庭经营性收入大于转移性和财产性收入。

（2）农民收入结构变动贡献因素的研究

张车伟、王德文（2004）的研究发现，农民单纯靠农业经营收入增收的空间有限，而非农收入成为农民增收的新的增长极，非农收入的增加对农民收入增长的贡献度逐渐增加。张建杰（2004）通过对山西省农户的跟踪观察，运用农民收入结构变动值、收入结构相似度等指标，分别测算了农民收入增长的绝对贡献度和相对贡献度。同时，从宏观和微观两个角度分析了农民收入结构变动原因，结果显示，农户收入结构效率会因农户家庭生命周期和农户资产类型与配置结构的不同而有所差异，同时，农户收入结构效率随着区域经济发展差距的加大而逐渐扩大，中低市场化程度的农户，由于农业投入不足而出现规模效率较低，但是技术效率却高于市场化程度较高的农户。邓大才（2004）指出，中国农民靠农业内部增收的空间有限，需要积极引导农民进城务工，逐渐向非农产业和行业转移，这样才能为农民增收提供持续的途径。胡文国、吴栋、吴晓明（2004）通过对1978—2002年中国农民收入的相关数据进行实证分析，结果显示：工资性收入对农民增收的贡献度最大，家庭经营性收入的增长率和贡献度都较低，财产性收入和转移性收入增长率和贡献度也较低。盛来运（2005）和钟甫宁（2007）等学者指出，工资性收入逐渐成为农民增收的关键因素，因而影响工资性收入的因素应该引起重视。李宁辉（2006）提出，虽然家庭经营性收入所占比重逐渐下降，但仍然是农民家庭收入的主要来源，尤其是中国的粮食主产区，家庭经营性收入所占的比重仍然大于其他收入来源，但在经济发达的地区，工资性收入对农民增收的影响逐渐大于家庭经营性收入。赵力涛（2006）指出，非农经济的发展可以促进农民收入的提高，非农经济发展水平每提高1%，农民收入增加2.2%。狄传华、王丽娟等（2009）的研究结果表明，中国农民种植业收入对农民收入增长的贡献率逐渐下降，而工资性收入对农民家庭增收的贡献率在不断提高，逐渐成为影响农民增收的主要因素。柳芳（2010）通过对河南省农民收入结构的分析发现，农村经济体制变革、农民文化程度和农民就业状况是影响农民收入变动的重要因素。何秀丽、张平宇（2007）通过对吉林省农民收入结构的分析发现，吉林省农民家庭经营性收入所占比重仍然最大，虽然呈现逐渐下降的趋势，但是下降的幅度较小，同时发现，人均耕地面积是影响农民收入最重要的因素。李恩、宋妍澎、冯梦龙（2008）通过对吉林省双辽地区的调查研究发现，农民思想观念是影响农民增收的重要因素。

（3）农民收入结构变动与城乡收入差距方面的研究

孙建文（2004）通过对山西省 1978 年以后的农民收入结构的研究，将山西省农民收入变化过程分为快速增长阶段、波动增长阶段、反弹回升阶段和增长速度下滑阶段，并且发现山西省农民内部收入差距、城乡收入差距与发达省份相比有扩大的现象。李朝林（2008）通过对农民收入差距的状况的分析发现，工资性收入和非农经营性收入是导致贫困户和非贫困户之间收入差距拉大的主要原因。刘长庚等（2012）通过分析中国农民收入结构发现，农民经营性收入和工资性收入仍然占据农民家庭收入的绝大部分比重，中国农民收入差距呈现稳中有降趋势，在各收入来源中，财产性收入差距最大，而家庭经营性收入和工资性收入差距对农民家庭收入差距贡献最大。朱学新（2014）分别从国家、省域、典型地区三个层面来分析不同类型农民收入结构状况，不仅从经济学分析农民收入结构性差异和贫富差距，而且还用收入极值比和基尼系数来分析农民收入差距。熊有云（2010）利用变异系数、熵值、面板模型等方法，从农民收入结构入手，分别分析了湖南省各县域农民收入差异的时空演变特征。习银生（2013）利用相关统计数据，分别从东部、中部、西部三个区域来分析农民收入结构变化和农民收入差距，结果显示，东部地区农民收入的主要来源是农民工资性收入，中部地区、西部地区农民家庭收入的主要来源渠道是家庭经营性收入和工资性收入。财产性收入和转移性收入为农民增收提供必要的补充。

2.3.2　有关农民收入结构变动影响因素研究

（1）有关工业、城镇化、对外贸易、FDI 等经济因素对农民收入结构变动的影响研究

谢童伟、吴方卫（2010）通过对 1990—2008 年中国农村和中国农业的时间序列数据进行实证分析，结果显示，农村劳动力受教育水平是影响农民收入的主要因素，并且表现有滞后效应。农业生产要素的价格和通货膨胀率也是影响农民收入的因素，农业生产要素价格和通货膨胀率影响了农民的工资性收入，这种影响是通过影响农民就业情况而产生的。劳动力和资金已经不再是农民收入的影响因素了。土地已经成为农民财产性收入和转移性收入的最主要来源。任淑荣（2007）通过对河南农民收入结构的研究发现，非均衡增长是农民收入结构变动的重要原因。原嫄（2015）通过对青州市农民收入结构的变动特征和趋势的分析指出，青州市农民收入结构的变动主要受到制度变迁、城市化率和产业结构变迁的影响，并在此基础上提出优化青州市农民收入结构的对策建议。赵丽（2010）通过对国家宏观层面和各地区的经济发展情况的分析，结果发现，地区经济发展水平、工业化程度和城乡收入差距等因素对农民工资性收入有正向影响，而城乡就业结构对农民工资性收入有负向影响，政府基础建设投入和教育投入对农民工资性收入的影响不显著。吴云勇（2012）通过采用统计分析方法对中国农民非农收入问题的分析发现，城镇化率、全社会固定资产投资额、农村工业化水平对农民非农收入有正向影响，而城镇失业率和城乡收入比对农民非农收入有负向作用。陆彩兰、洪银兴（2013）利用江苏省1988—2010年的统计数据，分别从江苏省农民金融发展的规模、农村金融的发展效率和农村金融的发展结构等方面分析其与农民家庭各收入来源之间的关系，结果显示：江苏省农村金融的发展规模和发展效率长期来看对农民家庭各收入来源都具有正的影响，对农民家庭经营性收入影响最为显著的是农村金融发展的效率，而农村金融发展的结构对农民家庭各收入来源呈现负的影响。赵伟、赵晓霞（2008）利用中国1994年以后的季度时间序列数据分析了对外贸易、FDI对中国农民收入及其分化的影响，结果显示：对外贸易对农民收入有负向影响的关系，同时，对外贸易会加剧农民分化。外国直接投资（FDI）对农民收入的提高有正向影响，并且能够减低农民的分化程度。王小华等（2014）运用分位数回归法对中国县域地区的截面数据进行分析发现，中国农村地区存在着金融抑制的现象，由于自身资本积累的不足和从外部获取资本的能力较弱，低收入农民受到金融抑制的影响较大，进而也比较困难。与此相对应的高收入农民，由于资本积累充足，并且获取外部资本的能力也较强，因而这部分高收入农民增收更容易。

（2）有关教育、人力资本投入和物质资本投入对农民收入结构变动的影响研究

赵恒庆（2010）通过对甘肃省农户的微观调查发现，农村劳动力资本和物质资本的投入对农民收入的增加有促进作用，劳动力劳动时间和劳动力受教育水平对农民收入也具有正向影响作用，同时，参加合作经济组织对农民收入增加也有促进作用。这些正向影响因素中，劳动力劳动时间和劳动力人力资本投入对农民收入增收的影响最为显著。粮食播种面积、家庭税费比例和距离县城的距离和农民收入呈负相关关系，而家庭税费比例对农民收入的负向影响最显著。张占贞、王兆君（2010）基于1990—2007年中国农民收入数据，通过运用主成分分析法对农民工资性收入的影响因素的分析，结果显示：农民的受教育水平的提高、农村城镇化率的提高和基础设施的投入的增加对农民工资性收入有促进作用，而农村的财政政策和金融政策对农民工资性收入的影响不显著。许恒周（2011）通过对农民阶层分化与农村土地流转中的产权偏好的研究，结果表明：不同阶层的农民由于受到各自教育背景的不同和职业的差异对土地产权的偏好也各不相同。对于以农业收入为家庭收入主要来源的农户而言，他们更看重土地的承包权和继承权，而对于以非农收入作为家庭收入主要来源的农户，他们更加关注土地的转让权和抵押权。印银银等（2013）通过对安徽省农户调查发现，收入分化最重要的影响因素是人力资本，表现为农业部门向工业部门和服务业部门的流动，不同产业的人力资本、社会资本和家庭特征也有很大的差异。赵颖（2009）研究了中国固定资产投入变化与农民收入结构变动的关系，实证分析结果显示：对固定资产投资的不断增加会促进农民总收入的增加，这种促进作用是通过固定资产投资增长对工资性收入的增加的促进来实现的。固定资产每提高1%，农民人均工资性收入就相应增加0.002 233%。王格玲、陆迁、王昕（2012）采用微观农户调查数据，运用灰色关联分析法，研究了人力资本、物质资本和社会资本对农民收入及收入差距的影响。李逸波、彭建强（2014）利用河北省11个地区的调查数据，基于微观层面从农民分化程度与分化的城乡区域差异两个视角，通过建立多元排序选择模型和Probit模型，分别对影响农民职业分化程度及分化区域的微观因素进行了实证研究。结果发现，农民个人因素、家庭因素及社区因素对其职业分化程度与城乡选择均具有显著影响，受教育程度对农民职业分化具有显著促进作用。

（3）有关人际关系对农民收入结构变动的影响研究

李培林（1996）认为农民的人际关系对农民非农收入有显著的影响，农村劳动力由农村转移到城市非农产业就业的过程中，由亲戚和朋友组织的人际关系不仅为农村劳动力转移到城镇非农就业节约了时间成本，而且也节约了交易成本和信息成本。农民的人均关系网络反映了农民社会资本的情况，将会影响农民非农行业工作机会的取得，而且还会影响工资待遇。王晶（2013）的相关调查研究发现，农民在城镇中拥有较好的人脉关系能够增加农民非农工资性收入，一般在城镇拥有一定人脉关系的农民比没有人脉关系的农民获取的工资性收入高出3.5%。赵剑治、陆铭（2009）利用微观调查数据，分析了家庭社会关系对农民收入差距的贡献以及地区间的差别，结果显示：农民家庭在城镇工作的亲戚或朋友每增加一个时，农民家庭人均纯收入就会提高6%。农民家庭拥有较强的社会人际关系和社会资本，农民家庭增收的来源渠道也就多元化，可见，人际关系与农民收入呈现正向相关。周晔馨（2013）通过对中国家计调查数据的分析指出，村级社会资本和农民家庭社会资本对农民家庭收入的增加具有促进作用，村级社会资本和家庭社会资本和农民家庭的人力资本和物质资本的相互作用会对农民家庭的不同收入来源产生不同的作用。

（4）其他有关农民收入结构变动的影响因素的相关研究

王来栓等（2013）选取1978—2011年中国东部、中部和西部的统计数据，通过利用农民家庭各个收入来源的总量、增速、结构、差额、贡献度等指标，对中国东部、中部和西部农民收入差距进行了较为全面的分析，并且分别从加大政府对贫困地区财政支持力度、加快农村剩余劳动力转移等方面提出相关建议。彭长生、钟钰（2014）利用对安徽省农户的微观调查数据，并且采用有序Logistics模型分析了安徽省欠发达地区农民收入分化的影响因素，结果表明，地区差异变量、工作经验变量和非农产业就业变量对户主收入分化有显著的正向影响，县域内部流动对户主的收入分化表现负向影响，户主受教育年限对农户收入分化的影响不显著。通过流动和非农就业分样本的实证结果表明，教育水平对县外就业户主收入影响较为显著，呈现正向的影响，但是，教育水平的提高降低了从事农业经营的户主的收入水平。朱玲、金成武（2009）认为，农村富余劳动力转移到非农产业有利于缩小城乡之间和地区之间居民的收入差距。在全球经济危机和经济增速下滑的情况下，加大对农民工和低收入群体的社会保障力度，对于缩小收入差距具有重要的作用。

2.3.3 有关农民收入结构变动效应的研究

（1）关于农民收入结构变动与粮食生产的研究

朱志明（2009）基于1996—2006年甘肃省农民收入和农业生产的相关统计资料，利用灰色关联分析法，分析农民收入结构变动对农业生产的影响，结果显示，家庭收入的各个来源对农业生产的影响不尽相同，按照影响的大小依次是家庭经营性收入、转移性收入、工资性收入和财产性收入。陈锡文（2013）指出，中国农村大量优质劳动力外流，使得农业生产面临着优质经营主体的缺失，因而，需要大力培育新型农业经济主体，才能保障农业生产的可持续性。何蒲明等（2014）通过对粮食主产区2004—2010年的面板数据的分析发现，随着职业分化和收入分化进程的加快，中国粮食主产区的粮食播种面积所占比重会发生变化，职业分化和收入分化对粮食主产区粮食播种面积产生负向影响，而职业分化和收入分化之间还存在互补的关系，而这种关系会进一步影响粮食主产区粮食播种面积所占的比重。

（2）关于农民收入结构变动与非农就业的研究

农民分化从经济学上主要指农民收入分化和农民职业分化两类。郭庆海（2000）指出，农民职业分化是指农民从农业经营活动中分离出来，从事农业以外的经营，并且以非农经营作为其家庭收入的重要来源。陈世强、石慧娜（2008）通过对农民收入分化和农民职业分化关系的分析表明，农民家庭人均纯收入与第一产业从业人员比重呈负相关，与第二产业和第三产业从业人员比重呈正相关。赵耀辉（1997）根据对四川省农村劳动者的抽样统计分析指出，家庭每增加1个外出就业劳动力，可以使家庭纯收入增加55%，每增加1个在本地非农产业就业的劳动力，可以使家庭纯收入增加19%，每增加1个在本地农业就业的劳动力，却只能使家庭纯收入增加5%。中国人民银行成都分行调查统计处课题组（2003）通过对四川省农民工的调查显示，从事第一产业务工收入要小于从事第二产业务工收入，而从事第二产业务工收入要小于从事第三产业务工收入。王小鲁、樊纲（2004）通过对中国20世纪80年代和90年代地区经济差距的变动的研究指出，解决中国“三农”问题的关键在于推进工业化，通过加快工业化进程，农村富余劳动力逐渐转移到非农产业和行业就业，这样才能不断缩小地区经济差距。牟少岩（2008）从宏观和微观两个层面对青岛地区的农民职业分化问题进行研究，结果显示，经济增长、经济结构调整、经济增长方式、城乡收入差距、户籍制度和城乡分割的劳动力市场和土地制度等因素在宏观上影响了农民职业分化，农民自身因素、家庭因素和居住地因素等是影响农民职业分化的微观因素。胡善清（2011）通过诸城市百尺河镇农民收入分化问题的研究发现，农民非农化和专业化是促进收入增长的关键环节，多渠道提高土地收益是提高农民收入的有力途径。

（3）关于农民收入结构变动与农村居民消费的研究

目前国内学术界大多数学者都是以凯恩斯的绝对收入假说或弗里德曼的持久收入假说为理论依据，运用定性与定量方法对农民收入问题进行深入研究。

刘惠英（2000）通过对 1978—1998 年江苏省农民消费数据的分析得出，随着农村社会经济的发展，农民消费水平得到了显著提高，但是城乡差距依然较大，地区之间也存在较大差异。农民消费行为的影响因素中，农民人均纯收入，尤其是持久性收入是农民消费行为的最主要因素，农民消费也具有不可逆性。高梦滔、毕岚岚等（2008）利用中国 1 420 户的农民的调查资料对弗里德曼的持久性收入理论进行研究，结果显示，农民消费行为符合该理论假设，农民消费行为受到流动性约束的显著影响。陆彩兰等（2012）通过江苏省 1993—2009 年农民收入结构和农民消费的数据实证分析表明，农民各收入来源的增长性、收入来源的稳定性和收入来源的永久性对农民消费有显著的影响。蔡薇、何云涛（2013）利用 1991—2011 年华东地区面板数据为样本，分析了不同地区不同性质的收入对农民生活消费支出产生的不同影响。温涛、田纪华、王小华（2013）指出，农民不同收入来源对农民不同消费行为的影响存在差异，农民家庭经营性收入是农民各项消费支出行为的最主要的影响因素，农民财产性收入的边际消费倾向最大，农民转移性收入主要对农民的衣食住行等基本消费支出产生影响，但是中国不同地域，由于经济发展水平的差异，农民各项收入对农民消费支出的影响也不尽相同。徐会奇、李敬强（2009），张秋惠、刘金星（2010）分别采用不同的宏观面板数据从整体上研究了不同收入来源对农村居民生活消费支出的影响。发现农民转移性收入和农民财产性收入这两项非基本收入的边际消费倾向极大，并且农民家庭非基本收入对农民消费支出的乘数效应较大。家庭经营性收入和工资性收入这两项基本收入对农民消费支出的边际贡献和乘数效应都较低。农民转移性收入对农民人均消费支出的正向影响最显著，工资性收入对人均消费支出的拉动效应最小。谢凤华、刘国栋、龙苗希（2013）利用 1998—2013 年的省际面板数据研究了我国东、中、西部各地区农民生活消费支出与其收入分化的关系。结果表明：农民家庭经营性收入和农民工资性收入这两项基本收入是农民消费支出的主要影响因素，但是在不同地域，农民家庭不同收入来源对农民消费支出的影响存在明显的差异性。李锐、项海容（2004）认为，农民消费主要受持久性收入的影响。王健宇、徐会奇（2010）提出收入具有永久性，并引伸出收入的不确定性和保障性，收入增长性、永久性与农民消费呈现显著正相关；但收入不确定性与农民消费却是显著负相关。也有部分学者认为，收入性质不同会导致农民消费行为的不同。刘纯彬、陈冲（2011）采用中国 1997—2009 年的面板数据，对影响农民消费行为的收入结构效应进行了分析，结果显示：家庭经营性收入和工资性收入对农村居民消费行为的影响要大于财产性收入和转移性收入。具体而言，工资性收入对医疗保健、衣着消费支出的影响较为显著，家庭经营性收入对衣着消费、居住消费、家庭用品消费和交通和通讯消费支出的影响较为显著，财产性收入对农民衣着消费较为显著，转移性收入对农民家庭生活用品和医疗保健的消费较为显著。汪旭晖、顾晶（2009）通过对中国农民消费和收入的关系研究发现，虽然农民有的消费欲望较强，但是由于农民收入水平相对较低，这样农民收入就制约了农民的消费需求。工资性收入和家庭经营性收入是农民家庭主要的收入来源，二者对农民消费行为的影响较为显著。农民消费支出水平较低的原因，除了农民收入水平较低、稳定性差和流动性约束和保障性欠缺以外，农民的储蓄动机也是非常重要的影响因素。农民的储蓄不仅出于对自身生活保障外，还要考虑子女的需求。农民的消费支出并不是连续稳定的，而是与重要事件紧密联系在一起。

（4）关于农民收入结构变动与经济增长的研究

经济增长与农民收入问题一直受到诸多经济学家的关注，但多数学者只是单独对农民收入或经济增长进行研究，而将经济增长与农民收入结合起来探讨两者之间关系的研究并不是很多。李雪松等（2013）利用 1985—2010 年中国财政分权数据、农业经济增长数据和城乡收入差距数据，将这三个变量放入一个模型框架中，运用向量自回归模型进行实证分析。结果表明：三者之间存在着长期均衡的关系，从短期来看，中国财政分权会扩大城乡收入差距，从长期来看，中国财政分权又会缩小城乡收入差距。王少平、欧阳志刚（2008）指出，中国改革开放出现的城乡收入差距对经济增长有促进作用，而随着经济的进一步发展，城乡收入差距逐渐成为抑制经济发展的因素。钞小静、沈坤荣（2014）认为，过大的城乡收入差距会制约资本积累较少的农民对人力资本的投资，进而影响劳动力素质的提高，进一步影响经济的增长。李道军等（2004）通过实证分析，将城乡居民收入与居民消费和 GDP 进行相关回归分析，结果显示，农村居民收入的增加可以促进经济增长。范念龙等（2011）通过对新疆地区农村居民收入和 GDP 数据的实证分析表明，新疆地区的经济增长并不会直接引起农民收入的增加，同时，农民收入的增加也不能有效地促进地区经济的增长。吴娟等（2010）通过对 1990—2007 中国城乡收入差距的数据和农业经济增长的数据分析表明，中国城乡收入差距对农业经济增长的影响并不明显。关浩杰（2011）通过对中国农民收入数据和经济增长的数据分析表明，中国农民收入的提高能够有效地促进经济增长，同时，经济增长也能够促进农民收入的增加。王丽丽、刘书琪、万思博（2014）利用1987—2012年数据研究了齐齐哈尔市农民增收变动与经济增长间的动态关系，得出增加农民收入对经济增长的作用较弱，但经济发展对农民收入的增加具有一定的促进作用。

2.4 简要评述

通过对国内外相关文献的梳理，从中可以看出，随着城乡收入差距的不断扩大，学者开始关注农民收入的问题和农民收入结构变动的问题。国外学者对农民收入结构变动的研究很少，但在居民收入分配、劳动力流动、人力资本、居民福利方面的理论和方法对中国的研究有很好的启发作用。国内大部分专家学者通常以“三农”问题这个大的课题为背景，然后从整体中分出部分来分析探讨解决农民增收的问题，对于农民收入结构变动的研究归纳起来可以分为两个方面：一是对农民收入结构的研究多从现状描述分析开始，研究农民收入结构存在的问题及原因，而研究农民收入结构变动的较少，从收入结构变动切入研究农民收入增加的研究更少。二是应用广泛因子分解和回归分析方法分析引起农民收入结构变动的影响因素，并归纳为结构变化、政策变动、基础设施、土地利用与外部环境等一些因素，也逐步经历了宏观差异描述到微观机理探讨的过程，这些研究对农民增收问题的解决也都起到了很好的效果。但也应该看到，现有研究文献站在全国的角度研究农民收入差异的成果较多，专门对某一省份进行研究的还较少。这样不能反映地域间资源禀赋的差异，也不能反映不同地域间社会经济发展水平的差异，受地区工业化和城镇化水平影响的地区农民收入结构变动差异明显，研究某个区域具有现实意义，本书将探讨吉林省这样一个粮食主产区农民收入来源构成及其影响因素，既是深入研究农民收入问题的需要，也是农业经济和农业政策研究的需要，对这方面的研究分析还有很大的空间。

在东北老工业基地二次振兴背景下，工业化、城镇化和农业现代化不断深入发展的今天，吉林省农民非农收入在逐渐增加。尽管如此，吉林省农民收入结构变动并未得到学界的广泛关注，尚缺乏从收入结构的视角研究农民收入结构变动特征及其空间关联的文献。在全国经济结构转型的大环境下，吉林省作为我国粮食主产区之一，有必要对其农民收入结构变动进行深入研究。应用规范的计量模型分析农民收入结构变动的影响因素，为有关机构提出专门的增收政策提供科学的依据和参考。本书以新型城镇化为背景，从农民收入结构现状、农民收入结构的影响因素和农民收入结构变动的效应等方面来研究吉林省农民收入结构问题。分析农民收入结构变动与粮食生产、农民收入结构变动与农民非农就业、农民收入结构变动与农民消费和农民收入结构变动与经济增长等方面的问题，进而揭示吉林省农民收入结构变动的机理与路径。另外，对近年来吉林省农民收入结构政策进行分析，从农民收入支持政策的沿革、评价和改革方向来阐述，在此基础上，提出促进农民可持续性增收的对策建议，为我国其他粮食主产区解决农民增收问题提供经验借鉴。

第三章 吉林省农民收入结构现状分析

随着吉林省工业化、城镇化进程的加快，农民收入快速增长。农民收入增加的同时，农民收入结构也发生了相应的变动。本章首先从收入来源角度阐述吉林省农民收入结构变动的轨迹，分别介绍吉林省农民家庭经营性收入、工资性收入、财产性收入和转移性收入四大收入来源的变动轨迹，分阶段介绍各个收入来源变动的规律。其次，介绍了农民收入结构变动横向对比。最后分别从农民职业分化与农民老龄化、土地规模经营与小农生产方式、农业比较收益与社会收益和农民进城成本提高、经济增速放缓与农村劳动力转移等方面阐述农民收入结构变动的矛盾与冲突。

3.1 吉林省农民收入结构纵向分析

20 世纪 90 年代以来，随着市场经济的确立，农业产业结构优化，农村生产力得到全面的释放，吉林省作为农业大省，农民收入保持了持续快速增长。如图 3-1 所示，1991—2014 年吉林省农民人均纯收入变动的轨迹与全国农民人均纯收入变动的轨迹基本相同。2014 年吉林省农村居民人均纯收入为10 780.12元，相比 1991 年的 747.33 元增长了 14.41 倍，年均增长 12.30%，这一时期全国农民人均纯收入增长 13.96 倍，年递增 12.14%。从吉林省农民家庭人均纯收入的来源方面看，家庭经营性收入由 1991 年的 637.92 元增加到 2014 年的 7 445.63 元，增加了 11.67 倍；吉林省农民人均工资性收入由 1991 年的 83.83 元增加到 2014 年的 1 937.65 元，增加了 23.11 倍；吉林省农民人均财产性收入由 1991 年的 10.6 元增加到 2014 年的 181.84 元，增加了 17.15 倍；吉林省农民转移性收入从 1991 年的 15.98 元增加到 2014 年的 1 215.01

元，增加了76.03倍。从各个收入来源增长率来看，从大到小依次为转移性收入、工资性收入、财产性收入和家庭经营性收入。从绝对量的角度来看，吉林省农民人均家庭经营性纯收入最大，其次是工资性收入和转移性收入，占农民家庭人均纯收入比重最小的是财产性收入。从各个收入来源占家庭人均纯收入的比重来看，家庭经营性收入占比有所下降，从1991年的85.25%下降到2014年的69.07%，但仍占绝对地位，工资性收入占比有所上升，从1991年的11.20%上升到2014年的17.97%，转移性收入和财产性收入占比呈现波动的趋势，各自占比低于工资性收入和家庭经营性收入。随着国家惠农政策力度不断加大，农民转移性收入不断增加，所占比重也缓慢上升，2014年达到11.27%，而财产性收入2014年仅占农民家庭人均纯收入的1.69%。非农经营性收入、非农工资性收入占农民家庭纯收入的比重在逐渐上升，成为吉林省农民收入增长的重要动力。

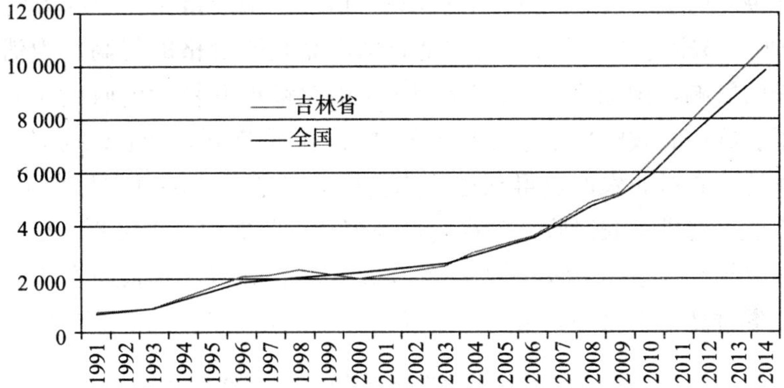

图3-1　吉林省农民收入水平变化

数据来源：吉林统计年鉴（1992—2015）整理得出。

3.1.1　吉林省农民收入来源变动情况

根据不同阶段吉林省农民收入所呈现出的不同特点，其发展历程可以明显分为3个时期：1991—1995年，农民收入实现突破性发展；1996—2003年，吉林省农民收入停滞甚至出现下滑的现象；2004—2014年，吉林省农民收入开始稳步回升。农民收入阶段变化实质是农民收入来源结构变动的结果，分析1991—2014年吉林省农民收入及其收入结构变动，能够反映吉林省农业生产的资源配置利用的效率情况，把握农民收入增长变动的内在规律。

（1）1991—1995 年，吉林省农民收入稳步增长。吉林省农民人均纯收入由 1991 年的 748.33 元增加到 1995 年的 1 609.61 元，年均增长 9.48%，呈现上升态势。这段时间，首先是 1992 年邓小平南方谈话为中国特色社会主义市场经济道路奠定了基础，工业和服务业快速发展，国家政策开始为市场经济提供各种便利条件，吉林省整体经济态势良好，地区经济迅猛发展，宏观上为农村经济发展提供了良好的环境，为农产品提供旺盛的市场需求，并且为农村富余劳动力转移提供就业市场。农民家庭经营性收入和工资性收入不断增长，农民总体收入水平不断提高。这期间，物价不断上涨，商品零售价格年均增长 11.52%，高的通货膨胀率使农民农业经营的物质成本上升，同时，市场经济的机制体制不完善也使得供需矛盾凸显，在一定程度上也抑制了农民收入的增长速度（表 3-1）。这一时期农民收入快速增长的主要原因在于：首先是畜牧业和经济作物的大幅增产增收。这一时期猪牛羊肉产量由 1991 年的 46.78 万吨增长到 1995 年的 96.66 万吨，增长 2.07 倍，水果产量由 13.06 万吨增加到 27.97 万吨，增长了 2.06 倍；其次是农副产品收购价格的提高。为消除通货膨胀带来的影响，国家在 1992 年和 1993 年大幅提升粮食的收购价格，1994 年提高了农副产品收购价格来提高农民收入。在此期间，随着政府对乡镇企业发展的扶持，农村非农产业得到进一步发展，吸纳了一部分农村剩余劳动力，在一定程度上促进了农民收入的提高，经测算，此期间，农民收入增长来自于非农收入大约占 30%。这表明农民实际收入增长缓慢，其根源在于是农业生产资料成本过高、农村剩余劳动力闲置以及二元分割的户籍管理制度的阻碍。

表 3-1　1991—1995 年吉林省农民收入结构

年份	农民收入（元）	家庭经营性纯收入		工资性收入		财产性收入		转移性收入	
		绝对额（元）	比重（%）	绝对额（元）	比重（%）	绝对额（元）	比重（%）	绝对额（元）	比重（%）
1991	748.33	637.92	85.25	83.83	11.20	10.60	1.42	15.98	2.14
1992	807.41	685.26	84.87	105.2	13.03	1.77	0.22	15.18	1.88
1993	891.61	773.44	86.81	97.06	10.89	8.03	0.84	13.08	1.47
1994	1 271.63	1 083.41	85.20	110.81	8.71	65.51	5.15	11.90	0.94
1995	1 609.61	1 277.47	79.37	165.59	10.29	21.17	9.03	145.37	1.32

数据来源：吉林统计年鉴（1992—2015）计算得出。

（2）1996—2003 年，吉林省农民人均纯收入出现了波动的现象，局部年份出现了收入下降的现象。吉林省农民人均纯收入从 1996 年的 2 125.56 元增加到2003年的2 530.40元，年均增速只有2.72%，造成这一时间段吉林省农民人均纯收入增长缓慢的原因主要包括：一是随着2001年中国加入WTO，中国的经济受国际市场的冲击，农产品市场也受到国际市场的冲击，农产品价格持续低迷。统计资料表明，1998年15个农产品就有12个品种出现了价格下跌的现象，这一期间，中国农业经济体制并没有改变，农民赋税依然较重，工农业剪刀差依然存在。二是这一时期受到东南亚金融危机的影响，我国总体经济增长速度出现了下降的情况。受到以上宏观经济环境的影响，吉林省社会经济发展也受到了影响，农业生产也受到了不利影响，农民家庭经营性收入出现了波动现象。再加上国有企业改革艰难、乡镇企业发展速度回落，造成了农村劳动力非农就业受到影响，农民工资性收入增长缓慢。1996—2003年吉林省农民收入变动及农民收入结构变动情况如表3-2所示。

表3-2　1996—2003年吉林省农民收入结构

年份	农民收入（元）	家庭经营性纯收入		工资性收入		财产性收入		转移性收入	
		绝对额（元）	比重（%）	绝对额（元）	比重（%）	绝对额（元）	比重（%）	绝对额（元）	比重（%）
1996	2 125.56	1 661.44	78.17	279.03	13.13	32.25	7.19	152.84	1.52
1997	2 186.29	1 850.33	84.63	267.95	12.26	29.16	1.78	38.85	1.33
1998	2 383.60	2 050.71	86.03	279.95	11.74	11.85	0.50	41.09	1.72
1999	2 260.59	1 937.57	85.71	283.02	12.52	10.25	0.55	29.75	1.22
2000	2 022.50	1 611.20	79.69	343.90	17.00	31.60	1.55	36.20	1.77
2001	2 182.20	1 731.80	79.36	328.50	15.05	26.85	3.23	133.42	2.35
2002	2 301.00	1 868.00	79.49	389.00	16.48	31.71	1.97	140.67	2.06
2003	2 530.40	1 991.20	78.69	425.50	16.82	66.70	2.62	47.30	1.87

数据来源：吉林统计年鉴（1992—2015）计算得出。

（3）2004—2014年，吉林省农民收入出现11年连增。收入增长来源多元化是这一时期的最大特点。这一时期，农民人均纯收入从2004年的2 999.6元增加到2014年的10 780.12元，年均增长13.64%，保持了快速增长的趋势。这一时期，农民家庭经营性收入仍是农民收入的主要来源，这主要因为这一时期农产品价格大幅上涨，强力支撑了农民增收；同时，吉林省作为2004全国农业税费改革试点省份，农业税的减免直接激励了农民种粮的积极性，使得农民种植业收入大幅度增加，2006年全面取消农业税以后，政府加大了支农惠农的力度，提高“三农”补贴的力度，有力地促进了农民增产增收，不难看出，近几年国家制定的相关政策对农业的支持力度是非常显著的，一定程度上促进了农民收入的增加；随着市场经济逐步完善和建立，吉林省民营经济快速发展，尤其是吉林省粮食加工业和畜产品加工业快速发展，形成了一批农产品加工龙头企业。同时，农民利用空闲时间外出务工的工资性收入也不断增加，农民工资性收入在农民收入中比重逐渐增加；转移性收入成为农民收入新的增长点，财产性收入为农民增收开辟了新的道路，从而使得城乡居民收入相对差距不断下降。但是，由于不同产业之间利润率的高低差别，城镇居民的收入绝对量依然大于农民的收入，只是相对差距不断下降（表 3-3）。

表 3-3　2004—2014 年吉林省农民收入结构

年份	农民收入（元）	家庭经营性纯收入		工资性收入		财产性收入		转移性收入	
		绝对额（元）	比重（%）	绝对额（元）	比重（%）	绝对额（元）	比重（%）	绝对额（元）	比重（%）
2004	2 999.60	2 292.80	76.44	457.80	15.26	81.30	2.71	167.70	5.59
2005	3 263.99	2 395.50	73.39	510.96	15.65	148.35	4.55	209.19	6.41
2006	3 641.13	2 556.70	70.22	605.11	16.62	187.74	5.16	291.58	8.01
2007	4 191.34	2 830.70	67.54	711.25	16.97	283.41	6.76	365.98	8.73
2008	4 932.74	3 344.72	67.81	810.17	16.42	183.20	3.71	594.66	12.06
2009	5 265.91	3 436.75	65.26	869.02	16.50	290.86	5.52	669.29	12.71
2010	6 237.44	4 085.92	65.51	1 072.14	17.19	377.45	6.05	701.93	11.25
2011	7 509.95	4 950.40	65.92	1 469.19	19.56	395.73	5.27	694.63	9.25
2012	8 598.17	5 617.63	65.34	1 792.02	20.84	392.96	4.57	795.56	9.25
2013	9 621.21	6 855.13	71.25	1 813.23	18.85	187.86	1.95	764.98	7.95
2014	10 780.12	7 445.63	69.07	1 937.65	17.97	181.84	1.69	1 215.01	11.27

数据来源：吉林统计年鉴（1992—2015）计算得出。

3.1.2　吉林省农民家庭经营性收入变动

农民家庭经营性收入是农民收入的主要组成部分，主要由农业、林业、牧业、渔业、工业、建筑业、运输业、批发商饮业、服务业、文教卫生及其他收入构成。1991—2014 年吉林省农民家庭经营性收入得到了稳步提升，由 1991 年的 637.92 元增加到 2014 年的 7 445.63 元。在吉林省农民家庭经营性收入中，第一产业所占的比重较大，除 1997 年为 89.65%外，其余各年都在 90%

以上，并且从 2001 年以来一直保持在 94%以上，农民家庭经营性收入中的第二、第三产业收入所占比重整体呈现下降的趋势，从 1991 年的 9.32%下降到 2014 年的 4.52%（表 3-4）。农民家庭经营性收入中第二、第三产业发展水平低下，大多数农户只是进行简单再生产，生产的农副产品直接进入市场，没有进行简单加工，这使农产品的生产与市场需求相脱节，造成了吉林省多数农产品加工转化层次低，直接制约着吉林省农民收入的可持续增长。

表 3-4　1991—2014 年吉林省家庭经营性收入中第一、二、三产业构成

年份	家庭经营性收入绝对额（元）	第一产业		第二产业		第三产业	
		绝对额（元）	比重（%）	绝对额（元）	比重（%）	绝对额（元）	比重（%）
1991	637.92	578.44	90.68	10.83	1.70	48.65	7.62
1992	685.26	629.78	91.90	16.02	2.34	39.46	5.76
1993	773.44	700.04	90.45	13.57	1.75	59.83	7.80
1994	1 083.41	996.64	91.99	16.88	1.56	69.89	6.45
1995	1 277.47	1 170.35	91.61	27.95	2.19	79.17	6.20
1996	1 661.44	1 511.14	90.95	27.93	1.68	122.37	7.37
1997	1 850.33	1 658.84	89.65	49.92	2.70	141.57	7.65
1998	2 050.71	1 866.67	91.03	17.13	0.84	166.91	8.13
1999	1 937.57	1 778.95	91.81	34.84	1.80	123.78	6.39
2000	1 611.20	1 500.13	93.11	18.33	1.14	92.74	5.75
2001	1 731.76	1 654.69	95.55	14.62	0.84	62.45	3.61
2002	1 887.45	1 795.17	95.11	24.90	1.32	67.38	3.57
2003	1 991.20	1 896.64	95.25	19.70	0.99	74.86	3.76
2004	2 292.80	2 216.18	96.66	10.05	0.44	66.57	2.90
2005	2 395.50	2 276.10	95.02	7.17	0.30	112.23	4.68
2006	2 556.70	2 424.64	94.83	15.55	0.61	116.51	4.56
2007	2 830.70	2 660.26	93.98	33.11	1.17	137.33	4.85
2008	3 344.72	3 146.13	94.06	34.78	1.04	163.81	4.90
2009	3 436.75	3 241.18	94.31	34.01	0.99	161.56	4.70
2010	4 085.92	3 864.43	94.58	48.94	1.20	172.55	4.22
2011	4 950.40	4 685.95	94.64	48.32	0.98	216.13	4.38
2012	5 617.63	5 291.96	94.20	58.79	1.05	266.88	4.75
2013	6 855.13	6 450.22	94.09	64.48	0.94	340.43	4.97
2014	7 445.63	7 109.25	95.48	62.91	0.84	273.47	3.68

数据来源：吉林统计年鉴（1992—2015）整理得出。

表 3-5　1991—2015 年吉林省农民人均家庭第一产业收入结构变化表

年份	第一产业收入（元）	种植业收入比重（%）	林业收入比重（%）	牧业收入比重（%）	渔业收入比重（%）
1991	578.44	91.36	0.15	8.42	0.07
1992	629.78	92.18	0.10	7.68	0.04
1993	700.04	92.59	0.26	7.12	0.04
1994	996.64	95.34	0.20	4.44	0.03
1995	1 170.35	96.51	0.12	3.31	0.06
1996	1 511.14	91.73	0.42	7.56	0.29
1997	1 658.84	83.89	0.83	14.97	0.31
1998	1 866.67	95.35	0.40	4.19	0.05
1999	1 778.95	94.43	1.07	4.48	0.01
2000	1 500.13	85.61	0.31	13.94	0.14
2001	1 654.69	85.23	0.31	14.34	0.11
2002	1 777.96	83.32	—	16.67	0.07
2003	1 896.64	83.50	0.22	16.26	0.02
2004	2 216.18	84.52	0.32	15.18	—
2005	2 276.10	83.77	0.44	15.70	0.09
2006	2 424.64	85.03	0.71	14.25	0.01
2007	2 660.26	81.38	0.91	17.56	0.15
2008	3 146.13	82.43	0.61	16.88	0.08
2009	3 241.18	81.94	0.55	17.36	0.15
2010	3 864.43	84.73	0.89	14.15	0.24
2011	4 685.95	84.23	0.64	15.07	0.06
2012	5 291.96	86.61	0.59	12.76	0.04
2013	6 450.22	92.75	—	7.25	0.04
2014	7 109.25	89.64	4.23	6.10	0.03

注：吉林统计年鉴（1992—2015）计算得出；"—"表示 2002 年、2013 年林业人均纯收入和 2004 年渔业人均纯收入为负值。

在第一产业内部，又以种植业收入为主，种植业收入在农民家庭经营性收入中所占有的比例一直在80%以上，林业、牧业和渔业方面的收入相对较少，这主要因为吉林省是我国粮食主产区，第一产业是农村经济的主体。但从发展趋势上来看，吉林省农民种植业收入占家庭经营性收入的比重整体呈现缓慢下降的趋势，从1991年的91.36%下降到2007年的81.38%，随后又上升，到2014年达到89.64%。牧业收入占第一产业收入的比重呈现先下降后上升的趋势。1991—1995年，农民人均牧业收入占第一产业收入的比重下降到3.31%；1995—2009年，吉林省农民人均牧业收入占第一产业收入的比重呈现不断上升的趋势，从1995年的3.31%上升到2009年的17.36%，随后在2014年下降到6.10%。第一产业中渔业收入和林业收入所占的比重较小，变动不是很明显，如表3-5所示。这些变化说明，种植业收入仍然是农民收入的主要来源，但占比呈现缓慢下降的趋势，农民家庭收入对土地收入的依赖性降低，有利于土地流转和农村劳动力向城镇转移，进而有利于城乡统筹发展，实现城乡一体化。

3.1.3 吉林省农民工资性收入增长变化

农民工资性收入主要来自于以下几个方面：一是来自于非企业组织取得的收入，如乡村教师、村干部的工资等；二是来自于外出务工取得的收入，外出务工收入又分几种情况，第一种是在本地（一般指本县或者本市区域内）务工取得的收入，第二种是本省外县或者外市务工取得的收入，第三种是外省务工取得的收入，第四种是出国务工取得的收入；三是其他报酬收入。吉林省农民工资性收入从1991—2014年增加了23倍多，年均增长率达到14.63%，总体看呈现不断上升趋势，这与乡镇企业、私有企业的快速发展和更多的农民外出打工是息息相关的。工资性收入从绝对量来看一直呈现增长的趋势，但是从工资性收入占家庭人均纯收入的比重上看，总体呈现波动的情况，出现这种现象一方面是吉林省粮食产量连年增长，并且国家实施粮食保护价收购，家庭经营性收入所占比重并没有快速下降；另一方面是随着财政支农惠农力度的加大，农民转移性收入所占的比重逐年增长。从表3-6可以看出，吉林省农民工资性收入较全国平均水平明显落后，1991—2014年农民工资性收入全国平均水平翻了27.34倍，年递增15.47%，较吉林省高0.84个百分点。

表 3-6 1991—2014 年吉林省农民工资性收入

年份	吉林省		全国	
	绝对额（元）	比重（%）	绝对额（元）	比重（%）
1991	83.83	11.20	151.90	21.44
1992	105.20	13.03	184.40	23.52
1993	97.06	10.89	194.50	21.10
1994	110.81	8.71	263.00	21.54
1995	165.59	10.29	353.70	22.42
1996	279.03	13.13	450.80	23.40
1997	267.95	12.26	514.60	24.62
1998	279.95	11.74	573.60	26.53
1999	283.02	12.52	630.30	28.52
2000	343.90	17.00	702.30	31.17
2001	328.50	15.05	771.90	32.62
2002	389.00	16.48	840.20	33.94
2003	425.50	16.82	918.40	35.02
2004	457.80	15.26	998.50	34.00
2005	510.96	15.65	1 174.50	36.08
2006	605.11	16.62	1 374.80	38.33
2007	711.25	16.97	1 596.20	38.55
2008	810.17	16.42	1 853.70	38.94
2009	869.02	16.50	2 061.30	40.00
2010	1 072.14	17.19	2 431.10	41.07
2011	1 469.19	19.56	2 963.40	42.47
2012	1 792.02	20.84	3 447.50	43.55
2013	1 813.23	18.85	3 652.50	41.06
2014	1 937.65	17.97	4 152.20	41.98

数据来源：吉林统计年鉴（1992—2015）、中国统计年鉴（1992—2015）计算得出。

受农户土地面积难以扩大的限制，农民靠农业增收更加困难，随着吉林省农业经济的快速发展，农业科技向现代化、机械化和科学化发展，从而导致农村劳动力的需求急速下降，许多农村剩余劳动力从事其他职业，工资性收入在农民增收中的地位越来越突出，工资性收入已经成为兼业农户增收的重要途径。虽然农业劳动力的非农就业给很多农户带来了较多的收入，但是由于传统思想和种种客观因素的制约，很多农民还不能彻底放弃农业，与土地完全脱钩，在一定程度上表现出以农为主的兼业式劳动力转移模式，农闲才外出务工的农民占很大的比重。农民工资性收入的主要来源是农民从事非农工作所取得的劳动报酬，而吉林省由于民营经济发展的落后，总体非农产业发展动力不足，整个第二产业和第三产业增长速度明显落后于中国东部发达省份。吉林省农民工资性收入所占比重呈现波动的趋势表明吉林省第二产业和第三产业发展势头不够强劲，难以使得农民从非农产业中获取持续增加的工资性收入，因此，只有持续增长的非农经济的发展才能为农民工资性收入持续增长提供保障。

3.1.4　吉林省农民转移性收入与财产性收入的变动

近年来，吉林省农民财产性收入绝对数呈现增长态势（表 3-7）。2001—2014 年吉林省农民财产性收入由 70.54 元增长到 181.84 元，年递增 7.56%，但农民财产性收入相对数却是下降的，2001—2014 年吉林省农民财产性收入占农民纯收入的比重由 3.23%降为 1.69%，产生的原因是农民的财产权不完整，如农民家庭承包的土地使用权不能抵押，农民在征地价格形成中缺少话语权，集体征地对农民的补偿远低于土地出让的价格，农民不能享有宅基地的所有权（张宗平等，2012），成为当前农民财产收入流失最严重的原因。因为受教育程度普遍低下，农民缺乏相关理财知识，基本上极少接触和尝试股票、债券、基金和期货这些金融工具，一旦有了结余现金，主要选择存入银行或者偶尔购买保险来为自己或家人今后的医疗、教育等需求提供保障。农村居民的财产性收入在家庭收入中所占比例一直处在被忽略的地位，农村居民对财产性收入的认识和关注程度也不高。

农民财产性收入更主要的来源是一些土地及地面建筑物出让的租金收入和转让土地承包经营权等，吉林省农民财产性收入低的原因，主要与农民整体比较贫困、土地作为重要财产的价值尚未充分发挥出来有关。虽然全省农民财产收益在纯收入的比重还很小，但随着社会经济的发展和城镇化建设进程的不断加快，未来将成为农民收入中的重要增长来源。十八届三中全会指出，要给予农民更多的财产支配的权利，特别是对于农村土地制度的改革，赋予了农民对承包地占有、使用、收益以及承包经营权的抵押、担保等多种权利，这些改革措施为农民财产性收入扩充了渠道，带动农民收入结构产生新的变化。

表 3-7　2001—2014 年吉林省农民财产性收入

单位：元

年份	财产性收入合计	利息	转让承包土地经营权租金净收入	出租机械、专利、版权等资产的收入	转移性收入合计	养老金或离退休金	社会救济和补助	现金政策性惠农补贴
2001	70.54	—	—	—	51.39	—	—	—
2002	46.49	—	—	—	48.68	—	—	—
2003	66.70	—	—	—	47.30	—	—	—
2004	81.30	—	—	—	167.70	—	—	—
2005	148.35	—	—	—	209.19	—	—	
2006	187.74	—	—	—	291.58	—	—	—
2007	283.41	—	—	—	365.98	—	—	—
2008	183.20	—	—	—	594.66	—	—	—
2009	290.86	—	—	—	669.29	—	—	—
2010	377.45	4.56	35.33	5.99	701.93	51.81	13.82	535.85
2011	395.73	5.36	84.99	7.69	694.63	62.14	5.03	567.2
2012	392.96	13.95	84.22	7.16	795.56	71.45	0.32	652.09
2013	187.86	20.26	124.12	35.10	764.98	123.43	13.51	504.44
2014	181.84	29.37	113.03	9.83	1 215.01	204.2	32.57	520.97

数据来源：吉林统计年鉴（1992—2015）整理得出。

自 2004 年以来吉林省农民转移性收入比重不断增加，这与中央坚持“多予，少取，放活”的方针和吉林省政府加大财政对农业补贴的力度有很大关系。政府取消农业税，对种粮农户进行良种补贴、农机具购置补贴和农业生产资料综合补贴，吉林省政府积极贯彻中央精神，给农户一定的优惠政策，使农村居民收入稳步上升，但由于吉林省经济落后，政府部门扶持农业发展的力度仍然不足，农民获得的转移性收入很少，比例相对较小，增长缓慢。

3.2 吉林省农民收入结构横向分析

3.2.1 吉林省农民人均纯收入总体横向分析

吉林省农民收入从来源上看，主要表现为“四个为主”，即农民收入以家庭经营性收入为主、家庭经营性收入以第一产业收入为主、第一产业收入以种植业为主、种植业收入以粮食尤其以玉米收入为主。从1991—2014年吉林省农民收入结构看，直接来自于粮食生产的收入平均占到总收入的50%以上，对农民收入的年平均贡献率高达40%以上。粮食生产仍然是吉林省农民收入的主要来源，农民收入结构呈现单一化。从表3-8可以看出，吉林省农民人均家庭经营性纯收入所占比重、第一产业收入所占比重和种植业收入所占比重同期均大于全国农民平均水平，虽然有所下降，但是下降的幅度小于全国平均水平下降的幅度。全国农民人均家庭经营性纯收入所占比重快速下降，从1991年的73.89%下降到2014年的40.4%，而第一产业收入所占比重也出现快速下降的趋势，其中，种植业收入所占比重也快速下降。

表3-8 1991—2014年吉林省与全国农民收入结构

单位：%

年份	吉林省			全国		
	家庭经营性收入比重	第一产业收入比重	种植业收入比重	家庭经营性收入比重	第一产业收入比重	种植业收入比重
1991	85.25	77.30	70.62	73.89	49.59	65.00
1992	84.87	78.00	71.90	71.63	50.67	62.10
1993	86.75	78.51	72.69	73.62	50.00	61.52
1994	85.20	78.37	74.72	72.23	48.65	61.15
1995	79.37	72.71	70.17	71.36	45.22	60.62
1996	78.16	71.09	65.21	70.74	47.80	59.57

（续）

年份	吉林省			全国		
	家庭经营性收入比重	第一产业收入比重	种植业收入比重	家庭经营性收入比重	第一产业收入比重	种植业收入比重
1997	84.63	75.87	63.65	70.46	46.71	58.38
1998	86.03	78.31	74.67	67.81	44.53	55.15
1999	85.71	78.69	74.31	65.53	41.55	51.53
2000	79.66	74.17	63.50	63.34	37.01	48.40
2001	79.36	75.83	64.63	61.68	36.49	47.61
2002	81.18	77.27	64.38	60.05	35.01	45.85
2003	78.69	74.95	62.58	59.45	33.78	45.60
2004	76.44	73.88	62.44	58.78	35.98	47.61
2005	73.39	69.73	58.41	56.67	33.72	45.15
2006	70.22	66.59	56.62	53.83	32.33	42.41
2007	67.54	63.47	51.65	52.98	31.49	42.15
2008	67.81	63.78	52.57	51.16	29.98	40.88
2009	65.26	61.55	50.43	49.03	29.07	38.58
2010	65.51	61.96	52.49	47.86	29.12	37.69
2011	65.92	62.40	52.55	46.18	27.18	36.12
2012	65.34	61.55	53.31	44.63	26.61	34.39
2013	71.25	67.04	62.18	41.73	—	—
2014	69.07	65.95	59.11	40.40	—	—

数据来源：吉林统计年鉴（1992—2015）、中国统计年鉴（1992—2015）计算得出，其中2013年、2014年《中国统计年鉴》中农民家庭经营性收入中没有第一产业收入和种植业收入，用“—”表示。

2014年吉林省农村居民家庭人均可支配收入为10 780元，略高于全国平均水平的10 489元，在全国31个地区中排第11位。事实上，近几年吉林省农民收入增长速度在缓慢下降（2012年吉林省农民人均纯收入为8 598元，全国平均水平为7 916元）。吉林省农民人均纯收入与同处于东北地区的辽宁省相比差别不大，同时，略高于同是粮食主产区的河南省和四川省，但是差距不大，如图3-2所示。吉林省农民人均纯收入低于沿海经济发达地区的浙江省，并且这种差距呈现逐渐扩大的趋势，例如，1991 年，吉林省农民人均纯收入为 748.33 元，而浙江省为 1 210.77 元，但是到了 2014 年，吉林省农民人均纯收入为 10 780.12 元，而浙江省农民人均纯收入增加到 19 373.00 元。

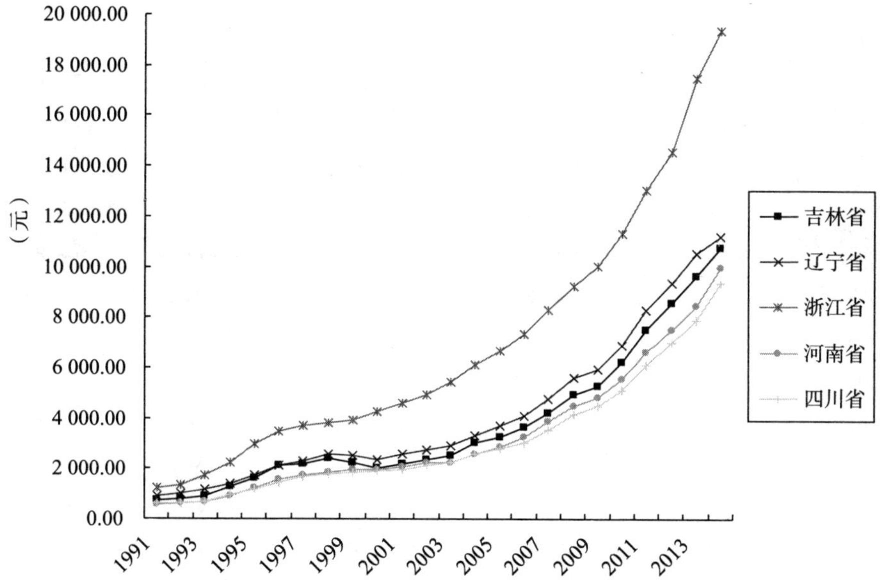

图 3-2 吉林省与其他省份农民人均纯收入变动

资料来源：吉林统计年鉴（1992—2015）、辽宁统计年鉴（1992—2015）、浙江统计年鉴（1992—2015）、河南统计年鉴（1992—2015）和四川统计年鉴（1992—2015）整理得出。

3.2.2 吉林省农民家庭经营性纯收入的横向比较

为研究吉林省农民收入结构与其他省份农民收入结构的差异，以下选择辽宁省、浙江省、河南省和四川省作为比较对象。如表 3-9 所示，吉林省农民家庭经营性纯收入所占的比重呈现下降的趋势，但是下降的幅度远远小于其他省份。其中，浙江省农民家庭人均纯收入所占比重下降的幅度最大，由 1993 的 58.91%下降到 2014 年的 27.03%，下降了 31.88%。与同处于粮食主产区的河南省和四川省相比，由于四川省和河南省农民拥有的耕地资源较少，因而，家庭经营性收入增加受到资源的限制，农民为了获取收入的持续增加，不得不外出打工获取工资性收入，因而，四川省、河南省农民人均家庭经营性纯收入所占比重低于吉林省。

表 3-9 各省农民人均家庭经营性纯收入所占比重

单位：%

年份	吉林省	辽宁省	浙江省	河南省	四川省
1991	85.25	—	71.97	—	—
1992	84.87	63.33	68.23	—	—
1993	86.75	71.11	58.91	87.07	75.59
1994	85.20	65.40	56.52	87.43	74.91
1995	79.37	66.13	57.18	87.55	74.28
1996	78.16	67.64	55.70	87.20	73.07
1997	84.63	67.25	54.59	90.14	72.36
1998	86.03	67.06	52.16	83.03	68.81
1999	85.71	63.48	48.02	80.36	64.64
2000	79.66	57.45	45.09	78.29	63.25
2001	79.36	60.64	43.65	78.06	62.00
2002	81.18	59.19	42.00	76.88	61.52
2003	78.69	58.28	43.01	74.69	60.41
2004	76.44	60.22	41.90	75.77	61.48
2005	73.39	58.63	41.53	75.16	60.00
2006	70.22	54.05	41.31	73.52	52.84
2007	67.54	54.31	41.40	71.60	52.54
2008	67.81	52.57	39.47	71.60	50.03
2009	65.26	50.64	37.85	70.26	46.46
2010	65.51	50.46	37.07	69.56	44.49
2011	65.92	51.48	37.27	68.12	45.06
2012	65.34	50.98	35.67	63.05	42.92
2013	71.25	49.04	28.21	59.98	45.61
2014	69.07	46.93	27.03	48.99	41.49

资料来源：吉林统计年鉴（1992—2015）、辽宁统计年鉴（1993—2015）、浙江统计年鉴（1992—2015）、河南统计年鉴（1994—2015）和四川统计年鉴（1994—2015）计算得出，难以获取的数据用“—”表示。

3.2.3 吉林省农民工资性纯收入的横向比较

吉林省农民工资性收入所占的比重低于全国平均水平，吉林省农民工资性收入 2014 年仅为 1 937.65 元，不到全国平均水平的一半，在全国排第 27 位，占农民收入的比重不到 17.97%，对收入增长的贡献率年均仅为 19%。而同期我国农民平均工资性收入所占比重为 39.59%。对农民收入的贡献率达到 50%以上，已经成为农民收入增长的主要渠道。同其他省份相比，吉林省农民工资性收入所占比重偏低，低于辽宁省、浙江省、河南省和四川省。其中，浙江省由于经济最发达，农民工资性收入所占比重增长的最快，从 1991 年的 22.26%增加到 2014 年的 60.77%，已经成为农民家庭纯收入的最主要来源。同时，由于辽宁省、四川省和河南省耕地资源短缺，尤其是四川省和河南省人多地少，农民为了提高家庭收入，必须外出打工，获取工资性收入。因而，吉林省农民工资性收入所占比重不仅远远低于浙江省，而且低于四川省、辽宁省和河南省，如表 3-10 所示。

表 3-10　各省农民人均工资性收入所占比重

单位：%

年份	吉林省	辽宁省	浙江省	河南省	四川省
1991	11.20	—	22.26	—	—
1992	13.03	34.41	25.14	—	—
1993	10.89	26.02	34.98	9.61	17.32
1994	8.71	27.88	39.02	8.34	17.12
1995	10.29	27.68	37.42	8.78	18.01
1996	13.13	28.15	39.27	9.43	20.51
1997	12.26	29.91	40.61	6.91	21.74
1998	11.74	29.19	41.55	13.57	24.95
1999	12.52	32.64	44.02	15.85	28.77
2000	17.00	37.49	47.04	17.38	31.37
2001	15.05	35.76	48.58	17.75	32.80
2002	16.48	36.89	49.33	18.55	33.75
2003	16.82	36.00	48.11	20.93	34.34
2004	15.26	32.53	49.00	21.32	33.82
2005	15.65	32.85	49.53	21.64	34.07
2006	16.62	36.66	49.71	22.93	40.62
2007	16.97	36.03	49.52	24.39	40.56
2008	16.42	36.50	50.91	24.40	39.32

（续）

年份	吉林省	辽宁省	浙江省	河南省	四川省
2009	16.50	37.59	51.91	25.02	40.82
2010	17.19	38.36	52.64	25.28	44.20
2011	19.56	38.33	52.62	26.65	43.28
2012	20.84	38.69	54.01	30.41	44.12
2013	18.85	40.00	59.54	31.58	35.11
2014	17.97	38.98	60.77	28.96	33.77

资料来源：吉林统计年鉴（1992—2015）、辽宁统计年鉴（1993—2015）、浙江统计年鉴（1992—2015）、河南统计年鉴（1994—2015）和四川统计年鉴（1994—2015）计算得出，难以获取的数据用“—”表示。

3.2.4 吉林省农民财产性收入和转移性收入的横向比较

吉林省农民财产性收入和转移性收入所占的比重远远低于家庭经营性收入和工资性收入所占的比重，从 1991 年的 3.55％仅仅增加到 2014 年的 12.96％。2004 年以前吉林省农民财产性收入和转移性收入所占比重一直较低，2004 年以后，财产性收入和转移性收入所占比重才开始出现一定幅度的增加，这主要得益于农民转移性收入的快速增加。随着国家支农惠农力度的加大，财政对农业转移支付的力度不断加大，农民转移性收入不断增长。与其他省份横向相比，吉林省与其他省份的财产性收入和转移性收入所占比重差别较少，这主要是由于各省份农民财产性收入非常少，同时转移性收入主要靠国家支农惠农财政补贴，地区之间差距不大，因而，吉林省农民财产性收入和转移性收入所占比重与其他省份相比，差距不大（表 3-11）。

表 3-11　各省农民人均财产性收入与转移性收入所占比重

单位：％

年份	吉林省	辽宁省	浙江省	河南省	四川省
1991	3.55	—	5.77	—	—
1992	2.10	2.26	6.63	—	—
1993	2.36	2.87	6.12	3.32	7.09
1994	6.09	6.72	4.46	4.23	7.97
1995	10.34	6.19	5.39	3.67	7.71

（续）

年份	吉林省	辽宁省	浙江省	河南省	四川省
1996	8.71	4.21	5.02	3.36	6.43
1997	3.11	2.84	4.80	2.94	5.90
1998	2.23	3.76	6.29	3.40	6.23
1999	1.77	3.88	7.95	3.80	6.59
2000	3.34	5.06	7.87	4.33	5.38
2001	5.59	3.60	7.79	4.19	5.19
2002	2.34	3.91	8.66	4.58	4.73
2003	4.49	5.72	8.87	4.37	5.25
2004	8.30	7.25	9.10	2.91	4.71
2005	10.96	8.52	8.93	3.20	5.93
2006	13.16	9.29	8.98	3.54	6.54
2007	15.49	9.67	9.07	4.00	6.90
2008	15.77	10.93	9.63	4.00	10.65
2009	18.24	11.76	10.24	4.72	12.73
2010	17.30	11.17	10.29	5.16	11.31
2011	14.52	10.19	10.11	5.22	11.66
2012	13.82	10.34	10.32	6.54	12.96
2013	9.90	10.96	12.25	8.44	19.28
2014	12.96	14.09	12.20	22.05	24.75

资料来源：吉林统计年鉴（1992—2015）、辽宁统计年鉴（1993—2015）、浙江统计年鉴（1992—2015）、河南统计年鉴（1994—2015）和四川统计年鉴（1994—2015）计算得出，难以获取的数据用“—”表示。

3.3　不同收入来源对吉林省农民收入的贡献率

吉林省农民收入由家庭经营性收入、工资性收入、财产性收入及转移性收入四部分构成，不同类型收入占农民收入的比例不同，并随时间的变化而变动。分析农民收入结构及其变动情况可揭示不同类型收入在农民收入中所占的地位，但不能阐明不同类型收入对农民收入的贡献情况。分析 1991—2014 年不同类型收入对吉林省农民收入的贡献率，可掌握不同类型收入对农民增收的贡献程度，发现农民增收路径。

3.3.1 相对贡献率（RCR）与增长贡献率（GCR）计算方法

（1）相对贡献率

相对贡献率（Relative Contribution Ratio，RCR）是各部分收入增长量占农民纯收入增量的比率，其计算公式为：

$$RCR_{it}=\frac{\Delta y_{it}}{\sum_{i}|\Delta y_{it}|}\times 100\% \qquad (3\text{-}1)$$

考虑到变动方向差别导致的相对抵消，分母采用各部分增长量的绝对值总和，以避免分子、分母均为负数而贡献率为正的情况。Δy_{it} 表示第 t 年第 i 部分的增长量，$\Delta y_{it}=y_{it}-y_{i,t-1}$；$\sum_{i}|\Delta y_{it}|$ 表示第 t 年收入中各部分增长量绝对值总和，反映总体波动的绝对值；RCR_{it} 表示第 i 部分增长量在总体波动中的比重，其取值范围为（-100%，100%），反映第 t 年第 i 部分增长对总体增长的相对贡献，若 RCR_{it} 为正值表示第 i 部分对整体增量的贡献为正向作用，若为负值表示第 i 部分对整体增量的贡献为负向作用，RCR_{it} 上升或下降反映了对应部分变动在整体增量贡献的增强或减弱。

从相对贡献率构建来看，农民纯收入相对贡献率的变动与农民纯收入结构变化相一致，因此，农民纯收入相对贡献率就反映了农民纯收入结构的变化。农民纯收入相对贡献率反映了不同部分收入在纯收入增量中的相对地位。

（2）增长贡献率（GCR）

增长贡献率（Growth Contribution Ratio，GCR）主要反映各部分收入增长对农民纯收入整体的贡献，除了与各部分增量在总波动中的相对比重有关外，还与纯收入的增长幅度有直接关系，增长贡献率计算公式如下：

$$GCR_{it}=RCR_{it}\times\frac{\sum_{i}|\Delta y_{it}|}{y_{i,t-1}} \qquad (3\text{-}2)$$

RCR_{it} 表示第 t 年第 i 部分的相对贡献率；$\frac{\sum_{i}|\Delta y_{it}|}{y_{i,t-1}}$ 表示第 t 年各部分增长量绝对值总和与上一年度纯收入的比重，反映各部分总体增长程度，绝对值主要剔除正、负抵消的情况。从简化式可以较好理解其含义，如下：

$$GCR_{it}=RCR_{it}\times\frac{\sum_{i}|\Delta y_{it}|}{y_{i,t-1}}=\frac{\Delta y_{it}}{\sum_{i}|\Delta y_{it}|}\times\frac{\sum_{i}|\Delta y_{it}|}{y_{i,t-1}}=\frac{\Delta y_{it}}{y_{i,t-1}}$$

可见，GCR_{it}恰好表示第t年第i部分收入增长量在上一年总体中的比重，可反映第t年第i部分收入对纯收入增长的贡献水平。农民纯收入的增长贡献率反映了纯收入中各部分对农民纯收入的贡献率，增长贡献率的数值主要受该部分收入增长量的影响，不受其他收入变动的影响。若某部分收入增长，即增长贡献率分子增加，而分母为上一年份的收入保持不变，因此，此时增长贡献率就相应地增长。可见，农民纯收入的增长贡献率单纯考察了不同部分收入各自增长对纯收入的贡献率。

3.3.2　实证结果

根据公式（3-1），我们计算农民收入中家庭经营性收入、工资性收入、财产性收入及转移性收入在不同年份的收入结构变动对收入增长的影响，表3-12所示。

表3-12　农村居民收入结构变动对收入增长的影响

单位：%

年份	纯收入增长率	纯收入RCR的分解			
		工资性收入	家庭经营纯收入	财产性收入	转移性收入
1991	−6.87	9.37	74.10	8.77	7.76
1992	7.89	27.28	60.43	11.27	1.02
1993	10.43	7.78	84.24	5.98	2.01
1994	42.62	3.60	81.06	15.03	0.31
1995	26.58	12.84	45.48	10.39	31.28
1996	32.05	21.99	74.42	2.15	1.45
1997	2.86	3.49	59.58	0.97	35.95
1998	9.02	5.17	86.40	7.46	0.97
1999	−5.16	2.38	87.60	1.24	8.78
2000	−10.53	14.67	78.63	5.14	1.55
2001	7.90	8.10	63.44	20.46	8.00
2002	5.44	22.06	49.67	25.46	2.81
2003	9.97	15.92	53.73	28.78	1.57
2004	18.54	6.89	64.32	3.11	25.68
2005	8.81	20.11	38.84	25.36	15.69

（续）

年份	纯收入增长率	纯收入 RCR 的分解			
		工资性收入	家庭经营纯收入	财产性收入	转移性收入
2006	11.55	24.96	42.74	10.44	21.85
2007	15.11	19.29	49.80	17.39	13.52
2008	17.69	10.50	54.58	10.64	24.28
2009	6.75	17.66	27.62	32.31	22.40
2010	18.45	20.91	66.82	8.91	3.36
2011	20.40	30.85	67.16	1.42	0.57
2012	14.49	29.52	61.00	0.25	9.23
2013	11.90	1.42	82.81	13.72	2.05
2014	12.05	10.63	50.43	0.51	38.43

根据公式（3-2），我们可以计算出不同年份农民收入中工资性收入、家庭经营性收入、财产性收入、转移性收入的结构变动对农民收入中工资性收入、家庭经营性收入、财产性收入、转移性收入增长的影响，如表 3-13 所示。

表 3-13　收入结构变动对收入增长的相对贡献度

单位：%

年份	纯收入增长率	工资性收入	家庭经营纯收入	财产性收入	转移性收入
1991	−6.87	1.16	−9.14	1.08	−0.96
1992	7.89	2.86	6.33	−1.18	−0.11
1993	10.43	−1.01	10.92	0.78	−0.26
1994	42.62	1.54	34.77	6.45	0.13
1995	26.58	4.31	15.26	3.49	10.50
1996	32.05	7.05	23.85	0.69	0.46
1997	2.86	−0.52	8.89	−0.15	−5.36
1998	9.02	0.55	9.17	−0.79	0.10
1999	−5.16	0.13	−4.75	0.07	−0.48
2000	−10.53	2.69	−14.44	0.94	0.29
2001	7.90	−0.76	5.96	1.92	0.75
2002	5.44	−2.77	6.24	3.20	0.35
2003	9.97	1.59	5.35	2.87	0.16
2004	18.54	1.28	11.92	0.58	4.76

（续）

年份	纯收入增长率	工资性收入	家庭经营纯收入	财产性收入	转移性收入
2005	8.81	1.77	3.42	2.24	1.38
2006	11.55	2.88	4.94	1.21	2.52
2007	15.11	2.92	7.53	2.63	2.04
2008	17.69	−2.36	12.26	2.39	5.46
2009	6.75	1.19	1.87	2.18	1.51
2010	18.45	3.86	12.33	1.64	0.62
2011	20.40	6.37	13.86	0.29	0.12
2012	14.49	4.30	8.88	0.04	1.34
2013	11.90	−0.25	14.39	2.39	−0.36
2014	12.05	1.29	6.14	0.06	4.68

可以看出，工资性收入对农民收入的提升作用渐强；财产性和转移性收入增幅不大。家庭经营收入提升空间有限，工资性收入对农民收入增长的贡献最大，成为增收主要动力源，财产性收入的贡献最小。

3.4　吉林省农民收入结构变动的矛盾与冲突

总结1991—2014年吉林省农民收入结构的变动过程，可以明显看出三个方面最显著的结果：①在吉林省农民收入构成中家庭经营性收入所占比重虽然从85.25%下降到了69.07%，但是仍然是农民收入中比重最大的来源。工资性收入所占比重缓慢上升，财产性收入所占比重非常小，并且没有呈现规律性的变动，转移性收入所占比重呈现缓慢上升的趋势。②在农民生产性收入中，农业收入所占比例逐年下降，非农业收入所占比例不断上升。在农民家庭经营性收入中，第一产业比重不断下降，第二、第三产业比重不断上升，它表明了吉林省农民离农程度的提高；以农业为主的兼业式劳务经济较为明显，季节性、临时性增收突出。虽然农业劳动力的转移给很多农户带来了较多的收入，但是由于传统思想和种种客观因素的制约，很多农民还不能彻底放弃农业，达到完全脱离土地的程度，所以还是以农为主的兼业式劳动力转移模式比较明显，农闲才外出从事第二、第三产业农民占很大的比重。③农民收入的形式结构中，现金收入比重不断上升，实物收入比重不断下降，这反映了农民生产经营活动的商品化程度较高，同时也反映了农民参与社会分化和市场分工程度的提高。

尽管从总体来看，上述三个方面结构变动是符合现阶段生产力发展要求的，也要看到，由于农业比较效益低下，农村优质劳动资源不断向非农产业转移的趋势仍在继续，农村出现了空心化和老龄化严重的社会现象。同时，也带来了“谁来种地”“怎么种地”“钱从哪来”“人往哪去”等一系列的社会矛盾和问题，甚至是尖锐的冲突。这些矛盾主要体现在以下几个方面：

(1) 农民职业化与农民老龄化之间的矛盾

农民收入结构变动的直接原因是农村劳动力就业结构发生了很大变化，从目前农村的现实来看，基本上是年轻的、文化程度高的、身体健康的男性劳动力流转到非农产业的较多，而留在农村的往往是年龄较大的、文化程度低的、体弱多病的人群，并且女性较多。导致农村劳动力呈现出老龄化、女性化、兼业化的趋势，农村劳动力总量过剩与结构性短缺并存。根据对吉林省的调查发现，随着城镇化和工业化进程的加快，越来越多的优质农村劳动力转移到城镇从事非农行业的就业活动。农业生产普遍存在由老人和妇女来完成的现象，如此一来，从事农业的劳动力明显趋于弱化，在农业劳动力中，由于缺乏应有的专业技能和应有的素质，农业粗放经营的状况没有得到很好地改善，极大地阻碍了农业机械化、集约化的发展，无法满足农业经济发展和农业现代化的要求。

(2) 推进土地规模经营与小农生产方式的矛盾

家庭联产承包经营制度在实行的初期，土地平均分配到每个农户，不同等级的土地均等搭配进行分配，这样就形成了农户土地的分散化。在这样的土地分散化的条件基础上进行土地流转非常困难，土地流转困难又使得农业的产业组织化程度和农业产业集中度提高的难度加大，很难形成规模效应。但是随着农村生产力的发展，一家一户分散的、小规模的农业生产已不能满足社会化大生产的要求，一些先进农业生产技术和大型农机的推广与使用受土地规模限制，难以直接应用，在一定意义上制约了土地规模经营和现代化大农业发展。

(3) 农业比较收益偏低与社会效益高的矛盾

吉林省承担着保障国家粮食安全和农产品有效供给的双重任务，农业社会效益高，但随着农业生产资料价格和农村劳动力价格的上涨，农业生产成本大幅上涨，农民种粮积极性受到严重挫伤，在国家农业利益补偿仍显不足的情况下，农业粮食生产作为高投入、低产出的刚性需求产业，尽管比较效益偏低，考虑到粮食安全问题，仍需要大力发展。不过在粮食产量实现“十连增”的同时，县域经济的发展与粮食增产并没有实现同步增长，特别是粮食增产对农业增效、农民增收和财政增长的拉动作用并不明显。农民增收需要大量的劳动力非农化，劳动力非农化影响了粮食生产效率，要想保持生产效率从而保证粮食安全，就需要实现土地的规模化生产与集约化经营，这就势必要求土地的集中，土地的集中触及到土地社会保障功能的失去，在没有建立完备的农村社会保障体系之前，农民失去土地的经营权会影响农村的社会稳定，并且农村土地细碎化又会影响农业生产效率，除非继续维持大量劳动投入，而这又将影响农民增收，事实上也根本无法维持。

（4）农民进城成本不断提高、经济增速放缓与农村人口转移的矛盾

农民进城意愿取决于农民进城成本与农民进城收益的比较，农民进城成本包括：因进城而必须放弃的农村土地承包经营权和宅基地使用权的收益，个人或家庭为了达到城市平均生活或消费水平而发生的成本，以及由城市融入目标状态所决定的心理成本。农民进城收益则可以概括为城市最低生活保障、失业保障、最低工资保障等社会保障，同时城市市民在医疗卫生条件、教育条件和交通条件等方面高于农村居民。但是随着城乡一体化进程的推进，城乡统筹的社会养老保险、医疗保险政策的实施以及农村基础设施建设力度的加大，城乡之间的差距正日益缩小，加上目前小城镇和部分中小城市缺少产业支撑、缺少就业和创业机会的现实，农民进城预期收益下降，与此相反，拥有农业户籍，意味着农民可以得到承包地的各种补贴和土地流转、增值收益，加上房价近年来连续攀升，农民进城的当期成本不断上涨，以上这些方面严重制约着农民非农化、市民化进程。

近年来，我国经济在持续的高速增长后，经济潜在增长率下降，已处于从高速换挡到中速的发展时期。吉林省也和全国一样，由于体制机制不灵活，经济结构、产业结构不合理，经济发展速度由 2009 年的 13.6%变化为 2014 年的 6.5%，经济下行压力较大。奥肯定律表明，失业率与 GDP 增长率之间存在负相关关系，经济增速下降将影响就业率的下降。经济增长下行必然会影响就业，进而影响吉林省农民非农就业的速度，加上吉林省以重工业为主的产业结构和服务业发展滞后的态势使城镇吸纳农业转移人口的能力较弱。从吉林省县域经济发展情况来看，吉林省尚处于工业化中期阶段，并且工业以国有企业为主，私营工业发展缓慢，同时，吉林省第三产业发展也较为缓慢。吉林省县均 GDP 为 150 亿元，只有东北 30 强县 300 亿元的 50%和全国百强县 500 亿元的30%，吉林省粮食大县较多，粮食大县多是财政穷县，普遍负债较多，经济发展乏力。吉林省民营经济发展的滞后也导致了非农产业吸纳农村富余劳动力不足，吉林省并没有出现像江浙一带那样兼业化程度不断提高，甚至出现大量非农化的现象。因此，吉林省农民工资性收入低于全国平均水平，农民工资性收入增长一直处于缓慢增长的趋势。农民工资性收入的缓慢增长也导致了吉林省农民人均纯收入增长缓慢，并且农业生产效率在现有基础上很难再有大的提高，农民家庭经营性收入，尤其是占家庭经营性收入比重达到90%以上的农业经营性收入难以大幅度增加，这样就导致了吉林省农民增收缺乏持续的动力机制。

3.5 本章小结

吉林省农民的收入渠道比较单一，并没有合适地分散风险，无形中会增大收入的不确定性。在收入的构成中，仍旧以家庭经营性收入为主要部分，而其中，第一产业的比重过大，第二、第三产业还没有形成足以促使农民普遍增收的力道，仍像待培育的萌芽。而第一产业的内部结构也不尽合理，种植业一枝独秀，特别是玉米种植业收入占的比重过大。受自然条件影响，吉林省的林业、牧业和渔业的收入并不是农民的主要收入来源。即便是一些农民想发展养殖业，也碍于相关约束条件而无法全面开展。1991—2014年吉林省农民收入增长的趋势虽然比较明显，但是由于收入的单一性，吉林省农民收入增长空间有限。从收入来源的角度看，农民家庭经营性收入占农民总收入比重较大，虽然有所下降，但是下降趋势并不明显，农民工资性收入逐年增加，所占比重虽然有所上升，但是上升的幅度不大，工资性收入对农民收入增长的提升作用不明显。吉林省农民财产性收入增长的幅度非常低，财产性收入占农民收入的比重一直较低，并且近年来呈现下降的趋势。随着国家支农惠农力度不断加大，吉林省农民转移性收入逐年增加，并且所占比重缓慢上升。

深入观察分析这四类收入的来源发现：①家庭经营性收入提升的空间有限，因为家庭经营性收入的内部很大一部分构成来自于第一产业收入，这一比重在未来的经济发展中处于下降水平；②工资性收入对农民收入增长的贡献最大，其将成为未来吉林省农民增收的核心“潜力池”，只要继续开拓农民在非农领域的从业参与度，该模块对收入的增长将具有十分可行的重大机会；③目前财产性收入的贡献最小，尽管财产性收入的增收空间会十分可观，但以目前吉林省农民的实际情况看，还未能成为主要的增收渠道，这是因为当前吉林省农民对金融理论与实际操作方面的了解几乎空白，再加上其本身历史性财富积累的有限性，很难依靠财产性收入来增加家庭收入；④转移性收入毕竟是属于“外援输血型”的政府辅助行为，没有更好地增强和刺激农民自身内在的吸纳财富、提高收入的实力，仅仅是缓解农民的压力与负担，可以由政府继续“发力”，但并不能解决问题的根本矛盾。

第四章　吉林省农民收入结构与收入差距

通过第三章对吉林省农民收入结构的纵向分析、横向之间的比较以及吉林省农民收入结构变动的矛盾与冲突的分析，了解到吉林省农民收入结构的特点以及变化的特征和规律。尽管吉林省农民人均纯收入呈现不断增加的趋势，但是不同类型农民、不同区域农民之间收入存在明显的差异，吉林省城乡居民收入差距如何？城乡居民收入差距与城乡居民收入结构的关系如何？吉林省农民内部收入差距以及不同区域农民收入差距如何？这些问题的分析对于深入了解吉林省农民收入结构变化，以及吉林省农民持续增收问题的解决具有重要的意义。本章分别用相对差距和绝对差距、基尼系数和泰尔指数三个指标来测算吉林省城乡收入差距与吉林省农民收入差距。

4.1　吉林省农民收入结构变动与城乡收入差距

4.1.1　吉林省城乡居民收入差距

农村居民与城市居民之间的收入差距可以用相对差距与绝对差距来反映。相对差距用城乡居民收入比来衡量，城乡居民收入比是指城镇居民人均可支配收入与农村居民人均可支配收入之比；绝对收入差距用城乡居民收入之间的差额来衡量。相对收入差距与绝对收入差距既有区别又有联系，其联系在于二者均反映了城乡居民收入之间的差距，其区别在于绝对差距只能反映收入差距绝对数，不能反映收入差距的相对程度。

如表 4-1 所示，1991—2014 年，吉林省城镇居民和农村居民人均收入都呈现不断增加的趋势，城镇居民人均年可支配收入由 1991 年的 1 395.36 元增加到 2014 年的 23 217.82 元，提高 16.64 倍；农村居民人均年纯收入由 1991 年的 748.33 元增加到 2014 年的 10 780.12 元，增长了 14.41 倍。1991—2014 年，吉林省城乡居民收入比（以农村居民收入为 1，下同）由 1991 年的 1.86∶1 扩大到 2014 年的 2.15∶1；2003 年吉林省城乡居民相对收入差距达到最大，收入比为 2.77∶1。从 2009 年起，城乡居民收入比连续 6 年缩小，到 2014 年为 2.15∶1。虽然吉林省城乡居民收入比在缩小，但收入差距的绝对额仍在扩大，自 2011 年突破 1 万元后，2014 年这一差距扩大到 1.24 万元。吉林省城镇居民人民可支配收入低于全国平均水平，1991 年中国城镇居民人均可支配收入为 1 700.6 元，2014 年为 28 844 元，同期，中国农村居民人均纯收入由 1991 年的 708.6 元增加到 2014 年的 9 892 元。和全国平均水平相比，吉林省城镇居民人均可支配收入低于全国平均水平，而吉林省农村居民人均纯收入略微高于全国平均水平。吉林省城乡居民收入相对差距小于全国平均水平，吉林省城乡居民收入绝对差距也小于全国平均水平。

表 4-1　吉林省城乡居民收入差距数值

年份	吉林省				全国			
	城市居民可支配收入（元）	农村居民纯收入（元）	城乡居民收入相对差距比	城乡居民收入绝对差距（元）	城市居民可支配收入（元）	农村居民纯收入（元）	城乡居民收入相对差距比	城乡居民收入绝对差距（元）
1991	1 395.36	748.33	1.86	647.03	1 700.60	708.60	2.40	992.00
1992	1 636.92	807.41	2.03	829.51	2 026.60	784.00	2.58	1 242.60
1993	1 953.12	891.61	2.19	1 061.51	2 577.40	921.60	2.80	1 655.80
1994	2 561.04	1 271.63	2.01	1 289.41	3 496.20	1 221.00	2.86	2 275.20
1995	3 174.84	1 609.61	1.97	1 565.23	4 283.00	1 577.70	2.71	2 705.30
1996	3 805.61	2 125.56	1.79	1 680.05	4 838.90	1 926.10	2.51	2 912.80
1997	4 190.61	2 186.29	1.92	2 004.32	5 160.30	2 090.10	2.47	3 070.20
1998	4 206.64	2 383.60	1.76	1 823.04	5 425.10	2 162.00	2.51	3 263.10
1999	4 480.00	2 260.60	1.98	2 219.40	5 854.00	2 210.30	2.65	3 643.70
2000	4 810.00	2 022.50	2.38	2 787.50	6 280.00	2 253.40	2.79	4 026.60
2001	5 340.50	2 182.20	2.45	3 158.30	6 859.60	2 366.40	2.90	4 493.20
2002	6 260.20	2 360.80	2.65	3 899.40	7 702.80	2 475.60	3.11	5 227.20

（续）

年份	吉林省				全国			
	城市居民可支配收入（元）	农村居民纯收入（元）	城乡居民收入相对差距比	城乡居民收入绝对差距（元）	城市居民可支配收入（元）	农村居民纯收入（元）	城乡居民收入相对差距比	城乡居民收入绝对差距（元）
2003	7 005.12	2 530.40	2.77	4 474.72	8 472.20	2 622.20	3.23	5 850.00
2004	7 840.60	3 000.40	2.61	4 840.20	9 421.60	2 936.40	3.21	6 485.20
2005	8 690.62	3 263.99	2.66	5 426.63	10 493.00	3 254.90	3.22	7 238.10
2006	9 775.07	3 641.13	2.68	6 133.94	11 759.50	3 587.00	3.28	8 172.50
2007	11 285.52	489.90	2.69	7 095.62	13 785.80	4 140.40	3.33	9 645.40
2008	12 829.45	4 932.74	2.60	7 896.71	15 780.80	4 760.60	3.31	11 020.20
2009	14 006.27	5 265.91	2.66	8 740.36	17 174.70	5153.20	3.33	12 021.50
2010	15 411.47	6 237.44	2.47	9 174.03	19 109.40	5 919.00	3.23	13 190.40
2011	17 796.57	7 509.95	2.37	10 286.62	21 809.80	6 977.30	3.13	14 832.50
2012	20 208.04	8 598.17	2.35	11 609.87	24 564.70	7 916.60	3.10	16 648.10
2013	22 274.60	9 621.21	2.32	12 653.39	26 955.00	8 896.00	3.03	18 059.00
2014	23 217.82	10 780.12	2.15	12 437.70	28 844.00	9 892.00	2.92	18 952.00

数据来源：吉林统计年鉴（1992—2015）计算得出。

（1）1991—1995 年，吉林省城乡居民绝对收入差距不断扩大，相对收入差距变化不大

从绝对量来看，吉林省城乡居民绝对收入差距由 1991 年的 647.03 元上升到 1995 年的 1 565.23 元；从相对量来看，吉林省城乡居民相对收入差距由 1991 年的 1.86 上升到 1995 年的 1.97。从这一阶段吉林省城乡居民绝对收入差距和相对收入差距变动的情况来看，绝对收入差距不断扩大，而相对收入差距增加的较为缓慢。这一时期的城乡居民收入差距形成的原因主要来自以下几个方面：首先是 1992 年邓小平南方谈话为中国特色社会主义市场经济道路奠定了基础，工业和服务业快速发展，国家政策开始为市场经济提供各种便利条件，这一时期农村劳动力开始有少量的往城镇非农经济转移，为第二产业和第三产业发展提供低廉的劳动力。其次，相对城市经济的快速发展，农村经济发展的速度远远低于非农经济的发展速度，这一时期的农民的种粮积极性，发展农业生产的积极性依然较高，但是农业的税费、提留等制度没有变动，农民的负担依然较重，也影响了农民收入的增加，已经开始有部分农村劳动力往非农产业转移，但是受到中国城乡二元经济结构的阻碍，劳动力转移的数量较少。

（2）1996—2003 年，吉林省城乡居民绝对收入差距和相对收入差距同时扩大

从绝对收入差距来看，这一时间段吉林省城乡居民的绝对收入差距从 1996 年的 1 680.05 元上升到 2003 年的 4 474.22 元；从相对收入差距来看，吉林省城乡居民相对收入差距从 1996 年的 1.79 增加到 2003 年的 2.77。这一时期，城乡居民收入差距无论是绝对量还是相对量上都出现了大幅度的增加。造成这一时期农民收入差距的现状原因主要来自以下几个方面：首先是随着中国特色社会主义市场经济体制机制不断完善，第二产业和第三产业快速发展，对外开放程度进一步扩大。其次，随着城乡二元经济结构的逐步放开，大量农村富余劳动力开始往城市转移，为城市经济的发展提供大量廉价的劳动力，进一步促进了城市经济的繁荣，为城镇居民收入的增加带来了经济基础。再次，这一期间，中国农村经济体制并没有改变，农民赋税依然较重，工农业剪刀差依然存在。总之，以上原因造成了这一时间段城乡居民收入差距无论是相对值还是绝对值都在不断增加。

（3）2004—2014 年，吉林省城乡居民相对收入差距开始呈现缩小的趋势，绝对收入差距继续扩大

从绝对收入差距来看，这一时间段吉林省城乡居民的绝对收入差距从 2004 年的 4 840.20 元上升到 2014 年的 12 437.70 元；从相对收入差距来看，吉林省城乡居民相对收入差距从 2004 年的 2.61 下降到 2014 年的 2.15。这一时期吉林省城乡居民收入差距虽然从绝对量上来看依然增加，但是从相对量上来看却出现了下降的趋势。造成这一时期吉林省城乡居民收入差距的原因主要包括：随着市场经济逐步完善和建立，吉林省私营经济和民营经济快速发展，尤其是吉林省粮食加工业快速发展，形成了一批粮食加工龙头企业；同时，吉林省畜产品加工业也得到快速的发展。吉林省作为 2004 年全国农业税费改革试点省份，农业税的减免直接激励了农民种粮的积极性，使得农民从事农业生产经营的收入大幅度增加，同时农民利用空闲时间外出务工的工资性收入也不断增加，国家加大对农业和农民的补贴力度，农民转移性收入也不断增加，从而使得城乡居民相对收入差距不断下降。但是由于不同产业之间利润率的高低，农业的利润率远远低于非农产业的利润率，城镇居民的收入在绝对量上依然大于农民的收入。

4.1.2 吉林省城乡居民收入结构与城乡居民收入差距

城乡居民收入差距在于城镇居民人均可支配收入和农村居民人均可支配收入的各个来源的差异，因此，研究城乡居民收入差距就要分析城镇居民和农村居民各自收入构成的差异。按照中国的城乡住户调查制度，居民收入由工资性收入、家庭经营收入、财产性收入和转移性收入四个部分构成，通过分析城镇居民和农村居民各自收入的来源构成的绝对值和相对值来分析城乡居民收入差距的根源。如表 4-2 所示，2014 年吉林省城镇居民人均可支配收入为23 217.82 元，而同期农村居民人均可支配收入为 10 780.12 元，农村比城镇低 12 437.7 元。在工资性收入、转移性收入和财产性收入三个来源方面，城镇居民均大于农村居民，工资性收入差距最大，2014 年，农村居民人均工资性收入比城镇居民低 11 720.57 元，城镇居民转移性收入比农村居民转移性收入大 4 478.05 元。农村居民家庭经营性收入大于城镇居民家庭经营性收入，2014 年，农村居民家庭经营性收入比城镇居民家庭经营性收入多 4 817.14 元。由此可以看出，城乡居民工资性收入、转移性收入和财产性收入拉大了城乡收入差距，而家庭经营性收入缩小了城乡收入差距，但是由于城乡收入差距的扩大的拉力大于缩小的抑制力，因而，吉林省城乡居民收入差距呈现扩大的趋势。

表 4-2 吉林省城镇居民人均年可支配收入结构变动

年份	人均年可支配收入（元）	工资性收入		经营净收入		财产净收入		转移净收入	
		绝对额（元）	比重（%）	绝对额（元）	比重（%）	绝对额（元）	比重（%）	绝对额（元）	比重（%）
2000	4 810.00	3 058.08	63.58	185.88	3.86	28.32	0.59	1 167.12	24.26
2001	5 340.50	3 741.96	70.07	312.48	5.85	32.40	0.61	1 269.84	23.78
2002	6 260.20	4 294.70	68.60	486.1	7.76	68.5	1.09	1 673.3	26.73
2003	7 005.12	4 828.31	68.93	575.10	8.21	100.76	1.44	1 807.06	25.80
2004	7 840.60	5 447.36	69.48	791.60	10.10	69.69	0.89	1 918.14	24.46
2005	8 690.62	5 905.86	67.96	712.86	8.20	80.70	0.93	2 423.57	27.89
2006	9 775.07	6 576.52	67.28	786.22	8.04	117.26	1.20	2 765.28	28.29
2007	11 285.52	7 641.21	67.71	741.51	6.57	131.80	1.17	3 284.07	29.10
2008	12 829.45	8 677.27	67.64	1 154.14	9.00	97.74	0.76	3 676.88	28.66

（续）

年份	人均年可支配收入（元）	工资性收入		经营净收入		财产净收入		转移净收入	
		绝对额（元）	比重（%）	绝对额（元）	比重（%）	绝对额（元）	比重（%）	绝对额（元）	比重（%）
2009	14 006.27	9 482.13	67.70	1 307.31	9.33	145.73	1.04	4 219.98	30.13
2010	15 411.47	10 621.40	68.92	1 363.73	8.85	163.83	1.06	4 645.45	30.14
2011	17 796.57	12 217.09	68.65	1 860.32	10.45	235.31	1.32	4 898.99	27.53
2012	20 208.04	13 535.30	66.98	2 168.8	10.73	324.0	1.60	5 631.5	27.87
2013	22 274.60	14 388.26	64.59	2 482.01	11.14	355.22	1.59	6 318.70	28.37
2014	23 217.82	13 658.22	58.83	2 628.49	11.32	1 238.05	5.33	5 693.06	24.52

数据来源：吉林统计年鉴（2001—2015）计算得出。

在工资性收入方面，吉林省城镇居民工资性收入占城镇居民人均可支配收入的比重较高，但是，所占比重呈现下降的趋势，农村居民人均纯收入中的工资性收入所占比重较低，但是所占比重一直处于上升的趋势。2014 年吉林省城镇居民人均可支配收入中工资性收入是 2000 年的 4.47 倍，人均工资性收入占城镇居民人均可支配收入的比重由 2000 年的 63.58%下降到 2014 年的 58.83%，2014 年吉林省农村居民人均纯收入中工资性收入是 2000 年的 5.63 倍，农民工资性收入所占比重由 2000 年的 17.00%提高到 2014 年的 17.99%。城乡居民之间工资性收入的差距由 8.89 倍缩小至 7.05 倍。在吉林省城乡居民家庭经营性收入方面，城镇居民远远低于农村居民，家庭经营性收入是城乡收入差距缩小的主要原因。但是，从统计资料可以看出，城镇居民家庭经营性收入快速上升，2014 年是 2000 年的 14.14 倍，所占比重不断增加，由 2000 年的 3.86%提高到 2014 年的 11.32%；吉林省农村居民收入中家庭经营收入 2014 年是 2000 年的 4.62 倍，所占比重由 2000 年的 79.69%下降到 2014 年的 69.07%。由此可见，家庭经营性收入抑制城乡收入差距的能力在不断下降。在吉林省城乡居民财产性收入方面，城镇居民和农村居民财产性收入所占的比重都较低，但是从绝对值来看，城镇居民人均财产性收入要远远大于农村居民人均财产性收入。在吉林省城乡居民转移性收入方面，2014 年吉林省城镇居民转移性收入是 2000 年的 4.88 倍，所占比重由 24.26%上升至 24.52%，2014 年吉林省农村居民转移性收入是 2000 年的 33.56 倍，所占比重由 1.77%提高到 11.27%。

4.2 吉林省农民内部收入差距

4.2.1 吉林省农民内部收入差距现状分析

除了吉林省城乡居民收入存在差距以外，吉林省农民内部收入也存在差异，从图 4-1 可以看出，吉林省不同类型农户人均年纯收入除个别年份以外，整体呈现不断上升的趋势，低收入户农民人均纯收入由 2001 年的 754 元增加到 2014 年的 2 325 元，14 年增加了 1 571 元，增加了 2.08 倍；中等偏下户人均年纯收入由 2001 年的 1 011 元增加到 2014 年的 6 521 元，14 年增加了 5 510 元，14 年增加了 5.45 倍；中等收入户人均年纯收入由 2001 年的 1 879 元增加到 2014 年的 7 703 元，14 年增加了 5 824 元，增加了 3.10 倍；中等偏上户人均年纯收入由 2001 年的 2 840 元增加到 2014 年的 15 145 元，14 年增加了 12 305元，增加了 4.33 倍；高收入户人均年纯收入由 2001 年的 4 358 元增加到 2014 年的 21 630 元，14 年增加了 17 272 元，增加了 3.96 倍。

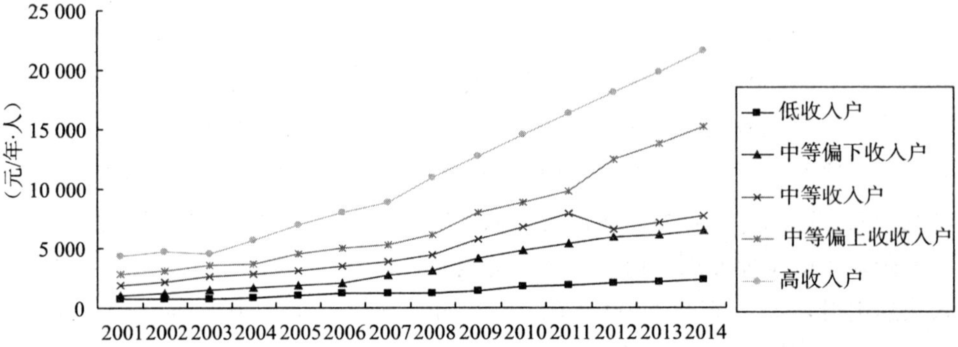

图 4-1 2001—2014 年吉林省农民人均年纯收入变化（五等分）

资料来源：吉林统计年鉴（2002—2015）整理得到。

从五种类型农户人均年纯收入变化的趋势可以看出，低收入户与中等偏下收入户、中等偏上收入户和高收入农民之间的收入差距呈现不断扩大的趋势；高收入户与其他四种类型农户收入差距也呈现不断扩大的趋势；中等偏上农户与其他四种类型农户之间的收入差距呈现不断扩大的趋势。中等收入户由于在 2012 年突然出现收入下降的情况，导致中等收入户在 2012 年与中等偏下收入户之间的收入差距减少，中等收入户在 2012 年之前与中等偏上收入户之间的收入差距较小，在2012年迅速扩大，之后差距越来越大。

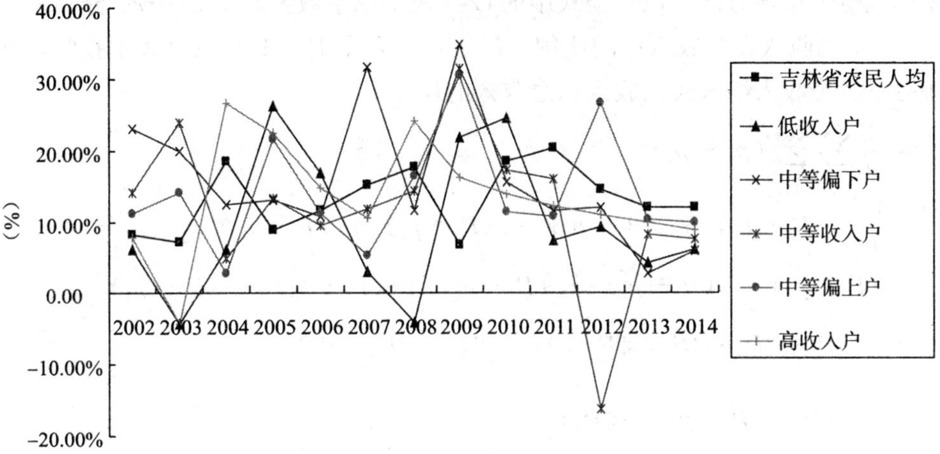

图4-2　按五等分分组的农村居民人均年纯收入增长率变动

资料来源：吉林统计年鉴（2002—2015）计算得到。

从图4-2可以看出，各种类型农户人均年纯收入增长率均呈现波动的趋势，低收入户、中低收入户和中等收入户人均年收入增长率波动幅度大于中等偏上和高收入户人均年收入增长率。特别是低收入户、中等收入户人均年收入增长率波动的幅度最大。这样反映了处于低收入农户的收入增长难以得到稳定的保障，缺乏长效机制，而处于中高收入农户由于具备一定的资源、资金、技术等方面的优势，收入增长的长效机制能够得到保障。

4.2.2　吉林省农民内部收入差距的基尼系数测算

4.2.2.1　基尼系数方法介绍

基尼系数是有意大利经济学家Corrado Gini在1922提出的用于测定收入分配差异程度的指标，是广泛用于测算不平等的方法之一。基尼系数的计算方法较多，常见的有连续方法和离散方法。采用连续方法最大的问题在于洛伦兹曲线的拟合函数的选择较为困难。本研究采用胡祖光（2004）① 提出的一个更为简便的计算基尼系数的方法。在收入五等分法下基尼系数的计算方法可以用最高收入组与最低收入组各自所占的收入比重之差来简易计算，并且应用该方

① 胡祖光．基尼系数理论最佳值及其简易计算公式研究［J］．经济研究，2004（9）：60-69.

法计算的32个国家的基尼系数与世界银行公布的基尼系数极其接近，因此，本研究也采用该方法。以下公式中的G代表基尼系数，P_1、$P_2\cdots P_n$分别表示n个阶层的收入在总收入中的比例。P_1、P_2、P_3、P_4和P_5分别表示在收入五等分下各个收入组农民的收入在总收入的比重。

$$G=\frac{1}{n}\sum_{i=2}^{n}\sum_{1=j<i}(p_i-p_j)$$

$$=\frac{1}{5}[(P_2-p_1)+(P_3-p_1)+(P_3-p_2)+(P_4-p_1)+(P_4-p_2)+(P_4-p_3)+(P_5-p_1)+(P_5-p_2)+(P_5-p_3)+(P_5-p_4)]$$

$$=\frac{1}{5}(P_2+2P_3+3P_4+4P_5-4P_1-3P_2-2P_3-P_4)$$

$$=\frac{1}{5}(4P_5-4P_1+2P_4-2P_2) \tag{4-1}$$

为使计算简化，假定高收入组、中等偏上收入组、中等收入组、中等偏下收入组和低收入组分别占总收入的比重P_1、P_2、P_3、P_4、P_5呈现等差数列，公差为D，则：

$$P_2=P_1+D \tag{4-2}$$

$$P_3=P_1+2D \tag{4-3}$$

$$P_4=P_1+3D \tag{4-4}$$

$$P_5=P_1+4D \tag{4-5}$$

将式（4-2）、（4-3）、（4-4）、（4-5）代入式（4-1）中，得：

$$G=\frac{4(P_5-P_1)+2(P_4-P_2)}{5}$$

$$=\frac{4\times4D+2\times2D}{5}$$

$$=4D$$

$$=P_1+4D-P_1$$

$$=P_5-P_1$$

即：

$$G=P_5-P_1 \tag{4-6}$$

这样，基尼系数就近似地等于收入五等法中高收入组的收入百分比与低收入组的收入百分比的差额。尽管实际上五等法中各收入组的总收入比重并不一定呈现等差数列，但是胡祖光（2004）用这一方法验证了世界银行公布的34个国家的基尼系数，发现非常接近。并且，胡祖光（2004）证明了用这种简易的计算公式得到的基尼系数和用精确的公式计算的基尼系数之间的差距较小，可以忽略不计。因而，可以用这种简易的方法来计算吉林省农民收入的基尼系数。

4.2.2.2　吉林省农民收入差距的基尼系数分析

利用公式（4-1）和图 4-1 数据，计算出吉林省农民收入差距的基尼系数，结果见表 4-3。可以看出，2001—2003 年，吉林省农民收入差距的基尼系数呈现下降的趋势，从 2001 年的 0.332 4 下降到 2003 年的 0.286 9。2003—2008 年，吉林省农民收入差距的基尼系数呈现上升的趋势，从 2003 年的 0.286 9 上升到 2008 年的 0.379 9。2009 年以后开始出现平稳下降的趋势，2014 年，吉林省农民收入的基尼系数为 0.362 0。近年来，吉林省农民收入的基尼系数总体保持在 0.35 左右。按照国际上通常采用基尼系数来考察居民收入分配差异程度。一般情况下，基尼系数可划分为四个区间作为评判收入差异程度的依据：基尼系数在 0.2 以下，为收入分配高度平均；0.2～0.3 为相对平均；0.3～0.4 为比较合理；0.4 以上为差距偏大，分配不公。吉林省农民收入的基尼系数变动表明，随着农村经济的快速发展，吉林省农民收入差距不断扩大。近年来，随着农业税的减免以及国家支农惠农政策的实施，尤其是国家 2008 年开始在吉林省实施玉米临时收储价格以来，吉林省农民收入的基尼系数保持平稳的态势，进而表明，吉林省农民收入差距保持稳定的态势。

表 4-3　2001—2014 年吉林省农村居民基尼系数

年份	系数
2001	0.332 4
2002	0.323 7
2003	0.286 9
2004	0.333 0
2005	0.339 2
2006	0.344 5
2007	0.346 3
2008	0.379 9
2009	0.351 9
2010	0.345 9
2011	0.348 0

（续）

年份	系数
2012	0.353 0
2013	0.359 5
2014	0.362 0

4.3 吉林省农民收入区域差距

近年来，随着工业化和城镇化进程的加快，农民收入差距出现了新特点，对粮食主产区农民收入差距问题的研究事关中国粮食生产的安全问题。但是在现有的研究中，对中国区域间农民收入差距研究的较多。如周红利、和荣（2007）年对“十五”期间中国各省份农民收入差距进行了分析。陈冲（2010）对1996—2008年中国省际农民收入差距进行了计算。还有些学者对东部发达省份的农民收入差距进行了研究，如黄云婷、吴青蔚（2012）对江苏省农村居民收入差距进行了分析，并将江苏省按苏南、苏中和苏北不同地区来研究区域间和区域内差距。目前，学术界缺乏针对东北粮食主产区农民收入差距的研究，本部分用泰尔指数对吉林省农民收入差距进行测算，利用泰尔指数及其分解方法对吉林省农民收入差距进行测算时，将吉林省按照行政区划分为九大区域，分析农民收入的组间差距和组内差距。

4.3.1 吉林省县域农民人均纯收入统计分析

2001—2014年，吉林省各县域农民人均纯收入总体上都呈现不断增长的趋势，均值从2001年的2 084.40元增加到2014年的9 507.35元。吉林省不同县域由于资源禀赋和经济发展水平的不同，农民人均纯收入存在差距。吉林省各个县域农民人均纯收入最大值与最小值分别从2001年的4 000.00元和693.00元增加到2014年的11 837.00元和5 790.00元，分别增加了1.96倍和7.35倍。2001—2014年，吉林省各个县域农民人均纯收入极差呈现波动上升的趋势，从2001年的3 307.00元下降到2003年的1 889.00元，之后呈现不断上升的趋势，从2003年的1 889.00增加到2014年的6 047.00元。吉林省县域农民人均纯收入的标准差呈现波动增加的趋势，说明吉林省各个县域农民人均纯收入的波动呈现越来越剧烈的趋势，也反映了吉林省县域农民人均纯收入的差距越来越大。

表 4-4　2001—2014 年吉林省县域农民人均纯收入的统计分析

单位：元

年份	最大值	最小值	均值	极差	标准差
2001	4 000.00	693.00	2 084.40	3 307.00	770.60
2002	3 398.00	854.00	2 453.80	2 544.00	728.46
2003	3 097.00	1 208.00	2 381.65	1 889.00	427.54
2004	3 820.00	1 611.03	2 811.47	2 208.97	590.42
2005	4 149.00	1 739.00	3 074.00	2 410.00	589.03
2006	4 149.00	1 739.00	3 073.80	2 410.00	588.98
2007	5 380.00	1 896.00	3 463.30	3 484.00	706.96
2008	6 413.00	2 274.00	3 967.55	4 139.00	880.33
2009	7 220.55	2 717.17	4 964.60	4 503.38	1 058.11
2010	8 287.03	3 118.50	5 697.87	5 168.53	1 214.40
2011	9 944.43	3 742.20	6 837.45	6 202.24	1 457.28
2012	10 040.93	4 780.83	8 062.88	5 260.10	1 566.34
2013	11 147.00	5 340.00	9 246.85	5 807.00	1 900.46
2014	11 837.00	5 790.00	9 507.35	6 047.00	1 824.89

资料来源：吉林统计年鉴（2002—2015）计算得到。

4.3.2　泰尔指数

泰尔指数是 Henri Theil（Theil，1967）根据信息论中"熵"的概念提出的用于分析研究对象不平等的测量指标。其公式如下：

$$T = \sum_{i=1}^{n} a_i \log(a_i / b_i) \qquad i = 1,2,3,\cdots,n \qquad (4\text{-}7)$$

式中，n 代表研究的区域数目；T 代表泰尔指数；a_i 代表 i 地区农民收入占所研究总体农民收入的比重；b_i 代表 i 地区人口占所研究的总体人口比重。

如果一个地区农民收入所占的比重与该地区人口所占的比重相等，即 $a_i = b_i$，那么 log（a_i/b_i）=log（1）=0，此时，泰尔指数为 0，表明该地区农民收入不存在着差距。泰尔指数不为 0 时，表明该地区农民收入存在差距。

将泰尔指数分解为组内差距和组间差距。

$$T = \sum_{i=1}^{n} \frac{y_i}{Y} T_{bi} + \sum_{i=1}^{n} \left(\frac{y_i}{Y}\right) \log\left(\frac{y_i/Y}{p_i/P}\right) = T_{WR} + T_{BR} \qquad (4\text{-}8)$$

其中：

$$T_{bi} = \sum_{i=1}^{n}\left(\frac{y_{ik}}{y_i}\right)\log\left(\frac{y_{ik}/y_i}{p_{ik}/p_i}\right) \qquad k=1,2,3\cdots m \qquad (4\text{-}9)$$

m 代表不同区域中的样本数，T_{bi} 代表未加权的组内泰尔指数，y_{ik} 代表第 i 个地区第 k 个样本的总收入，P_{ik} 代表第 i 个地区第 k 个样本的总人口，y_i 代表 i 地区农民总收入，P_i 代表 i 地区总人口数。Y 代表全部区域的总收入，P 代表全部区域的总人口。

4.3.3 泰尔指数及其分解结果

利用以上公式对吉林省农民收入差距进行泰尔指数计算，结果如图 4-3 所示。总体上来看，吉林省农民人均纯收入的泰尔指数的变动以 2003 年为分水岭，2001—2003 年，吉林省农民收入的总体泰尔指数呈现快速下降的趋势，从 2001 年的 0.016 963 下降到 2003 年的 0.003 270，这说明了吉林省农民收入差距在 2001—2003 呈现缩小的趋势。从 2004—2014 年，总体泰尔指数保持平稳波动的趋势，从 2004 年的 0.005 649 变动到 2014 年的 0.005 636。2004—2014 年吉林省农民收入的泰尔指数波动表明这期间吉林省农民收入差距呈现平稳的趋势。这一趋势与国家取消农业税，加大财政支农惠农补贴力度密不可分。

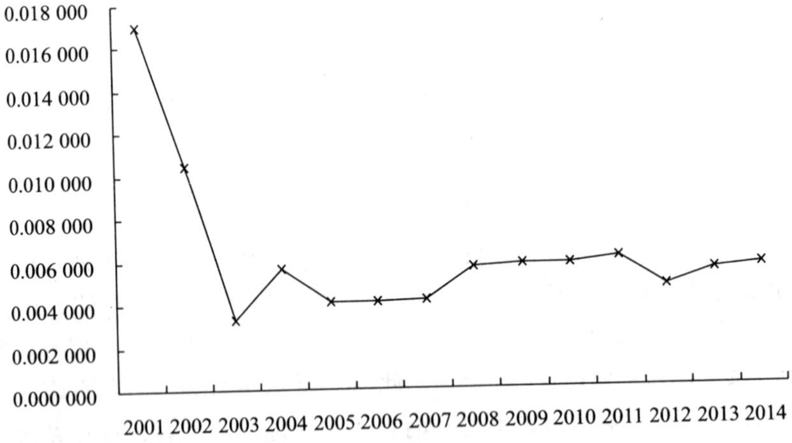

图 4-3　2001—2014 年吉林省农民收入的泰尔指数

在得到吉林省农民收入总体泰尔指数的同时，将其进一步分解为组内差距和组间差距。将吉林省按照 9 个地级市进行分组，每组选取若干县（市）域（表 4-5）。

表 4-5　区域分组表

地区	县（市）
长春地区	九台市、农安县、榆树市、德惠市
吉林地区	永吉县、蛟河市、桦甸市、舒兰市、磐石市
四平地区	梨树县、伊通满族自治县、公主岭市、双辽市
辽源地区	东丰县、东辽县
通化地区	通化县、辉南县、柳河县、梅河口市、集安市
白山地区	抚松县、靖宇县、长白朝鲜族自治县、临江市
松原地区	前郭尔罗斯蒙古族自治县、长岭县、乾安县、扶余县
白城地区	镇赉县、通榆县洮南市、大安市
延边地区	延吉市、图们市、敦化市、珲春市、龙井市、和龙市、汪清县、安图县

利用公式（4-8）和公式（4-9）计算吉林省农民收入的组内差距和组间差距，根据组内差距和组间差距进而计算出组内差距对总体泰尔指数的贡献度和组间差距对总体泰尔指数的贡献度（表 4-6）。

表 4-6　吉林省农民人均纯收入的泰尔指数及其分解结果

年份	组间差距	组内差距	泰尔指数	组内贡献率	组间贡献率
2001	0.008 491	0.008 472	0.016 963	49.94%	50.06%
2002	0.005 867	0.004 568	0.010 435	43.77%	56.23%
2003	0.001 454	0.001 816	0.003 270	55.54%	44.46%
2004	0.003 151	0.002 498	0.005 649	44.22%	55.78%
2005	0.001 913	0.002 193	0.004 107	53.41%	46.59%
2006	0.001 905	0.002 185	0.004 090	53.42%	46.58%
2007	0.001 762	0.002 376	0.004 138	57.42%	42.58%
2008	0.003 139	0.002 528	0.005 667	44.61%	55.39%
2009	0.003 377	0.002 408	0.005 785	41.63%	58.37%
2010	0.003 382	0.002 417	0.005 800	41.68%	58.32%
2011	0.003 535	0.002 535	0.006 070	41.76%	58.24%
2012	0.002 689	0.002 018	0.004 707	42.88%	57.12%
2013	0.003 275	0.002 171	0.005 446	39.86%	60.14%
2014	0.003 639	0.001 997	0.005 636	35.44%	64.56%

从表 4-6 可以看出，组间差距呈现先下降后上升的趋势，组间差距从 2001

年的 0.008 491 下降到 2003 年的 0.001 454，到 2004 年上升到 0.003 151。2004—2007 年呈现下降的趋势，从 2004 年的 0.003 151 下降到 2007 年的 0.001 762。2007—2014 年呈现缓慢上升的趋势，从 2007 年的 0.001 762 上升到 2014 年的 0.003 639。组内差距也呈现和总体泰尔指数相同的变动趋势，从 2001 年的 0.008 472 下降到 2003 年的 0.001 816，从 2004—2014 呈现平稳波动的变化趋势。

从吉林省农民收入泰尔指数的构成来看，2001 年，组内贡献和组间贡献几乎相等，组内贡献率为 49.94%，同期组间贡献率为 50.06%。2001—2014 年，组内贡献总体呈现波动下降的趋势，从 2001 年的 49.94%下降到 2014 年的 35.44%。2001—2014 年，组间贡献总体呈现波动上升的趋势，从 2001 年的 50.06%上升到 2014 年的 64.56%。由此可以看出，随着时间的推移，吉林省农民收入差距主要受到区域间经济发展水平的差距影响。

2001 年以来，随着国家税费改革和财政支农惠农力度的加大，吉林省农民收入差距总体呈现下降的趋势，2004 年以后，吉林省农民收入总体差距呈现平稳波动的趋势。同时，随着吉林省区域经济的快速发展，不同地区，由于在地理位置、资源禀赋和人力资源等方面存在着明显的差异，随着经济发展水平的不断提高，区域之间经济发展的不平衡性越来越明显。例如，吉林省中部地区土地资源优越，同时交通便利，发展农业基础条件较优越，同时，吉林省中部地区非农经济发展水平较高，能够为农民非农就业带来便利条件。吉林省东部地区多为山地，西部地区为盐碱地，农业基础条件较差，同时吉林省东部地区和西部地区非农产业发展也落后于中部地区，因而，吉林省中部地区农民收入明显高于西部地区和东部地区。这也是吉林省农民收入差距中的组间差距贡献率逐渐增加的原因。

4.4 本章小结

通过对 1991—2014 年吉林省城乡居民收入的绝对差距和相对差距的分析发现，吉林省城乡居民绝对收入差距一直呈现扩大的趋势，而城乡居民相对收入差距呈现变化不大到扩大，再到近年来缩小的趋势。吉林省城乡居民收入差距变化的原因与国家经济政策、经济发展的水平和阶段息息相关，从 1992 年的邓小平南方谈话，到 2004 年吉林省作为全国农业税费改革试点省份，到后来的取消农业税和增加财政对农业的各项补贴，再到 2008 年的玉米临时收储价格的实施等。同时，农民利用空闲时间外出务工的工资性收入也不断增加，从而使得城乡居民相对收入差距不断下降。但是由于不同产业之间利润率的高低，城镇居民的收入在绝对量上依然大于农民的收入。

城乡居民收入差距在于城镇居民人均可支配收入和农村居民人均可支配收入的各个来源的差异。城乡居民工资性收入、转移性收入和财产性收入拉大了城乡收入差距，而家庭经营性收入缩小了城乡收入差距，但是由于城乡收入差距的扩大的拉力大于缩小的抑制力，因而，吉林省城乡居民收入差距呈现扩大的趋势。

从五种类型农户人均年纯收入变化的趋势可以看出，低收入户与中等偏下收入户、中等偏上收入户和高收入农民之间的收入差距呈现不断扩大的趋势；高收入户与其他四种类型农户收入差距也呈现不断扩大的趋势；中等偏上农户与其他四种类型农户之间的收入差距呈现不断扩大的趋势。中等收入户由于在2012年突然出现收入下降的情况，导致中等收入户在2012年与中等偏下收入户之间的收入差距减少，中等收入户在2012年之前与中等偏上收入户之间的收入差距较小，在2012年迅速扩大，之后差距越来越大。

从纵向来看，2001—2003年，吉林省农民收入差距的基尼系数呈现下降的趋势，从2001年的0.332 4下降到2003年的0.286 9。2003—2008年，吉林省农民收入差距的基尼系数呈现上升的趋势，从2003年的0.286 9上升到2008年的0.379 9。2009年以后开始出现平稳下降的趋势，2014年，吉林省农民收入的基尼系数为0.362 0。近年来，吉林省农民收入的基尼系数总体保持在0.35左右。

从区域来看，2001年，组内贡献和组间贡献几乎相等，组内贡献率为49.94%，同期组间贡献率为50.06%。2001—2014年，组内贡献总体呈现波动下降的趋势，组间贡献总体呈现波动上升的趋势，可以预见，随着时间的推移，吉林省农民收入差距主要受到区域间经济发展水平的差异的影响。随着国家税费改革和财政支农惠农力度的加大，吉林省农民收入差距总体呈现下降的趋势，2004年以后，吉林省农民收入总体差距呈现平稳波动的趋势。同时，随着吉林省区域经济的快速发展，不同地区，由于资源、人才等方面存在着明显的差异，随着经济发展水平的不断提高，区域之间经济发展的不平衡性越来越明显。这也是吉林省农民收入差距中的组间差距贡献率逐渐增加的原因。

第五章 吉林省农民收入结构影响因素分析：宏观视角

改革开放以来，随着工业化和城镇化进程的加快，农业与非农产业间的收入差距不断扩大，越来越多的农民离开农村和农业，进入非农产业就业，农民收入来源渠道出现了多样化，进而农民收入出现分化。许多研究发现，造成农民收入结构变动的原因是多方面的，既有宏观因素，又有微观因素（牟少岩，2007）；既有制度因素（李培林，2004），又有经济因素（张珍等，2008）；既有农民自身的因素，还与区域条件密切相关（王帆，黄利民，2014）。它们之间彼此影响，共同作用。农民收入结构变动的影响因素中既有正向因素，也有负向因素。相关因素之间既可能表现为正相关，也可能表现为负相关。找出农民收入结构变动的关键因素，优化农民收入结构，对吉林省农民增收具有重要的理论意义和实践意义。本章主要从宏观视角利用时间序列数据来分析吉林省农民收入结构变动的影响因素。

5.1 吉林省农民收入结构影响因素描述性统计分析

首先，农民收入结构变动是基于农民理性经济选择的结果。由于城乡居民收入差距的存在，农民基于理性的角度考虑会转移到收入报酬较高的产业中去。20 世纪 90 年代以来，随着市场经济的逐步建立，农民的市场意识也逐渐增强，不仅调整种植结构以取得种植业收益的最大化，而且还通过在农业和非农产业之间调配自己的工作时间，以此来改变过去单一依靠农业取得收入的收入结构。为降低收入风险获得较高收入，农民不断往非农产业转移。总之，农民对自身预期收益的判断和追求收入最大化的动机导致了农民收入结构的变动。其次，农民收入结构变动受到农业生产的自然风险和土地报酬递减规律的影响，农业生产的过程伴随着自然再生产和经济再生产，农民利用闲暇时间转向非农行业劳作以获取收入就成为一种必然选择。吉林省目前种植业除了大棚作物以外，基本上没有复种，农业劳动力存在大量剩余时间。吉林省主要粮食作物耕种时间一般分春种和秋收两个季节，这两个季节正和五一、十一假期匹配，农民正好利用这一城市休假时间从事农业生产，其他时间可以从事非农产业，增收的诱惑导致农民进入非农产业，从而获得非农收入。再次，农民收入结构变动受到市场对资源的优化配置的影响，资本和市场的逐利性促使资源更大规模地向非农产业流动。稀缺的耕地资源和庞大的农村人口间的矛盾导致了农村剩余劳动力的大量存在，农民已很难在小块土地上致富，向非农行业转移获取非农收入已经成为农民提高生活水平一条有效路径。最后，非农产业发展为农民收入结构变动提供了可行性。改革开放以后，吉林省和全国一样，国民经济持续快速增长，工业化、城镇化的进程不断加快，使得非农产业部门对劳动力的需求迅速增长，就业制度环境改善，促使农民进入非农产业就业获取非农收入。由此，从宏观视角可以归纳出吉林省农民收入结构影响因素。

5.1.1　吉林省经济发展水平

5.1.1.1　城镇化率

城镇化是伴随着社会经济的发展和工业化进程的加快而推进的，是人类社会活动中农业经济活动的比重不断下降，非农业经济活动的比重不断上升的过程，城镇化也是传统的乡村社会向以第二产业和第三产业为主的城市社会转变的过程。工业化和城镇化进程的加快，也带来了第二产业和第三产业的快速发展，促进农业劳动力就业空间的扩大和就业岗位的增加，为农业剩余劳动力的非农就业提供出路，农民收入来源更加多样化，从而推动农民收入结构变动。城镇化对农民收入结构的影响主要体现在以下几个方面：①城镇化进程的加快，带来了第二产业和第三产业的发展，进而为农村劳动力转移提供了大量的就业岗位，带来了对农村劳动力需求的增加，增加了农民的非农收入，进而农民收入结构也发生了相应的变化。城镇化进程的加快促使农村剩余劳动力进城务工或者从事非农经营活动，一部分农民取得经验、获得资金和技术后会回到城乡创业，进而会带动农村非农经济的发展，带动农民非农收入的增加，进而影响农民收入结构的变化。②农业剩余劳动力进城就业推动了农村土地流转，也为专门从事农业生产经营活动的农民提供扩大经营规模的可能。由于非农产业的收益率高于农业产业的收益率，因此，大量农村剩余劳动力转移到城市中就业，由于农业和非农产业比较收益的差异，兼业户农民会逐步放弃农业经营，愿意流转出土地，从而将更多的时间投入到非农产业中取得更高的非农收入。这样，随着城镇化进程的加快，专门从事农业经营的农户就有可能扩大农业经营的规模，获得规模经济。由于耕地资源紧缺，农户家庭经营规模普遍较小，这样难以采用先进的农业技术，实行农业规模经营。农业经营规模扩大以后，农业的生产率会提高，进而农业的市场竞争力也会相应地提高。③城镇化进程的加快不仅能为专业农户带来规模经济，而且还能带动相关产业的发展，促进消费市场的繁荣。新增城镇人口会由原来的农产品生产者变成农产品消费者，扩大农产品市场的消费。城镇化进程的推进会增加城镇人口，新增城镇人口会增加对住房、医疗和教育等方面的需求，这样会带来房地产、医疗和教育行业的发展，另一方面也会增加就业岗位，增加对农村劳动力的需求。这些就业机会的缺口会吸引更多的农业剩余劳动力进城，从而非农收入会得到进一步增加。

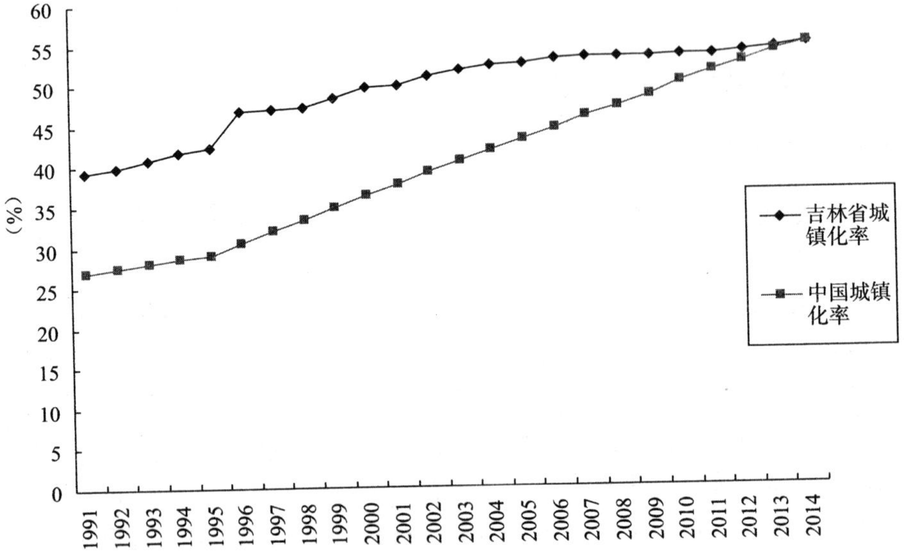

图 5-1　中国和吉林省城镇化率变动

数据来源：吉林统计年鉴（1992—2015）、中国统计年鉴（1992—2015）整理得到。

如图 5-1 所示，1991—2014 年吉林省城镇化率由 39.30%增长为 54.81%，24 年提高了 15.51 个百分点，每年平均增长 0.64 个百分点。而这一时期的我国平均城镇化率由1991年的26.94%增长到2014年的54.77%，24年增长了27.83个百分点，年平均增长1.16个百分点。吉林省城镇化率虽一直高于全国平均水平，但由于吉林省城镇化率平均增速慢于全国，吉林省城镇化率和全国城镇化率之间的差距在逐年缩小，吉林省城镇化率1991年高于全国12.36个百分点，但是到2014年，仅比全国高0.04个百分点。2000年，吉林省人口城镇化率在全国排名第7位，到2014年，位次降为第13位。除了城镇化率增长缓慢，近年来一些县域工业企业的发展受自身约束的局限性，也影响了农业剩余劳动力往非农行业转移就业，对农民增加非农收入的作用变弱。吉林省大部分县域工业企业的规模较小，技术含量较低，产业布局较分散且创新能力较差，导致运输成本增加、产业没有形成一定的关联效应，这也使得部分县域工业企业的竞争力减弱，尤其是农业加工型的龙头企业发展速度缓慢，生产规模小，吸纳农业剩余劳动力就业的能力不足，使得农民工资收入的增长被抑制。

5.1.1.2　人均GDP

经济发展表现为经济总量的增长、经济结构改进和优化以及经济质量的改善和提高。随着我国经济发展水平的提高，农民的生活也得到了很大的改善，这主要体现在农民外出打工、在乡镇企业就业所取得的非农收入的增加。获得非农收入，分享经济发展的成果，是农民为了追求更好的经济收入，改善物质生活条件的理性选择，是城市化和经济社会发展的必然。本研究认为，经济发展是促进农民收入结构变动的主要动力，随着经济特别是非农产业的发展，对劳动力的需求增加，才能保证农民有机会从农业生产劳动中释放出来，转移到城镇和非农产业中就业。就业机会的可能性增大和农业收入与非农收入的差距是外出务工最直接、最实际的“拉力”。

随着改革开放政策的实施和社会主义市场经济体制的逐步建立，20世纪90年代以来吉林省GDP快速增长，1991—2000年吉林省GDP由463亿元变为1 952亿元，年均增幅149亿元；2001—2014年吉林省GDP从2 120亿元上升为13 803亿元，年均增幅834亿元。如图5-2所示，1991—2014年，吉林省人均GDP经历了缓慢增长到快速增长的过程，人均GDP由1991年的1 878元增加到2014年的50 160元，年均增加2 011.75元，1991—2001年为缓慢增长阶段，2001—2014年为快速增长阶段。

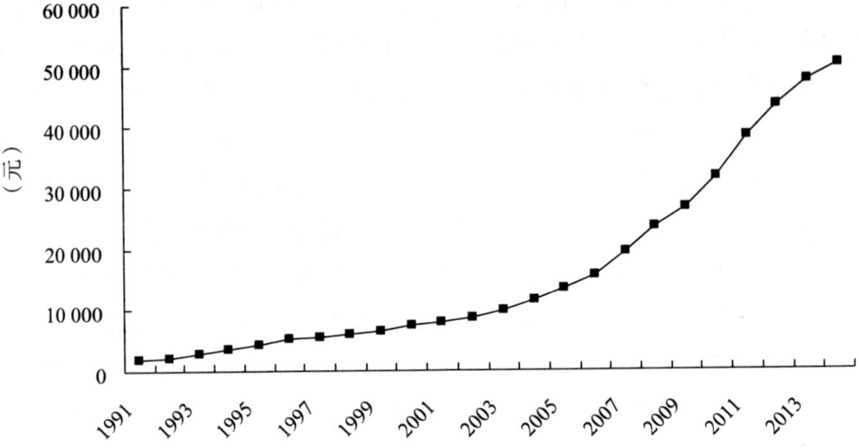

图 5-2　吉林省人均 GDP 变动趋势

数据来源：吉林统计年鉴（1992—2015）计算得出。

5.1.1.3　二、三产业 GDP 增长率

二、三产业 GDP 增长率的变化反映了二、三产业发展的状况，而二、三产业的发展状况又会影响农民非农就业的机会，进而影响农民非农收入，因而，二、三产业 GDP 增长率的变化会影响农民收入结构的变化。从表 5-1 吉林省三次产业变动的情况来看，1991—2014 年，吉林省地区生产总值呈现快速增长的趋势，地区生产总值的增长率从 1991 年的 5.90%上升到 2012 年的 12.00%。2013 年以来，受到国际经济环境的影响以及我国经济转型升级的影响，吉林省地区生产总值增长幅度开始下降，2014 年地区生产总值增长率下降到 6.50%。从 1991—2014 年吉林省三次产业产值增长变动的趋势可以看出，吉林省第一产业产值增长率呈现波动增长的趋势，增长率除 1997 年和 2000 年为负以外，其他年份均为正值，近年来，受到国际粮食价格波动的影响，第一产业产值增长率出现下降的趋势。吉林省第二产业产值增长率呈现波动变化的趋势，除 1997 年和 2000 年为负外，其他年份均为正值。吉林省第三产业产值增长率也呈现波动增加的趋势。从二、三产业产值增长率变动情况来看，1991—2014 年吉林省非农产业产值增长率呈现波动变动的趋势，并且波动幅度也较大。

表 5-1　1991—2014 年吉林省地区生产总值情况

年份	地区生产总值		第一产业		第二产业		第三产业	
	绝对额（亿元）	增长率（%）	绝对额（亿元）	增长率（%）	绝对额（亿元）	增长率（%）	绝对额（亿元）	增长率（%）
1991	463.47	5.90	120.47	0.00	203.02	5.80	139.98	3.00
1992	558.06	1.20	130.82	1.80	257.01	1.80	170.23	14.00
1993	718.58	12.70	156.05	7.70	351.03	7.70	211.50	10.30
1994	937.73	9.70	259.40	10.00	396.91	10.00	281.42	15.60
1995	1 137.23	9.70	303.99	5.00	475.22	5.00	358.02	10.90
1996	1 346.79	13.50	376.01	16.50	537.05	16.50	433.73	11.80
1997	1 464.34	9.00	368.16	−0.40	566.97	−0.40	529.21	16.70
1998	1 577.05	9.10	429.50	13.30	585.65	13.30	561.90	8.10
1999	1 682.07	8.20	423.48	1.40	654.52	1.40	604.07	9.60
2000	1 951.51	9.20	398.73	−3.00	768.89	−3.00	783.89	11.70
2001	2 120.35	9.30	409.10	4.60	852.51	4.60	858.74	9.90
2002	2 348.54	9.50	446.17	6.30	943.49	6.30	958.88	10.10
2003	2 662.08	10.20	488.15	5.90	1 098.44	5.90	1 075.49	8.30
2004	3 122.01	12.20	568.69	8.00	1 329.68	8.00	1 223.64	11.00
2005	3 620.27	12.10	625.61	9.90	1 580.83	9.90	1 413.83	13.60
2006	4 275.12	15.00	672.76	4.20	1 915.29	4.20	1 687.07	17.40
2007	5 284.69	16.10	783.80	1.20	2 475.45	1.20	2 025.44	16.40
2008	6 426.10	16.00	916.72	9.50	3 097.12	9.50	2 412.26	16.70
2009	7 278.75	13.60	980.57	2.80	3 541.92	2.80	2 756.26	13.00
2010	8 667.58	13.80	1 050.15	3.70	4 506.31	3.70	3 111.12	10.70
2011	10 568.83	13.80	1 277.44	5.10	5 611.48	5.10	3 679.91	11.00
2012	11 939.24	12.00	1 412.11	5.30	6 376.77	5.30	4 150.36	11.30
2013	13 046.40	8.30	1 466.74	4.00	6 871.96	4.00	4 707.70	8.80
2014	13 803.14	6.50	1 524.01	4.60	7 286.59	4.60	4 992.54	6.90

数据来源：吉林统计年鉴（1992—2015）计算得出。

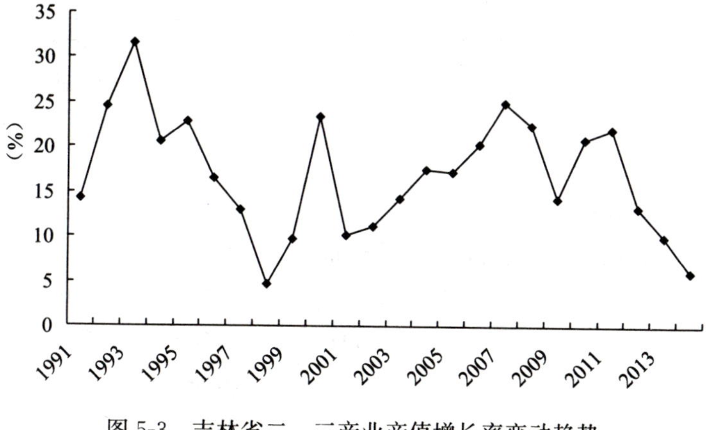

图 5-3　吉林省二、三产业产值增长率变动趋势

数据来源：吉林统计年鉴（1992—2015）计算得出。

5.1.1.4 二元经济结构系数

二元经济结构系数＝（第二、三产业产值/非农业人口）/（第一产业产值/农业人口）。按照一般经济规律，随着经济社会的发展，一个地区的农业人口会逐渐减少，非农业人口逐渐增加。同时二、三产业的产值增加的幅度远远大于第一产业产值增加的幅度，因而，随着经济的发展，二元经济结构会越来越大。二元经济结构的增加反映了非农产业的快速发展，进而也为农民取得非农收入提供更多机会，也改变了农民家庭收入结构。如表 5-2 所示，吉林省第一产业产值比重呈现不断下降的趋势，从 1991 年的 25.99%下降到 2014 年的 11.04%，24 年下降了 14.95 个百分点。吉林省第二产业和第三产业产值比重呈现上升的趋势，第二产业产值所占比重从 1991 年的 43.80%上升到 2014 年的 52.79%，24 年上升了 8.99 个百分点，第三产业产值所占比重从 1991 年的 30.20%上升到 2014 年的 36.17%，24 年上升了 5.97 个百分点。从三次产业就业比重来看，第一产业就业比重呈现下降的趋势，从 1991 年的 47.91%下降到 2014 年的 36.87%，第二产业就业比重也呈现下降的趋势，从 1991 年的 28.39%下降到 23.79%，第三产业就业比重呈现上升的趋势，从 1991 年的 23.70%上升到 2014 年的 39.34%。如图 5-4 所示，从吉林省二元经济结构系数来看，二元经济结构系数逐渐增大，从 1991 年的 4.401 0 增加到 2014 年的 9.191 6。

表 5-2 1991—2014 年吉林省国民经济产值比重与就业比重

年份	产值比重（%）			就业比重（%）		
	第一产业	第二产业	第三产业	第一产业	第二产业	第三产业
1991	25.99	43.80	30.20	47.91	28.39	23.70
1992	23.44	46.05	30.50	47.79	28.55	23.66
1993	21.72	48.85	29.43	46.26	28.48	25.27
1994	27.66	42.33	30.01	45.65	27.46	26.89
1995	26.73	41.79	31.48	45.02	26.69	28.28
1996	27.92	39.88	32.20	44.73	26.19	29.07
1997	25.14	38.72	36.14	44.52	25.49	29.99
1998	27.23	37.14	35.63	48.20	20.33	31.46
1999	25.18	38.91	35.91	49.21	20.00	30.79
2000	20.43	39.40	40.17	50.20	19.10	30.70

（续）

年份	产值比重（%）			就业比重（%）		
	第一产业	第二产业	第三产业	第一产业	第二产业	第三产业
2001	19.29	40.21	40.50	50.18	18.50	31.32
2002	19.00	40.17	40.83	49.49	18.46	32.05
2003	18.34	41.26	40.40	49.25	17.42	33.33
2004	18.22	42.59	39.19	46.10	18.60	35.30
2005	17.28	43.67	39.05	45.67	18.70	35.63
2006	15.74	44.80	39.46	45.20	19.00	35.80
2007	14.83	46.84	38.33	44.59	19.21	36.20
2008	14.27	48.20	37.54	44.01	19.64	36.34
2009	13.47	48.66	37.87	43.84	20.18	35.97
2010	12.12	51.99	35.89	43.26	20.05	36.69
2011	12.09	53.09	34.82	42.90	20.20	36.90
2012	11.83	53.41	34.76	41.08	20.88	38.04
2013	11.24	52.67	36.08	38.96	22.74	38.31
2014	11.04	52.79	36.17	36.87	23.79	39.34

数据来源：吉林统计年鉴（1992—2015）计算得出。

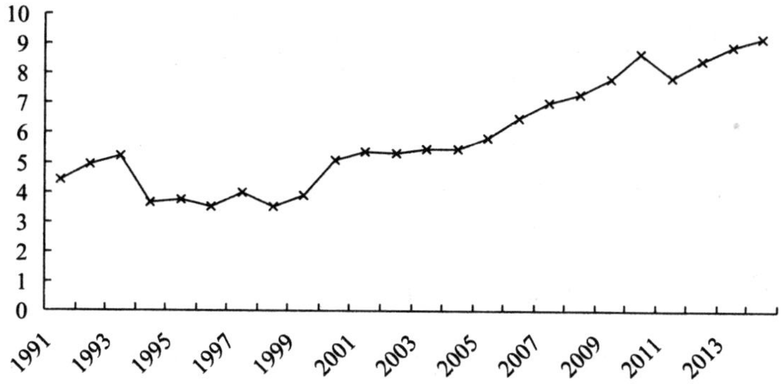

图 5-4 吉林省二元经济结构系数变化

数据来源：吉林统计年鉴（1992—2015）计算得出。

5.1.1.5 农村非农产业增加值比重

农村非农产业增加值比重的变化反映了农村非农产业发展的情况，农村非农产业发展情况主要通过乡镇企业的发展情况来反映，乡镇企业的发展会为农民提供非农就业的机会，进而会增加农民的工资性收入，进一步改变农民的收入结构。吉林省农村非农产业的发展伴随着改革开放以来乡镇企业的发展而发展，改革开放初期，乡镇企业依靠低廉的劳动力成本和低廉的资源优势快速发展，但是随着市场经济的进一步发展，市场竞争越来越激烈，这些缺乏现代管理制度和创新优势的乡镇企业逐渐失去了竞争优势，发展呈现下滑的趋势。吉林省农村非农产业的发展整体呈现波动发展的趋势，农村非农产业增加值比重由 1991 年的 9.02%增加到 2000 年的最高值 29.26%，之后，吉林省农村非农产业增加值比重呈现下降的趋势，下降到 2011 年的 14.32%，2011—2014 年又有缓慢的上升趋势。

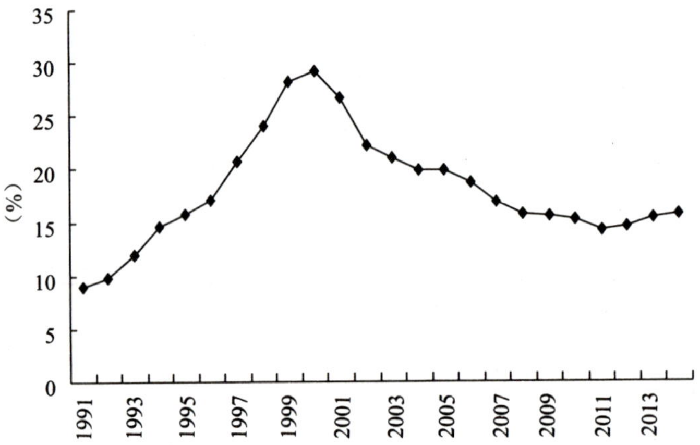

图 5-5　吉林省农村非农产业增加值比重变化

数据来源：吉林统计年鉴（1992—2015）计算得出。

5.1.1.6　农村非农人均固定资产投资

农村非农固定资产投资会促进非农产业的发展，为农村劳动力转移到非农产业就业提供更多的就业机会，进而增加农民非农收入，最终会影响农民的收入结构。吉林省农村非农人均固定资产投资增长的非常缓慢，1991 年为 0.06 元，2014 年为 7.62 元，增加的幅度较小。由于农村非农固定资产投资的偏低，吉林省农村非农产业的发展就会受到阻碍，表现出非农产业发展缓慢的情况。非农产业发展的滞后也阻碍了农民从事非农经营活动和非农务工，进而影响了农民非农收入的增加，影响了农民收入结构的变化。

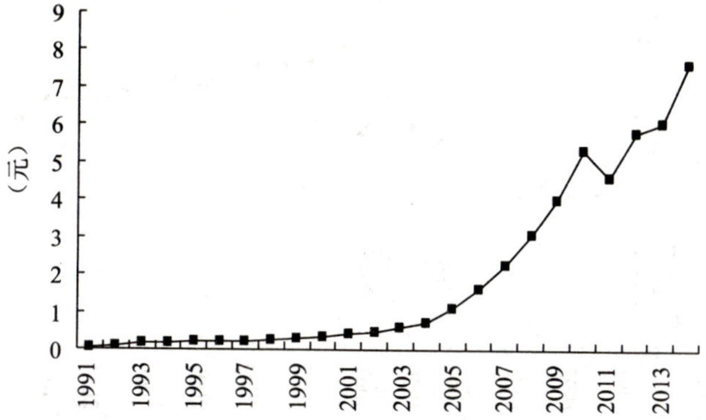

图 5-6　吉林省农村非农人均固定资产投资变化

数据来源：吉林统计年鉴（1992—2015）计算得出。

5.1.2　农村劳动力非农转移就业情况

农村劳动力非农转移就业会影响到农民收入结构的变化，而农村劳动力非农转移就业又反映在城镇登记失业率、就业结构、农村劳动力转移率和农民人力资本四个方面。

5.1.2.1　城镇登记失业率

吉林省城镇登记失业率不但能够反映城市经济的发展情况，而且也能反映就业市场的情况，按照一般经济规律来讲，城镇登记失业率越高，就业岗位增加的幅度越低于劳动力对就业岗位的需求增加的速度。1991—2014 年，吉林省城镇登记失业率呈现缓慢波动增加的变化趋势，但是变化的幅度并不大。从 1991 年的 1.8%增加到 2014 年的 3.4% 。城镇登记失业率的增加也反映了吉林省非农产业发展较为缓慢，难以提供充足的就业岗位，这样也阻碍了农村劳动力非农转移的速度，进而会影响农民收入结构的变动。

5.1.2.2　就业结构

本书的就业结构是指非农就业比重，指第二、第三产业就业人员占总的就业人员的比重，即非农就业人员与总就业人员的比重。非农就业比重的增加反映了农民非农转移的比重的增加，也反映了越来越多的农民选择从事非农劳

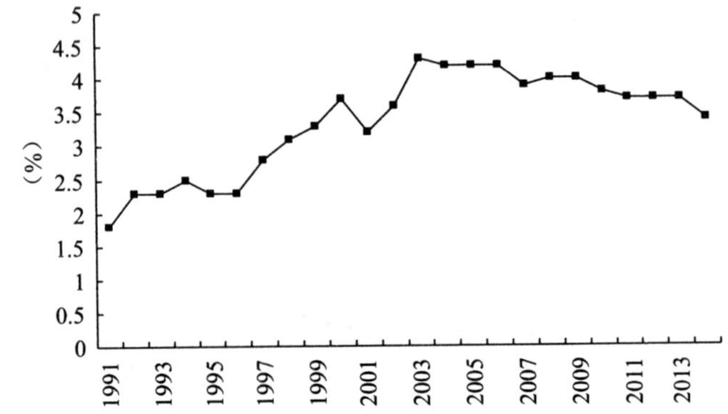

图 5-7　吉林省城镇登记失业率变化

数据来源：吉林统计年鉴（1992—2015）计算得出。

动，进而取得非农工资报酬。因此，就业结构的变化会影响农民收入结构的变化。从吉林省劳动力就业结构的变化趋势来看，吉林省劳动力就业结构除2000年和2001年下降以外，整体呈现缓慢上升的趋势，从1991年的52.10%增加到2014年的63.13%，24年来增加了11.03%。

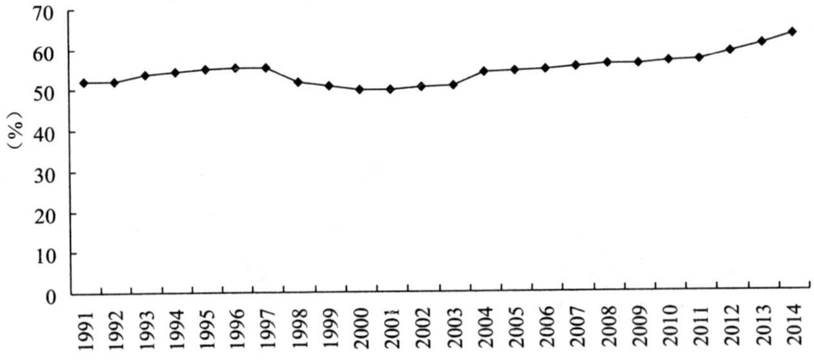

图 5-8　吉林省就业结构变化

数据来源：吉林统计年鉴（1992—2015）计算得出。

5.1.2.3　农村劳动力转移率

农民收入结构的变动是农村劳动力转移的结果，农村劳动力往非农行业转移的比率反映了农民兼业化和非农化的情况，农村劳动力的转移会影响农民非农收入，进而影响农民收入结构。配第-克拉克定理指出了产业间劳动力转移的规律，由于不同产业间收入和投资回报率存在差异，一般而言，工业部门的平均收益大于农业，服务业部门的平均收益大于工业，因而，劳动力会从第一产业转移到第二产业，再从第二产业转移到第三产业。随着劳动力的不断转移，农业劳动力占社会全部就业劳动力的比重越来越小，而第二产业和第三产业的劳动力所占的比重不断增加。随着农村劳动力的转移，农民收入结构不断变化。从统计数据来看，1991—2014 年，吉林省农村劳动力转移率除极个别年份呈现波动以外，整体呈现不断增加的趋势，从 1991 年的 7.82%增加到 2014 年的 29.60%，24 年来增加了 21.78%。

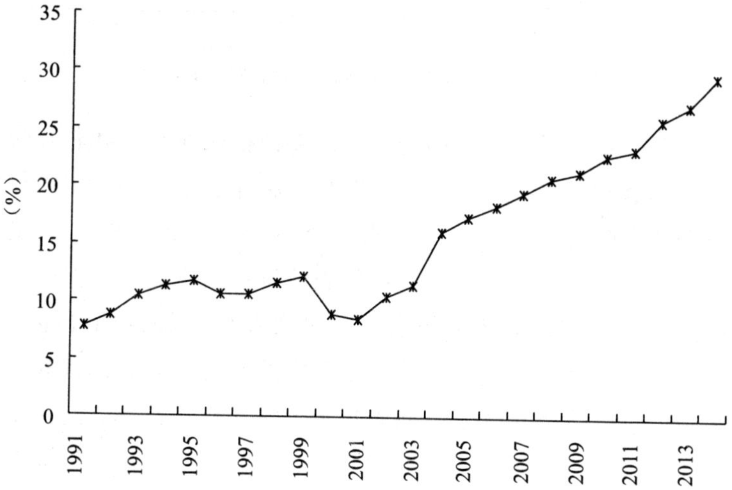

图 5-9　吉林省农村劳动力转移率变化

数据来源：吉林统计年鉴（1992—2015）计算得出。

5.1.2.4　农民人力资本

人力资本是指由人力投资形成的资本，即以人的知识、技能、健康等形式存在的资本。它是国家一定时期对可用于生产活动的潜在劳动力（即人力资源）进行的开发性投资，这种投资既包括教育和培训的投资，也包括健康卫生的投资，还包括国内流动和国际流动的投资。由人力资本理论可知，人力资本投资，特别是对教育和健康的投资，对农民进城从事非农产业就业活动的劳动力质量及其家庭收入有着重要影响，是农村发展、农民最终走向富裕的根本的内在因素。图 5-10 显示了人力资本投入对农民非农收入的影响。

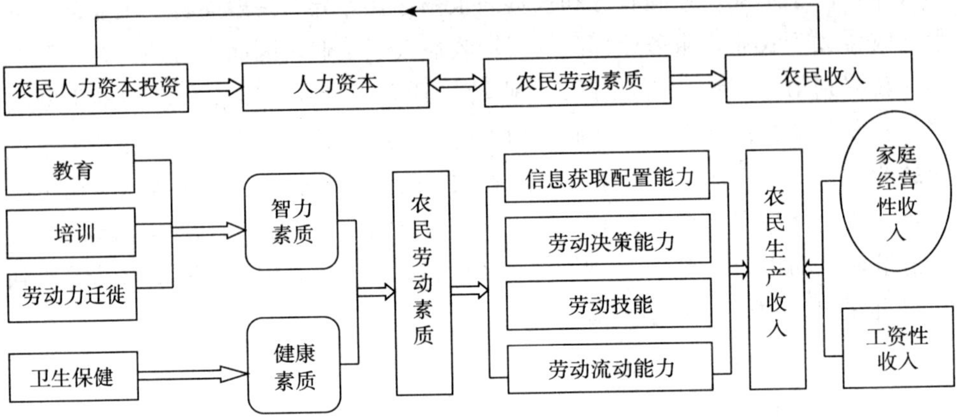

图 5-10　人力资本投资对农民非农收入的影响

农民人力资本状况对收入结构的影响主要包括农业收入和非农收入，较高的农村人力资本会对农民提高家庭经营性收入和非农收入均有正向作用。一方面，从家庭经营性收入的角度来看，人力资本提高使得农业生产技术得以应用，使得农民家庭经营性收入增加。现代农业发展对农民所掌握的科学技术要求也越来越高，通过教育和培训使农民从事农业生产经营的技能水平得到提高，能够更加有效地利用现代生产技术配置农业生产要素，例如农业机械化技术、现代农业栽培技术、现代农业灌溉技术、现代良种技术、配土施肥技术等现代农业技术的应用。这些技术的应用会提高农业生产效率，进而增加农民家庭经营中的农业经营性收入。同时，农民人力资本的提高，也会提高农民从事非农生产经营活动的能力，从而提高农民非农生产经营收入。另一方面，农民人力资本状况影响农民非农就业的概率和工资水平，二者正相关，人力资本提高，非农收入随之增加。农民教育程度的高低，在很大程度上决定了他们获得非农就业机会的大小，而非农就业机会的大小又在很大程度上决定他们获取非农收入的高低。一般来讲，教育水平较高的农民获取新技能的能力更强，这样非农就业的机会就更大。

随着吉林省农村劳动力教育水平的不断提高，1991—2014 年吉林省农村劳动力平均受教育年限不断增加，从 1991 年的 7.46 年增加到 2014 年的 8.25 年。从农村劳动力受教育不同层次来看，农村劳动力文盲所占比例快速下降，从 1991 年的 7.84%下降到 2014 年的 2.20%；农村劳动力小学文化程度所占比重也呈现下降的趋势，从 1991 年的 40.08%下降到 2014 年的 32.30%；中学文化程度的人员所占比重呈现上升的趋势，从 1991 年的 42.65%上升到 2014 年的 55.70%；高中文化程度的人员变动的程度不大，而中专和大专文化程度的人员所占比重都呈现缓慢上升的趋势，但是上升的幅度都比较小。截至 2014 年，吉林省农民受教育水平中，高中及高中以上学历的农村劳动力所占比重仍然不足 10%，90%以上的农村劳动力为初中及初中以下文化水平。

表 5-3　吉林省农村劳动力平均受教育年限

单位：%

年份	文盲	小学	中学	高中	中专	大专
1991	7.84	40.08	42.65	8.45	0.82	0.16
1992	7.06	38.77	44.67	8.47	0.91	0.12
1993	6.97	39.50	44.02	8.60	0.75	0.16
1994	6.65	37.77	46.10	8.52	0.80	0.16
1995	5.02	37.06	49.21	7.60	0.73	0.38
1996	3.99	35.23	51.60	7.63	1.29	0.26
1997	3.66	35.34	52.71	6.97	0.95	0.36
1998	3.47	34.81	52.08	7.96	1.25	0.43
1999	3.20	32.27	54.69	7.67	1.69	0.43
2000	4.15	31.88	53.58	8.56	1.35	0.40
2001	2.92	31.74	54.63	9.00	1.55	0.42
2002	2.93	30.72	54.83	9.25	1.78	0.49
2003	3.90	30.28	55.15	8.43	1.60	0.63
2004	3.42	30.57	55.94	8.40	1.31	0.36
2005	3.60	31.20	55.09	7.96	1.35	0.80
2006	3.14	28.90	57.48	8.03	1.65	0.80
2007	2.40	29.53	57.13	8.48	1.52	0.94
2008	2.40	28.50	57.10	9.40	1.60	1.00
2009	2.30	28.50	56.70	9.60	1.60	1.40
2010	2.10	28.40	56.90	9.50	1.60	1.60
2011	2.60	32.30	55.40	6.80	1.40	1.60
2012	2.50	31.90	55.80	6.60	1.40	1.80
2013	2.30	32.50	55.60	6.50	1.30	1.80
2014	2.20	32.30	55.70	6.50	1.40	1.90

数据来源：中国农村统计年鉴（1992—2013），2013 年、2014 年、2015 年数据来自《吉林统计年鉴》整理得出。

依据大家公认的方法，农民平均受教育年限＝文盲（半文盲）比例×1＋小学比例×6＋初中比例×9＋高中及中专比例×12＋大专及大专以上比例×16。其中，文盲按1年折算，小学6年，初中9年，高中及中专12年，大专及其以上16年。吉林省农民家庭劳动力平均受教育年限如图5-11所示。

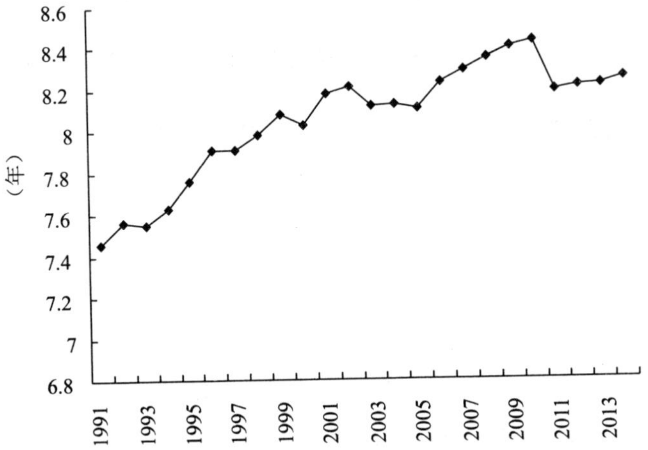

图5-11　吉林省农民家庭劳动力平均受教育年限变化

数据来源：中国农村统计年鉴（1992—2013）和2013年、2014年、2015年《吉林统计年鉴》整理得到。

5.1.3　财政金融情况

5.1.3.1　财政支农支出比率

财政支农政策是各级政府通过农业补贴、农业基础工程兴建等方式来扶持农业发展和促进农村经济繁荣，财政支农是国民经济再分配的表现，是工业反哺农业、城市反哺农村的体现。财政支农在支持内容上主要包括农业基础设施建设、农村基础设施建设、农业科研院所的科研、农业科技推广、农业综合开发、农林水事务费用支出、农产品流通补贴、农业生产资料补贴和财政扶贫等项目的支出。农业基础设施投入具有公共物品的属性，例如水库、水渠、排水闸等设施的投入对于稳定农民农业经营收入具有重要的意义，但是这些设施的修建需要投入大量的资金，个体农户无法承担，需要政府财政投入。农业科研投入和农业技术推广也需要政府财政支持。财政对农业的投入对于稳定农业生产具有重要意义，与农民农业收入息息相关，同时，财政对农村基础设施建设的投入，例如村村通公路，对于提高农民收入也具有重要的意义。一般来讲，政府支农投入越大，农民家庭经营性收入增加得越多。

近些年，吉林省财政支农的力度不断扩大，如表5-4所示，财政支农投入由2005年的42.6亿元增加到2014年的308.68亿元，财政支农的投入占财政总支出的比例也逐步提高，由1991年的6.47%增加到2014年的10.6%。虽然财政支农力度不断增加，但是增长的幅度并不大，与作为我国主要的粮食主产区和商品粮基地的农业地位相比，财政支农的力度还不够大，突出表现为吉林省农业水利基础设施建设仍然不足，尤其是吉林省西部地区非常薄弱。吉林省农田水利设施建设总体上处于比较低的水平，2014年，吉林省农田有效灌溉面积为162.88万公顷，低于2012年的185.19万公顷和2013年的185.37万公顷；2014年的农田有效灌溉面积占耕地面积的比重为27.4%，和2012年、2013年相比出现了下降的趋势。相关统计数据资料显示，吉林省农田水利工程配套率只有40%，完好率约50%，机电设备完好率50%，综合利用率不足。国家大型灌区骨干工程配套率为68%，完好率为49%。与之相比，吉林省的农田水利工程配套率较低。吉林省的农田水利设施年久失修，抗旱防涝能力不断降低，遇到异常气候年份，吉林省就会出现因为干旱和内涝导致的粮食减产，67%的小型水库年久失修，为下游的农业和城镇居民生产生活带来安全隐患，严重影响了农村经济的发展，制约着农民农业收入增长。

表5-4　吉林省财政支农项目

年份	地方财政支出（亿元）	地方财政支农支出（亿元）	财政支农支出占总支出比例（%）
2005	631.12	42.60	6.74
2006	718.36	54.36	7.56
2007	883.76	80.07	9.06
2008	1 180.12	107.34	9.09
2009	1 479.21	204.45	13.82
2010	1 787.25	238.94	13.36
2011	2 201.74	255.57	11.60
2012	2 471.20	291.30	11.78
2013	2 744.81	318.26	11.60
2014	2 913.25	308.68	10.60

数据来源：吉林统计年鉴（2006—2015）整理得到。

5.1.3.2　城乡金融规模

城乡金融规模反映了一个地区的资本积累水平，而较多的城乡储蓄余额能够为地区非农产业的发展提供资金支持，为农民非农就业提供更多的机会，进而有利于提高农民的非农收入。同时，农民的储蓄余额较多的时候，也会为农民非农生产经营提供资金支持，进而有利于增加农民非农收入。城乡储蓄余额代表着一地区对应财富积累的比重，积累得越多，该地区农民对自己是否进行职业分化将更自由。因为一定量的资金积累，会成为农民做出理性经济决策的坚实后盾，该笔资源的丰富程度，使得农民进行非农化的转化更容易，进而获得更多从事非农收入的就业机会。

从 1991—2014 年吉林省城乡金融规模变动的趋势可以看出，1991—2003 年，城乡金融规模迅速扩大，从 1991 年的 67.99% 增加到 2003 年的 124.24%，1999 年以后吉林省城乡金融规模呈现波动变化的趋势，波动的幅度不大。

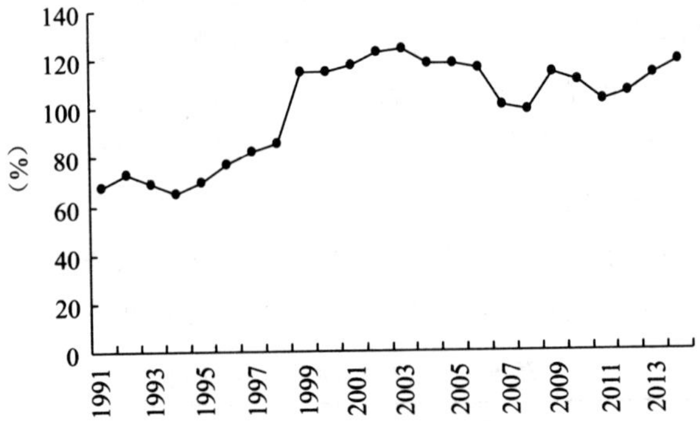

图 5-12　吉林省城乡储蓄余额占地区 GDP 的比重变化

数据来源：吉林统计年鉴（1992—2015）整理得到。

5.1.4　农业现代化条件

本书用农业机械化综合水平来反映农业现代化条件。农业机械化水平会影响农民对农业的投入时间和非农产业的投入时间之间的配置比例，农业机械化水平的提高会节约农民在农业生产中的时间，即农业耕种时间、播种时间和收割时间，农民通过机械化节约的时间会用于非农产业，进而有利于获取更多的非农收入，因此，农业机械化综合水平的变动会影响农民收入结构的变动。根据我国计算耕、种、收综合机械化水平的通用公式，农业机械化综合水平＝0.4×机耕水平＋0.3×机播水平＋0.3×机收水平。吉林省农业机械化综合水平如图 5-13 所示。从 1991—2014 年吉林省农业机械化综合水平的变动可以看出，吉林省农业机械化综合水平总体上呈现波动上升的趋势，1991—1999 年缓慢上升，从 31.77%增加到 40.25%，从 1999—2005 年呈现波动的趋势，2005—2014 年呈现快速上升的趋势，2014 年达到 77.74%，近几年上升的较为迅速主要是由于吉林省种植业结构的调整，特别是玉米种植面积快速扩大，而玉米种植又适合开展机械化作业。因此，最近几年吉林省农业机械化综合水平出现快速增长的状况。

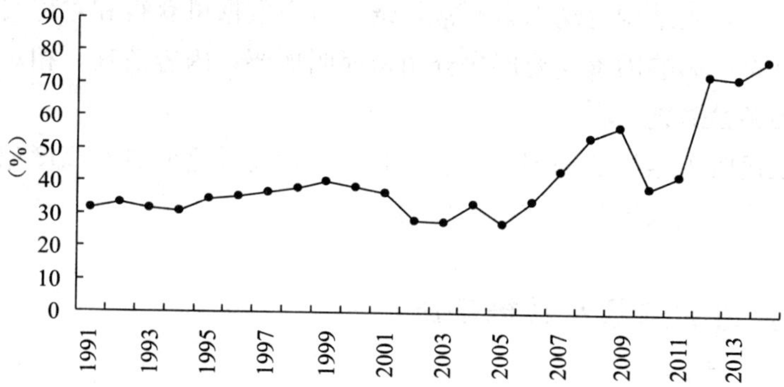

图 5-13　吉林省农业机械化综合水平变化

数据来源：吉林统计年鉴（1992—2015）整理得到。

5.2　吉林省农民收入结构影响因素实证分析

5.2.1　影响因素选择的基本原则

根据农民收入结构变动的概念界定，借鉴国内外相关研究，考虑数据的可获性，确定影响农民收入结构变动的因素主要基于以下原则：

（1）系统性原则

指所选因素是指向一个目标，是一个整体。农民收入结构变动是一个社会、经济等因素的复合系统，具有很强的整体性、系统性。农民收入结构变动并不是简单的受到个别变量的影响，而是一个系统，这个系统又由几个分系统组成。因此，农民收入结构变动的影响因素的选取应该符合系统性的原则。

（2）可操作性原则

就是要注意选取的影响因素数据的可获得性，要具有实际操作意义，所需的数据能够从现有可查数据中获得。农民收入结构变动涉及内容十分广泛，影响因素不但多而且复杂。因此，影响因素的选择既要能准确反映农民收入结构变动各方面的状况和特性，又要易于搜集整理、便于计算、评价分析和操作运用。因此，选择的影响因素应该是现实的、有效的和可以度量的，在现实中具有可操作性和适用性。本研究所用数据主要来自历年的《吉林统计年鉴》，因此，选取因素时需要着重注意因素的量化及准确性问题。

（3）简要性原则

影响农民收入结构变动因素非常复杂，考虑数据可获得和对现实问题具有指导意义，选取影响因素需要层次分明，简明扼要，内容清晰，相对独立。

（4）相关性原则

影响农民收入结构变动因素与农民收入结构变动之间具有高度相关性，能够在一定程度影响农民收入结构的变动。

5.2.2 变量的选取及数据来源

制约农民收入结构变动的因素多种多样，很多学者对制约农民收入结构变动的因素也做过专题的研究。根据相关经济规律，通过参考相关文献，借鉴其指标设定的基本原则，依据 5.1 吉林省农民收入结构影响因素描述性统计分析，笔者提出了以下具体影响因素。

5.2.2.1 因变量选取

本书选取非农收入占农民家庭人均纯收入比重（WR）为因变量。

5.2.2.2 自变量选取

选取 13 个自变量，分别是：

（1）城镇化率（X_1），城镇化率＝城镇人口/总人口数。

（2）财政支农支出比率（X_2），财政支农支出比率＝财政支农支出/财政总预算支出。

（3）人均 GDP（X_3），人均 GDP＝地区 GDP/地区总人数。

（4）二、三产业 GDP 增长率（X_4），二、三产业 GDP 增长率＝二、三产业 GDP 增加值/基期二、三产业 GDP。

（5）二元经济结构系数（X_5），二元经济结构系数＝（第二、三产业产值/

非农业人口）/（第一产业产值/农业人口）。

（6）城镇登记失业率（X_6），城镇登记失业率＝报告期期末城镇登记失业人数/（期末城镇就业人数＋期末实有城镇登记失业人数）。

（7）农村非农产业增加值比重（X_7），农村非农产业增加值比重＝乡镇企业增加值/农业总产值。

（8）就业结构（X_8），就业结构＝第二、三产业就业人员/总就业人员。

（9）农村劳动力转移率（X_9），农村劳动力转移率＝外出务工人员/农村劳动力总数。根据可得的数据，吉林省农村外出务工人员数量通过第一产业从业人员数量与农、林、牧、渔业从业人员数量之差测算。

（10）农民人力资本（X_{10}），考虑到数据的可获得性和实证分析的需要，本书采用农民家庭劳动力平均受教育年限来表示农民人力资本。

（11）城乡金融规模（X_{11}），城乡金融规模＝城乡储蓄余额/地区 GDP。

（12）农村非农人均固定资产投资（X_{12}），农村非农人均固定资产投资＝农村非农固定资产投资额/农村人口。

（13）农业机械化综合水平（X_{13}），用农业耕、种、收综合机械化水平来表示。

5.2.3　数据来源

基于研究目的和数据的可获得性以及统计指标的一致性，本书选取1991—2014年的相关统计数据，依据前文吉林省农民收入结构影响因素描述性统计分析，根据《吉林统计年鉴》（1992—2015）相关统计数据计算整理得到相关数据，如表 5-5 所示。

表 5-5　1991—2014 年吉林省经济数据

年份	城镇化率（%）	财政支农比率（%）	人均 GDP（元）	二、三产业 GDP 增长率（%）	二元经济结构系数	城镇登记失业率（%）	农村非农产业增加值比重（%）	就业结构（%）	农村劳动力转移率（%）	农民人力资本（年）	城乡金融规模（%）	农村非农人均固定资产投资（元）	农业机械化综合水平（%）
1991	39.30	6.47	1 878	14.22	4.40	1.80	9.02	52.10	7.82	7.46	67.99	0.06	31.77
1992	39.80	7.27	2 246	24.56	4.93	2.30	9.83	52.21	8.73	7.56	73.27	0.09	33.23
1993	40.90	6.68	2 826	31.67	5.21	2.30	11.99	53.75	10.38	7.55	68.83	0.15	31.63

（续）

年份	城镇化率（%）	财政支农比率（%）	人均GDP（元）	二、三产业GDP增长率（%）	二元经济结构系数	城镇登记失业率（%）	农村非农产业增加值比重（%）	就业结构（%）	农村劳动力转移率（%）	农民人力资本（年）	城乡金融规模（%）	农村非农人均固定资产投资（元）	农业机械化综合水平（%）
1994	41.80	7.52	3 657	20.59	3.65	2.50	14.67	54.35	11.32	7.63	65.19	0.18	30.86
1995	42.30	7.58	4 402	22.84	3.75	2.30	15.71	54.97	11.71	7.76	69.57	0.20	34.65
1996	46.90	6.12	5 178	16.51	3.50	2.30	17.08	55.27	10.61	7.91	77.06	0.23	35.38
1997	47.07	6.47	5 591	12.92	3.96	2.80	20.72	55.48	10.58	7.91	82.41	0.21	36.51
1998	47.23	8.07	5 983	4.69	3.52	3.10	23.98	51.79	11.55	7.98	85.32	0.25	38.11
1999	48.41	5.57	6 382	9.68	3.90	3.30	28.22	50.79	12.16	8.08	114.64	0.30	40.25
2000	49.66	6.36	7 351	23.37	5.06	3.70	29.26	49.80	8.84	8.03	114.61	0.35	38.40
2001	49.80	6.01	7 893	10.21	5.37	3.20	26.76	49.82	8.47	8.18	117.16	0.41	36.70
2002	50.88	6.27	8 714	11.17	5.33	3.60	22.30	50.51	10.47	8.21	122.56	0.49	27.97
2003	51.77	5.56	9 854	14.27	5.45	4.30	21.04	50.75	11.48	8.12	124.24	0.60	27.86
2004	52.30	7.29	11 537	17.45	5.45	4.20	19.90	53.90	16.04	8.13	117.98	0.73	33.15
2005	52.52	6.75	13 348	17.28	5.81	4.20	19.98	54.33	17.42	8.11	117.96	1.12	27.16
2006	52.97	7.57	15 720	20.29	6.51	4.20	18.75	54.80	18.31	8.23	116.11	1.61	34.33
2007	53.16	9.06	19 383	24.94	6.99	3.90	16.94	55.41	19.44	8.29	100.64	2.26	43.60
2008	53.21	9.10	23 521	22.41	7.29	4.00	15.74	55.99	20.73	8.35	99.01	3.09	53.63
2009	53.32	13.82	26 595	14.32	7.82	4.00	15.61	56.16	21.34	8.40	114.28	3.99	57.09
2010	53.36	13.37	31 599	20.95	8.65	3.80	15.18	56.74	22.67	8.43	110.83	5.35	38.34
2011	53.36	11.61	38 460	21.98	7.88	3.70	14.32	57.10	23.33	8.19	102.89	4.59	42.04
2012	53.70	11.79	43 415	13.30	8.44	3.70	14.63	58.92	25.87	8.21	106.42	5.82	72.82
2013	54.20	11.60	47 428	10.00	8.91	3.70	15.41	61.04	27.15	8.22	113.3	6.06	72.06
2014	54.81	10.60	50 160	6.04	9.19	3.40	15.83	63.13	29.60	8.25	118.81	7.62	77.74

数据来源：吉林统计年鉴（1992—2015）整理得到。

5.2.4 实证分析

为了定量考察吉林省农民收入结构变动的影响因素，可依照柯布-道格拉斯生产函数形式，建立如下对数模型：

$$\ln WR=\alpha_0+\alpha_1\ln X_1+\alpha_1\ln X_2+\alpha_3\ln X_3+\alpha_4\ln X_4+\alpha_5\ln X_5+\alpha_6\ln X_6+\alpha_7\ln X_7+\alpha_8\ln X_8+\alpha_9\ln X_9+\alpha_{10}\ln X_{10}+\alpha_{11}\ln X_{11}+\alpha_{12}\ln X_{12}+\alpha_{13}\ln X_{13}+\varepsilon$$

式中：WR 为非农收入占农民家庭人均纯收入比重；X_1 为城镇化率；X_2 为财政支农比率；X_3 为人均 GDP；X_4 为二、三产业 GDP 增长率；X_5 为二元经济结构系数；X_6 为城镇登记失业率；X_7 为农村非农产业比重；X_8 为就业结构；X_9 为农村劳动力转移率；X_{10} 为农民人力资本；X_{11} 为城乡金融规模；X_{12} 为农村非农人均固定资产投资；X_{13} 为农业机械化综合水平；α_0 是常数项；α_1、α_2、α_3、α_4、α_5、α_6、α_7、α_8、α_9、α_{10}、α_{11}、α_{12}、α_{13} 为待估参数；ε 为随机误差项。

通过检验发现，上述变量之间存在相关性，因而，不能用普通最小二乘法对上述模型进行回归分析，而主成分分析法能够有效解决多元线性回归中的共线性问题。因此，以下采用主成分回归分析法对影响吉林省农民收入结构变动的因素进行分析。先对这 13 个变量做自然对数变换，运用 SPSS19.0 软件进行相关性检验，得到相关矩阵及检验结果如表 5-6、表 5-7 所示。

表 5-6　相关系数矩阵

相关系数	$\ln X_1$	$\ln X_2$	$\ln X_3$	$\ln X_4$	$\ln X_5$	$\ln X_6$	$\ln X_7$	$\ln X_8$	$\ln X_9$	$\ln X_{10}$	$\ln X_{11}$	$\ln X_{12}$	$\ln X_{13}$
$\ln X_1$	1.000	0.587	0.954	−0.208	0.750	0.848	0.311	0.537	0.838	0.883	0.779	0.922	0.550
$\ln X_2$	0.587	1.000	0.756	−0.020	0.763	0.339	−0.364	0.760	0.828	0.509	0.196	0.795	0.720
$\ln X_3$	0.954	0.756	1.000	−0.194	0.870	0.765	0.116	0.688	0.929	0.870	0.701	0.991	0.719
$\ln X_4$	−0.208	−0.020	−0.194	1.000	0.036	−0.098	−0.380	−0.088	−0.098	−0.230	−0.303	−0.117	−0.340
$\ln X_5$	0.750	0.763	0.870	0.036	1.000	0.618	−0.207	0.635	0.831	0.682	0.592	0.903	0.653
$\ln X_6$	0.848	0.339	0.765	−0.098	0.618	1.000	0.505	0.161	0.618	0.884	0.894	0.746	0.269
$\ln X_7$	0.311	−0.364	0.116	−0.380	−0.207	0.505	1.000	−0.409	−0.129	0.453	0.579	0.035	−0.117
$\ln X_8$	0.537	0.760	0.688	−0.088	0.635	0.161	−0.409	1.000	0.839	0.328	0.063	0.707	0.750
$\ln X_9$	0.838	0.828	0.929	−0.098	0.831	0.618	−0.129	0.839	1.000	0.704	0.481	0.947	0.725
$\ln X_{10}$	0.883	0.509	0.870	−0.230	0.682	0.884	0.453	0.328	0.704	1.000	0.855	0.853	0.477
$\ln X_{11}$	0.779	0.196	0.701	−0.303	0.592	0.894	0.579	0.063	0.481	0.855	1.000	0.662	0.279
$\ln X_{12}$	0.922	0.795	0.991	−0.117	0.903	0.746	0.035	0.707	0.947	0.853	0.662	1.000	0.711
$\ln X_{13}$	0.550	0.720	0.719	−0.340	0.653	0.269	−0.117	0.750	0.725	0.477	0.279	0.711	1.000

表 5-7　KMO 和 Bartlett 检验结果

取样足够度的 Kaiser-Meyer-Olkin 度量		0.745
Bartlett 的球形度检验	近似卡方	516.024
	df	78
	Sig.	0.000

虽然 KMO 的系数大于 0.7，但是 Bartlett 球形度检验显示，P 值<0.001。综合两个指标，说明变量之间存在相关性，可以进行因子分析。

表 5-8 给出了因子载荷阵的初始公因子方差和提取公因子方差。

表 5-8　公因子方差

指标	初始	提取
城镇化率（X_1）	1.000	0.929
财政支农比率（X_2）	1.000	0.847
人均 GDP（X_3）	1.000	0.991
二、三产业 GDP 增长率（X_4）	1.000	0.925
二元经济结构系数（X_5）	1.000	0.872
城镇登记失业率（X_6）	1.000	0.948
农村非农产业比重（X_7）	1.000	0.884
就业结构（X_8）	1.000	0.877
农村劳动力转移率（X_9）	1.000	0.941
农民人力资本（X_{10}）	1.000	0.926
城乡金融规模（X_{11}）	1.000	0.913
农村非农人均固定资产投资（X_{12}）	1.000	0.994
农业机械化综合水平（X_{13}）	1.000	0.835

公因子方差表给出了根据主成分分析计算出来的变量的共同度，表示了主成分从每个原始变量中提取的信息量。从表 5-8 中可以看出，从原始变量中提取的信息超过 90%的有 8 个。提取主成分和公因子的结果见表 5-9。

表 5-9　总方差解释表

成分	初始特征值			提取平方和载入		
	合计	方差的百分比（%）	累积百分比（%）	合计	方差的百分比（%）	累积百分比（%）
1	8.031	61.778	61.778	8.031	61.778	61.778
2	2.681	20.624	82.402	2.681	20.624	82.402

（续）

成分	初始特征值			提取平方和载入		
	合计	方差的百分比（%）	累积百分比（%）	合计	方差的百分比（%）	累积百分比（%）
3	1.169	8.993	91.394	1.169	8.993	91.394
4	0.356	2.737	94.132			
5	0.269	2.073	96.205			
6	0.232	1.781	97.986			
7	0.087	0.671	98.657			
8	0.074	0.572	99.229			
9	0.049	0.377	99.606			
10	0.027	0.207	99.813			
11	0.020	0.151	99.964			
12	0.004	0.030	99.994			
13	0.001	0.006	100.000			

表 5-9 是主成分对 13 个原始变量总方差的解释表。从其中提取三个主成分。这三个主成分的贡献率已经达到 91.39%，具有很好的解释效果。图 5-14 是特征根数值衰减折线图，从中可以直观地看出，前三个成分包含了大部分信

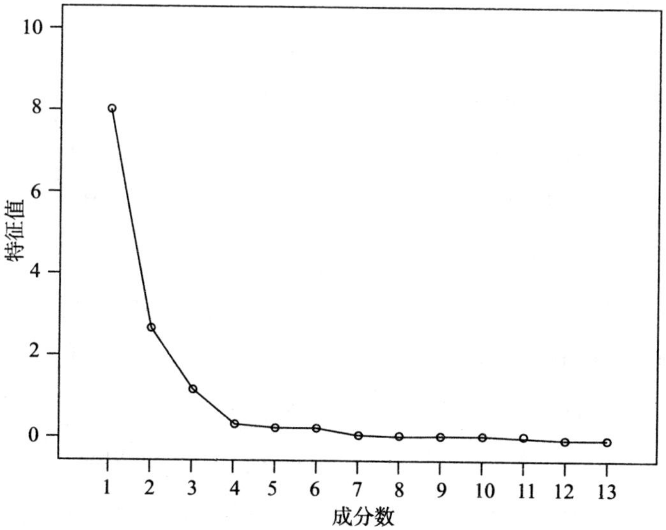

图 5-14　特征根数值衰减折线图

息，从第 4 个成分开始就进入平台了，所以选取三个主成分较为合理。将这三个主成分分别命名为 F_1、F_2 和 F_3。在成分矩阵中，给出了主成分载荷矩阵，每一列载荷值都显示了各个变量与有关主成分的相关系数。主成分载荷矩阵如表 5-10 所示。

在表 5-10 中可以看到公因子 F_1 与城镇化率（X_1）、人均 GDP（X_3）、农村劳动力转移率（X_9）和农村非农人均固定资产投资（X_{12}）正相关的程度均高于 0.93，可以理解为农民收入结构变动与 F_1 这种“城镇化经济水平”有关；公因子 F_2 与城镇登记失业率（X_6）、农村非农产业比重（X_7）和城乡金融规模（X_{11}）正相关的程度均高于 0.5，可以理解为农民收入结构变动与 F_2 这种“非农资本活跃度”有关；公因子 F_3 与二、三产业 GDP 增长率（X_4）的相关程度最高，达到−0.88，说明二、三产业的活跃度也是影响农民收入结构变动程度不可忽视的因素之一，可以理解为农民收入结构变动与 F_3 这种“二、三产业发展力”有关。主成分得分矩阵如表 5-11 所示。

表 5-10　主成分载荷矩阵

指　标	成分		
	F_1	F_2	F_3
城镇化率（X_1）	0.938	0.217	0.048
财政支农比率（X_2）	0.768	−0.508	−0.005
人均 GDP（X_3）	0.995	−0.001	0.003
二、三产业 GDP 增长率（X_4）	−0.203	−0.308	−0.888
二元经济结构系数（X_5）	0.883	−0.215	0.216
城镇登记失业率（X_6）	0.779	0.521	0.264
农村非农产业比重（X_7）	0.110	0.917	−0.175
就业结构（X_8）	0.682	−0.614	−0.188
农村劳动力转移率（X_9）	0.934	−0.261	0.014
农民人力资本（X_{10}）	0.876	0.393	0.068
城乡金融规模（X_{11}）	0.714	0.630	0.077
农村非农人均固定资产投资（X_{12}）	0.992	−0.071	0.071
农业机械化综合水平（X_{13}）	0.730	−0.349	−0.424

表 5-11　主成分得分矩阵

指　　标	成分		
	F_1	F_2	F_3
城镇化率（X_1）	0.027	0.145	0.007
财政支农比率（X_2）	0.196	−0.068	0.044
人均 GDP（X_3）	0.091	0.084	−0.007
二、三产业 GDP 增长率（X_4）	−0.052	0.104	−0.760
二元经济结构系数（X_5）	0.107	0.067	0.191
城镇登记失业率（X_6）	−0.089	0.259	0.151
农村非农产业比重（X_7）	−0.194	0.207	−0.244
就业结构（X_8）	0.237	−0.144	−0.093
农村劳动力转移率（X_9）	0.148	0.014	0.031
农民人力资本（X_{10}）	−0.024	0.190	0.004
城乡金融规模（X_{11}）	−0.099	0.240	−0.012
农村非农人均固定资产投资（X_{12}）	0.100	0.080	0.056
农业机械化综合水平（X_{13}）	0.205	−0.125	−0.315

经旋转后，得到旋转后的因子载荷矩阵如表 5-12 和表 5-13 所示。

表 5-12　旋转成分矩阵

指　　标	成分		
	F_1	F_2	F_3
城镇化率（X_1）	0.543	0.791	−0.087
财政支农比率（X_2）	0.902	0.161	0.086
人均 GDP（X_3）	0.735	0.667	−0.071
二、三产业 GDP 增长率（X_4）	−0.075	−0.115	−0.952
二元经济结构系数（X_5）	0.762	0.500	0.203
城镇登记失业率（X_6）	0.194	0.953	0.042
农村非农产业比重（X_7）	−0.498	0.664	−0.442
就业结构（X_8）	0.935	−0.018	−0.052
农村劳动力转移率（X_9）	0.860	0.449	0.020
农民人力资本（X_{10}）	0.378	0.877	−0.115
城乡金融规模（X_{11}）	0.101	0.936	−0.163
农村非农人均固定资产投资（X_{12}）	0.769	0.634	0.014
农业机械化综合水平（X_{13}）	0.830	0.136	−0.357

表 5-13　成分转换矩阵

成分	F_1	F_2	F_3
F_1	0.738	0.670	−0.074
F_2	−0.659	0.694	−0.291
F_3	−0.144	0.264	−0.954

旋转后可以看到，F_1与财政支农比率（X_2）和就业结构（X_8）正相关性大于0.9，F_2与城镇登记失业率（X_6）和城乡金融规模（X_{11}）正相关性大于0.93，F_3与二、三产业GDP增长率（X_4）负相关性大于0.95。

估计回归因子的协方差矩阵如表5-14所示。

表 5-14　成分得分协方差矩阵

成分	F_1	F_2	F_3
F_1	1.000	0.000	0.000
F_2	0.000	1.000	0.000
F_3	0.000	0.000	1.000

F_1、F_2和F_3的协方差均小于0.001，说明各自独立。

由表5-12可以得到三个主成分的线性表达式：

$$F_1 = 0.027\ln X_1 + 0.196\ln X_2 + 0.091\ln X_3 - 0.052\ln X_4 + 0.107\ln X_5 - 0.089\ln X_6 - 0.194\ln X_7 + 0.237\ln X_8 + 0.148\ln X_9 - 0.024\ln X_{10} - 0.099\ln X_{11} + 0.11\ln X_{12} + 0.205\ln X_{13}$$

$$F_2 = 0.145\ln X_1 - 0.068\ln X_2 + 0.084\ln X_3 + 0.104\ln X_4 + 0.067\ln X_5 + 0.259\ln X_6 + 0.207\ln X_7 - 0.144\ln X_8 + 0.014\ln X_9 + 0.19\ln X_{10} + 0.24\ln X_{11} + 0.08\ln X_{12} - 0.125\ln X_{13}$$

$$F_3 = 0.007\ln X_1 + 0.044\ln X_2 - 0.007\ln X_3 - 0.76\ln X_4 + 0.191\ln X_5 + 0.151\ln X_6 - 0.244\ln X_7 - 0.093\ln X_8 + 0.031\ln X_9 + 0.004\ln X_{10} - 0.012\ln X_{11} + 0.056\ln X_{12} - 0.315\ln X_{13}$$

F_1、F_2、F_3为解释变量，ln*WR*为被解释变量，用最小普通二乘法（OLS）对两个变量作静态回归。根据SPSS软件主成分分析的结果，将三个主成分值与非农收入比重进行线性回归，得到的相关拟合分析的结果。具体情况如表5-15所示。

表 5-15　拟合回归分析情况

R	R^2	调整 R^2	标准估计的误差	更改统计量					Durbin-Watson
				R^2更改	F 更改	df1	df2	Sig. F 更改	
0.880	0.775	0.741	0.113 845 2	0.775	22.941	3	20	0.000	1.238

从表 5-15 可以看出，拟合的效果还可以。同时，D-W 值小于 2。在回归过程中，发现 D-W 值很小，根据 D-W 值判定区域，该模型的随机误差项一阶自相关，表明还有其他变量决定了吉林省农民收入结构变动，但这并不影响我们分析的结论。运用 Cochrance-Orcutt 迭代法对模型进行修正，在 Eviews 软件回归命令中加入 AR（1）、AR（2）很好地解决了自相关问题。最终的回归结果显示 R^2 和调整后的 R^2 都很大，说明总体回归效果相当好；D-W 值在 2 附近，说明不存在序列自相关；F 统计量的伴随概率 P 值显著小于 0.01，说明模型存在线性关系。总体来看，拟合效果是良好的，可用于进一步的分析。

Anova 的基本作用是告诉我们变量对模型的贡献程度（方差解释比例）和这种贡献的可信程度（显著性水平），由表 5-16 看到 F 值为 22.941，相伴概率 $P<0.001$，说明拟合回归方程通过显著性检验。

表 5-16　方差检验情况

模型		Anova				
		平方和	df	均方	F	Sig.
1	回归	0.892	3	0.297	22.941	0.000
	残差	0.259	20	0.013		
	总计	1.151	23			

表 5-17　拟合回归系数表

模型	非标准化系数		标准系数	t	Sig.
	B	标准误差	试用版		
（常量）	−1.917	0.023		−82.508	0.000
REGR factor score　1	0.106	0.024	0.472	4.447	0.000
REGR factor score　2	0.166	0.024	0.742	6.989	0.000
REGR factor score　3	0.011	0.024	0.048	0.449	0.658

由表 5-17 可以得出多元回归方程为：

$Y=-1.927+0.106F_1+0.166F_2+0.011F_3$

将之前的三个主成分的表达式带入到回归方程中得到如下的回归方程：

$$\ln WR=-1.927+0.027\ln X_1+0.01\ln X_2+0.023\ln X_3+0.02\ln X_4 +0.024\ln X_5+0.035\ln X_6+0.01\ln X_7+0.000\,02\ln X_8+0.018\ln X_9 +0.029\ln X_{10}+0.029\ln X_{11}+0.024\ln X_{12}-0.002\ln X_{13}$$

5.2.5 研究结论

5.2.5.1 农民收入结构变动与“城镇化经济水平”

公因子 F_1 与城镇化率（X_1）、人均 GDP（X_3）、农村劳动力转移率（X_9）和农村非农人均固定资产投资（X_{12}）正相关的程度均高于 0.93，可以理解为农民收入结构变动与 F_1 这种“城镇化经济水平”有关。

（1）实证结果表明城镇化率对吉林省农民非农收入占农民家庭人均纯收入比重的弹性系数为 0.027。随着城镇化率的提高，传统的农村自然经济转化为城市社会化大生产，越来越多的农民由农业人口转化为城市人口，其所从事的经济活动也由以前以农业生产为主转变为非农生产为主，这部分农民非农收入的增加超过了家庭经营性收入的增加，也即表现为收入结构变动。近年来，吉林省城镇化率增加的较为缓慢，2014 年吉林省乡村人口 1 243.80 万，占吉林省总人口的 45.19%，城镇化水平还不高，同时由于工业以重工业为主，造成了大量农村剩余劳动力，加快新型城镇化是推进吉林省农民收入结构变动未来的主要路径。

（2）人均 GDP 对吉林省农民非农收入占农民家庭人均纯收入比重的弹性系数为 0.023。通常来讲，一个地区的 GDP 越高，则其经济越发达，根据美国学者 E. S. Lee 提出的“推拉理论”，经济发达地区的工资也相对较高，因而会形成一种拉力，吸引更多的农民转移到该地区就业，这时农民的非农收入会增加，进而会提高非农收入占农民家庭人均纯收入比重。人均 GDP 的增长使从事农业的劳动力比重不断下降，从事第二、三产业的劳动力比重不断上升，这是配第一克拉克定理早已得出的结论，从本文的实证看出，非农收入占农民收入比重上升正是配第一克拉克这一定理必然的结果。

（3）农村劳动力转移率对吉林省农民非农收入占农民家庭人均纯收入比重的弹性系数为 0.018。农村劳动力转移率是指农村总劳动力中扣除农业劳动力与农村总劳动力的比值，农村劳动力转移率高意味着从事农业的劳动力减少，非农收入增加，2014年吉林省劳动力转移率已接近30%，外出务工人员越多，那么其家庭的非农收入也就越多，非农收入的比重也就越高。

（4）农村非农人均固定资产投资对吉林省农民非农收入占农民家庭人均纯收入比重的弹性系数为0.024。农村非农人均固定资产投资增加，对于农村非农产业发展起到促进作用，会带动农民非农收入增加，进而会影响农民收入结构的变动。

5.2.5.2　农民收入结构变动与“非农资本活跃度”

公因子F_2与城镇登记失业率（X_6）、农村非农产业比重（X_7）和城乡金融规模（X_{11}）正相关的程度均高于0.5，可以理解为农民收入结构变动与F_2这种“非农资本活跃度”有关。

（1）城镇登记失业率对吉林省农民非农收入占农民家庭人均纯收入比重的弹性系数为0.035，是正数，这与前面定性分析不同，可能的解释是，农民所从事的工作不仅没有对城镇就业产生冲击，反而是城镇登记失业率上升，城市空闲岗位安排农业劳动力就业比重上升，这主要是农业劳动力从事的恰恰是城市市民不愿从事的工作的结果。农民作为非农的人力资本，其工资成本对雇佣的企业主来说，与城镇人力资本相比，具有价格比较优势，所以农业非农人力资本反而因为城镇失业率的上升而变得活跃。

（2）农村非农产业比重对吉林省农民非农收入占农民家庭人均纯收入比重的弹性系数为0.011，乡镇企业的发展必然离不开农民的参与，而农民参与乡镇企业会提高其非农收入，因此乡镇企业增加值会促进非农收入比重的增加，乡镇企业仍然是农民非农收入的主要来源。

（3）城乡金融规模对吉林省农民非农收入占农民家庭人均纯收入比重的弹性系数为0.029，城乡金融对于区域经济发展，尤其是区域二、三产业发展促进作用很大。城乡储蓄余额代表着一地区对应财富积累的比重，积累得越多，该地区农民对自己是否选择进行职业分化的决策将更自由。因为一定量的资金积累，会成为农民做出理性经济决策的坚实后盾，该笔资源的丰富程度，使得农民进行非农化产业的转型更有底气，进而会获得更多从事非农收入活动的机会。

5.2.5.3　农民收入结构变动与“二、三产业发展力”

公因子F_3与第二、三产业GDP增长率（X_4）的相关程度最高，达到

−0.88，说明第二、三产业的活跃度也是影响农民收入结构变动程度不可忽视的因素之一，可以理解为农民收入结构变动与 F_3 这种“二、三产业发展力”有关。

第二、三产业 GDP 增长率对农民非农收入占家庭人均纯收入比重的弹性系数为 0.02。二、三产业 GDP 增长带来劳动力就业的增加是使得农民非农收入增长的必然结果。

5.2.5.4 其他说明的问题

由于共线性，财政支农支出比率（X_2）、二元经济结构系数（X_5）、就业结构（X_8）、农民人力资本（X_{10}）、农业机械化综合水平（X_{13}）对农民收入结构变动在公因子中表现不明显。

（1）财政支农比率（X_2）对吉林省农民非农收入占农民家庭人均纯收入比重的弹性系数为 0.01，财政支农会增加农民非农收入主要是因为支农资金对农村基础设施和农业生产提供了便利，提高了农业生产的效率，也就将更多的农民从农村和土地解放出来使他们从事非农生产，进而导致了农民收入结构出现变动。但是这种由政府“外部输血”的行为对农民非农收入的影响作用并不十分明显，农民未来的非农收入增长还是主要依靠其自身的“内部造血”动力。

（2）二元经济结构系数（X_5）对吉林省农民非农收入占农民家庭人均纯收入比重的弹性系数为 0.024。说明吉林省缩小城乡差异有利于农民非农收入的增加，作为传统农业大省，以粮食种植为主的第一产业农村劳动力占有较高的比例，而第二、第三产业非农劳动力占的比例则相对较小，农村仍存在多余人口，加快城镇化非常必要。

（3）就业结构（X_8）对吉林省农民非农收入占农民家庭人均纯收入比重的弹性系数为 0.000 02，家庭从事二、三产业的人员越多，那么其非农收入也就越多，进而其非农收入比重也就越高。

（4）农民人力资本（X_{10}）对吉林省农民非农收入占农民家庭人均纯收入比重的弹性系数为 0.029，农民人力资本越高，就业和工资水平也就越好。

（5）农业机械化综合水平（X_{13}）对吉林省农民非农收入占农民家庭人均纯收入比重的弹性系数为−0.002，农业机械化综合水平提高意味着农业现代化水平提高，吉林省农民家庭人均纯收入增长快于非农收入增长。

5.3　本章小结

实证研究结果表明：农民收入结构变动与“城镇化经济水平”“非农资本活跃度”“二、三产业发展力”正相关。除了农业机械化综合水平对吉林省农民非农收入占农民家庭人均纯收入比重的弹性系数为负数外，其余本章列举的12项影响因素，均对吉林省农民非农收入占农民家庭人均纯收入比重的弹性系数有正向作用。

从经验角度来看，区域的经济发展是促进农民收入结构变动的主要动力，城镇化可较好地推动农业劳动力到城镇和二、三产业创业、就业，农民收入结构也得到了相应的变化，农民收入来源更加多样化、非农化。

农民收入结构变动与“非农资本活跃度”有关。其自身的活跃程度和财富资本的积累程度会使其更容易获得非农收入来源。农村劳动力教育水平的提高仍旧有利于农民非农就业，推动农民收入结构变动。

第二、三产业的发展趋势和速度，也就是其发展力，与农民收入结构变动有着密切联系。基本上可以说，相比第一产业，第二、三产业的发展越迅猛，农民越容易接触和融入城镇的生产生活之中，进而获得更频繁的参与非农业产业的机会，获得更多的非农收入。

不过，政府对农业的基础设施建设投资越大，由于这一政府行为会促进农业现代化的发展，导致农业生产规模和经营环境整体优化，资源配置更高效，继续坚持传统产业的农民家庭经营性收入就增长越快，对非农收入来源的获取动机将减弱，导致农民收入结构变动程度越小。

第六章　吉林省农民收入结构影响因素分析：微观视角

本章将进一步考察吉林省农民收入结构变动的影响因素，分析农民个体、家庭和社区对农民收入结构变动的影响。首先，采用描述性统计分析方法研究吉林省收入结构变动的特征；其次，采用累积 Logistic 回归分析方法研究吉林省农民收入结构变动的影响因素；最后，在以上研究基础上得出本章主要研究结论。

6.1　数据来源与总体调查情况

6.1.1　数据来源

本次调查时间是 2015 年 7 月 4—24 日，主要依靠吉林农业大学经济管理学院研究生和农业经济管理专业本科学生利用农业经济学课程教学实习的机会收集数据。本次调查的对象是具有农业户口，在上一年（2014 年）获得农业或非农业收入的农民。调查采取随机抽样的方式，使用入户问卷访谈的方法。问卷（详见附录）由被访者自主填写完成，经调查员监督，并最终收回。在此期间共发放问卷 672 份，回收 672 份，问卷的回收率达 100%；其中 68 份问卷为无效问卷，有效问卷 604 份，调查有效率为 89.88%。调查地点分布在吉林省 9 个市（州）12 个县（市、区），如表 6-1 所示。此外，为了弥补调查问卷的一些不足，笔者还组织了 4 个被调查乡镇相关村干部进行了座谈，并对相关的农民合作社和有关企业实地进行了考察。

表 6-1 调查问卷情况

问卷顺序	市范围	县区	乡镇名称	村名称	有效问卷数量（份）	百分比（%）
1	长春市	双阳区	奢岭街道	大屯村	92	15.23
2	长春市	德惠市	米沙镇	广富村	110	18.21
3	吉林市	舒兰市	小城镇	东光村	38	6.29
4	四平市	公主岭市	大榆树镇	大榆树	48	7.95
5	四平市	铁东区	山门镇	山门村	25	4.14
6	辽源市	东辽县	安石镇	菠叶村	18	2.98
7	通化市	东昌区	江东乡	保安村	34	5.63
8	白山市	抚松县	东岗镇	东参村	26	4.30
9	松原市	乾安县	所字镇	中字村	59	9.77
10	松原市	长岭县	永久镇	宁家村	70	11.59
11	白城市	洮南市	黑水镇	丰满村	22	3.64
12	延边州	敦化市	贤儒镇	城山子村	62	10.26
合计	9 市州	12 个县（市）	12 个乡（镇）	12 个村	604	100.00

资料来源：调查整理。

本次的调查根据课题的实际情况，调查主要包括以下几个内容：农民个体的工资收入、年龄、性别和受教育情况，农户家庭的成员基本情况、成员就业情况、耕地资源情况和家庭收入等方面的内容。

6.1.2 调查总体情况

总体上看，目前吉林省农民非农收入所占比重不大，调查有效问卷的 604 个农民中，有 393 人是以农业收入（种粮、养殖）为主要收入来源，占被调查农民总数的 65.07%，有 211 人是以非农业收入（村干部、外出务工、乡村医生、个体商贩等）为主要收入来源，占被调查农民总数的 34.93%，如表 6-2 所示。

表 6-2 调查样本农民非农收入占总收入比重的情况

20%以下		20%～50%		50%～80%		80%以上		总计	
人数（人）	比重（%）	人数（人）	比重（%）	人数（人）	比重（%）	人数（人）	比重（%）	人数（人）	比重（%）
230	38.08	163	26.99	128	21.19	83	13.74	604	100.00

资料来源：调查整理。

调查的其他内容整理后，得到表 6-3。从表 6-3 可以看出，在调查的受访者中，30 岁以下的 97 人，占 16.06%，31～40 岁（包括 40 岁）的 152 人，占 25.17%，41～50 岁（包括 50 岁）的 195 人，占 32.28%，50 岁以上者 160 人，占 26.49%；受访者中男性 316 人，女性 288 人，男性比例高于女性 4.64 个百分点；受访者中大多数已经结婚，已婚 537 人，占受访者的 88.91%，未婚仅有 67 人，只占受访者的 11.09%；在调查的受访者中，教育程度为小学及以下的 84 人，占受访者的 13.91%，初中的人数最多，共有 324 人，占受访者的 53.64%，高中 124 人，占受访者的 20.53%，中专、专科及以上 72 人，占受访者的 11.92%。

农民居住地与县城距离直接关系到农民打工的交通成本和相关信息成本，在调查的受访者中，居住地与县城的距离是 10 公里之内的有 160 人，占 26.49%；10～30 公里的有 233 人，占 38.58%；30 公里以上的有 211 人，占 34.93%。居住地附近（步行 30 分钟之内）有企业的是 157 人，占比 25.99%，居住地附近无企业的有 447 人，占比 74.01%。

家庭耕种耕地面积 0.5 公顷以下的有 118 人，占受访者的 19.54%，家庭耕种耕地面积 0.5～2 公顷有 348 人，占受访者的 57.62%，家庭耕种耕地面积 2 公顷以上有 138 人，占受访者的 22.85%；家庭人口 2 人及以下的有 45 人，占受访者的 7.45%，家庭人口为 3 人的 259 人，占受访者的 42.88%，家庭人口为 4 人的 194 人，占受访者的 32.12%，家庭人口达 5 人及以上的 106 人，占受访者的 17.55%。

表 6-3 调查样本基本情况表

类目	细目	分类	频数	频率
农民自身情况	性别	男	316	52.32%
		女	288	47.68%
	年龄（岁）	30 以下	97	16.06%
		31～40	152	25.17%
		41～50	195	32.28%
		50 以上	160	26.49%
	教育程度	小学及以下	84	13.91%
		中学	324	53.64%
		高中	124	20.53%
		中专及以上	72	11.92%

（续）

类目	细目	分类	频数	频率
农民自身情况	婚姻状况	未婚	67	11.09%
		已婚	537	88.91%
居住地因素	居住地与县城的距离（公里）	10之内	160	26.49%
		10～30	233	38.58%
		大于30	211	34.93%
	有无企业	无	447	74.01%
		有	157	25.99%
家庭因素	家庭耕种耕地面积（公顷）	0.5以下	118	19.54%
		0.5～2	348	57.62%
		2以上	138	22.85%
	家庭人口（人）	1～2	45	7.45%
		3	259	42.88%
		4	194	32.12%
		5及以上	106	17.55%

资料来源：调查整理。

6.2　调查数据描述性统计分析

6.2.1　自身因素

从农民自身角度来看，影响农民获得非农收入的主要因素有农民自身的性别、年龄、婚姻情况和受教育程度等，这些因素将分别被解析。

（1）性别

男性劳动者和女性劳动者在家庭角色、责任、社会认知等方面均有不同，这就使得其在职业选择上的态度和行为不同。金一虹（1995），牟少岩、杨学成（2008），杨乐乐（2010）的研究表明，农村女性劳动力相对于男性进城谋职和参加工作的比例明显较低。就性别因素而言，在其他条件相同的情况下，女性非农收入比男性低。如表6-4所示，在调查样本中，男性非农收入比重小于20%的有94人，占40.87%，而女性为136人，占59.13%，非农收入比重超过80%的，男性是52人，占62.65%，女性仅有31人，比男性少25.3个百分点，差距非常显著。由此，我们可以得出这样的结论：从调研样本来看，男性样本从事非农收入所占的比重高于女性，在从事非农职业上具有一定的优势。根据调研访谈结果，产生这种情况是因为女性需要更多地顾及家庭因素，如照看孩子、老人以及土地等。

通过对样本的观察，我们也可以看出，女性的人力资本相对于男性较差，被调查样本中女性的受教育程度相对于男性受教育程度略低，但是差距并不显著。“男主外，女主内”的传统分工模式使女性常常需要在家照顾孩子或者照顾老人，在工作生活中存在很强的家庭依附性，这样就在很大程度上限制了女性农民在城镇的就业选择。因此，农民中男性比女性获得稳定的非农就业机会更多。相比之下，男性农民就业从事体力劳动的多于女性，女性则多从事餐饮、服务等行业。

表 6-4　调查样本非农收入与调查样本性别交叉分析表

性别	20%以下		20%～50%		50%～80%		80%以上		总计	
	比重（%）	人数（人）	比重（%）	人数（人）	比重（%）	人数（人）	比重（%）	人数（人）	比重（%）	人数（人）
男	40.87	94	54.60	89	63.28	81	62.65	52	52.32	316
女	59.13	136	45.40	74	36.72	47	37.35	31	47.68	288
总计	100.00	230	100.00	163	100.00	128	100.00	83	100.00	604

资料来源：调查整理。

（2）农民自身年龄因素

年龄的增长会对农民选择新的职业和“背井离乡”有负面影响，以至于制约农民非农收入增长。Alan de Brauw 等（2002）的研究表明，年轻人更倾向于外出打工。农民年龄越大，其越希望避免经营风险，多数会平稳度日，不愿意选择新的工作，这就使得进入非农职业形成了一定的障碍，从而降低了非农收入可能性，进而对获得非农收入产生一定负面影响。根据调研得知，年龄越大的农民，文化程度相对较低，体力越弱，这也影响了其获得非农收入。

从年龄层次来看，年龄在 30 岁以下的农村居民非农收入所占比重比较高，在 30 岁以下 97 人被调查者中非农收入超过 50%以上的有 70 人，占 72.16%，非农收入超过 80%的 38 人，占此年龄段的 39.18%；处于青壮年时期的 31～40 岁的农村居民非农收入所占比重相对较高，非农收入超过 50%的有 59 人，占此年龄段被调查者 152 人的 38.82%，值得注意的是在此年龄段的非农收入超过 80%仅有 16 人，只占 10.06%，此年龄段农民离农彻底性较差，大多选择兼业经营；41～50岁的农民群体非农收入超过50%的有61人，占此年龄段195人的比重31.28%，非农收入超过80%的有25人，占此年龄段的12.82%；50岁以上的非农收入所占比重较低，非农收入所占比重超过50%以上的仅有21人，占被调查者中160人的13.13%，非农收入超过80%的仅有4人，占此年龄段人数的2.5%；非农收入占农民收入80%以上的被调查者中，30岁以下的有38人，占非农收入80%以上被调查者的45.78%，31～40岁的16人，占非农收入80%以上被调查者的19.28%，两者合计54人，占非农收入80%以上被调查者的65.06%，由此可见，从事非农职业的人员大多数来自于40岁以下范围的农民。

从各年龄段中的农民非农收入比重超过80%的人数占该组人数比例来分析，依次为30岁以下、31～40岁、41～50岁、50岁以上。由此我们可以得到一个结论：年龄与农民从事非农职业存在负相关的关系，农民年龄越大，获得非农收入的可能性越低。

从事农业生产的人员大多在50岁以上，从表6-5可以看到，非农收入占农民收入20%以下的一共有230人，以30岁以下年龄段的农民最少，仅有7人，只占总人数的3.04%，接下来是31～40岁，有59人，所占的比例为25.65%，而50岁以上的有103人，占此段人数的44.78%。年轻的农民只是农忙时在家，大部分时间在外务工，只是把农业生产当副业来做。这就直接导致农业生产的创新力严重不足，农业从业者对新技术的接受能力不足。如果不增加农业产业的吸引力，"老人农业"的现象将越来越突出。

表6-5　调查样本非农收入与年龄交叉分析表

年龄（岁）	20%以下		20%～50%		50%～80%		80%以上		总计	
	比重（%）	人数（人）	比重（%）	人数（人）	比重（%）	人数（人）	比重（%）	人数（人）	比重（%）	人数（人）
30以下	3.04	7	12.27	20	25.00	32	45.78	38	16.06	97
31～40	25.65	59	20.86	34	33.59	43	19.28	16	25.17	152
41～50	26.52	61	44.79	73	28.13	36	30.12	25	32.28	195
50以上	44.78	103	22.09	36	13.28	17	4.82	4	26.49	160
总计	100.00	230	100.00	163	100.00	128	100.00	83	100.00	604

资料来源：调查整理。

（3）受教育程度

受教育程度对农民非农就业概率、职业类型选择和收入水平有非常显著的影响，陈宗胜等（2006）、Larry A. Sjaastad（1962）、张务伟等（2011）的研究也证实，文化水平越高的农民获得非农就业的机会越多，就业的职业层次就越高，从事工作中对技能需求的比重较大，非农收入水平就越高。相反受教育程度较低的农民非农就业概率相对较小，在非农职业的选择上大多集中在传统服务业、建筑业和制造业等行业，多从事与体力劳动相关的较低层次的职业并且获得较低的非农收入。

从受教育程度来看，较高的教育水平使农民提高了从事生产所需要的基本知识和技能，以及处理信息的能力和资源配置能力，所以他们大多数主要从事劳动力水平要求较高的非农职业；而受教育水平较低的农民则缺乏相应的知识和技能，以及处理信息的能力和资源配置能力，所以他们仍然以务农为主，即使从事非农职业，也是劳动力水平要求较低的职业。农民文化素质越高，其进行非农生产的机会也越大。中专及以上教育程度的农村居民非农收入超过80%，占比为45.78%；高中程度为40.96%；初中和小学及以下的分别为9.64%和3.61%（表6-6）。

表6-6 调查样本非农收入与受教育程度交叉分析表

受教育程度	20%以下		20%～50%		50%～80%		80%以上		总计	
	比重（%）	人数（人）	比重（%）	人数（人）	比重（%）	人数（人）	比重（%）	人数（人）	比重（%）	人数（人）
小学及以下	19.13	44	13.50	22	11.72	15	3.61	3	13.91	84
中学	61.74	142	57.06	93	63.28	81	9.64	8	53.64	324
高中	13.91	32	24.54	40	14.06	18	40.96	34	20.53	124
中专及以上	5.22	12	4.91	8	10.94	14	45.78	38	11.92	72
总计	100.00	230	100.00	163	100.00	128	100.00	83	100.00	604

资料来源：调查整理。

为了提升农民整体素质，吉林省开展了各类职业技术培训。但是，由于资金短缺、培训技能实际应用性不强、培训时间短、师资力量薄弱、教学方法滞后等诸多因素的影响，导致最后的培训结果差强人意，不能有效地达到满足社会和用工企业需求的目的。主要表现为：各类培训技能分散，各类信息资源分散在各个培训组织，缺乏统一管理和信息共享的有效机制；培训内容与市场需求脱节，具有很大的盲目性，很多培训偏重理论而忽略实践应用，农民无法掌握实用的技术，导致农民自身参加培训的积极性降低。问卷结果显示，农民参加的培训中，只有36%的培训是免费的，由政府出资补贴或由企业雇主支付培训费用。其余很多职业技能培训则需要农民自费缴纳几百元甚至上千元的培训费用，这对吉林省普通农民家庭来说是一个不小的经济负担。

（4）婚姻状况

婚姻是农民自身因素的重要特征之一，婚姻状况的不同直接决定了农民自身角色和承担责任的不同，对农民的职业选择和社会阶层分化有一定的影响。由表6-7可以看出，在未婚农民样本67人中，非农收入比重80%以上的总人数为33人，占未婚总人数的49.25%，已婚者非农收入比重80%以上的总人数为50人，占已婚总人数537人的9.31%。由此可以看出，未婚农业劳动者参与非农职业的比例远远大于已婚农业劳动者。其主要原因是因为已婚者的生活压力更大，作为家庭的主要劳动力、家庭责任的主要承担者，农业生产的任务自然落到他们身上。而且，在职业选择中未婚劳动力比已婚者更自由，未婚的人更加倾向于非农职业选择。

表6-7 调查样本非农收入与调查样本婚姻状况交叉分析表

婚姻状况	20%以下		20%～50%		50%～80%		80%以上		总计	
	比重（%）	人数（人）	比重（%）	人数（人）	比重（%）	人数（人）	比重（%）	人数（人）	比重（%）	人数（人）
未婚	6.96	16	8.59	14	3.12	4	39.76	33	11.09	67
已婚	93.04	214	91.41	149	96.88	124	60.24	50	88.91	537
总计	100.00	230	100.00	163	100.00	128	100.00	83	100.00	604

资料来源：调查整理。

6.2.2 居住地因素

（1）与城镇的距离

现阶段我国城镇化进程的一个显著特征是城区外延的快速扩张，在城镇周围的农村，由于离市场较近的区位优势，土地可以获得级差收益，农民可以就近打工，获得工资性收入，农民非农收入相对多些，生活水平高些；与离城镇距离远的农村，农民务工成本高于离城近的区域，农民非农收入相对少些，生活水平相对城镇周围的农村就差一点。一般而言，距离城市越近，周围市场环境越优越、获得就业信息越充分、交通越便利，这些得天独厚的优势会促进农民从事非农产业活动。尤其是居住在非农产业比较集中的城乡结合地带的农民，通常会有更多的机会去参与经营商店、旅馆、餐馆等服务行业，因而他们的收入来源并不完全依赖土地的产出。而且便利的交通条件更有利于他们与城市之间往来，会促进家庭生产转向非农模式。距离城市越近，非农经营的环境会越好，农民越能够从非农化进程中获得更多的经济利益。因此，离县城距离的远近是农民就业的重要影响因素。如表6-8所示，非农收入比重低于20%的农民中，距离县城距离在10公里以下的占24.35%，10～30公里占40%，30公里以上占35.65%；非农收入比重超过80%的农民中，10公里以内的占28.92%，10～30公里的占53.01%，30公里以上的占18.07%。由以上的分析可以看出，离县城距离与农民非农收入所占比重之间存在负相关关系。随着离县城距离的增加，农民从事非农职业的比例随之下降。

表6-8 调查样本非农收入与调查样本距离县城距离交叉分析表

距离（公里）	20%以下		20%～50%		50%～80%		80%以上		总计	
	比重（%）	人数（人）	比重（%）	人数（人）	比重（%）	人数（人）	比重（%）	人数（人）	比重（%）	人数（人）
10之内	24.35	56	19.63	32	37.50	48	28.92	24	26.49	160
10～30	40.00	92	33.74	55	32.81	42	53.01	44	38.58	233
大于30	35.65	82	46.63	76	29.69	38	18.07	15	34.93	211
总计	100.00	230	100.00	163	100.00	128	100.00	83	100.00	604

资料来源：调查整理。

（2）本村有无企业

本村有无企业对于农民就近就业，了解就业信息，从事非农产业有较大的影响。本村有企业，则为农民从事非农产业提供了就业机会，这样既能够通过从事非农职业增加收入，也能够兼顾家庭。从表6-9可以看出，在本村有企业的157人中，非农收入占比在80%以上的总人数为57人，占有企业的调查样本157人的36.3%，无企业非农收入占比80%以上的总人数为26人，占无企业447人的5.82%。由此可以看出，村附近有企业的劳动者参与非农职业的比例远远大于无企业的农业劳动者。

表6-9 调查样本非农收入与调查样本有无企业交叉分析表

是否有企业	20%以下		20%～50%		50%～80%		80%以上		总计	
	比重（%）	人数（人）	比重（%）	人数（人）	比重（%）	人数（人）	比重（%）	人数（人）	比重（%）	人数（人）
无	89.57	206	84.05	137	60.94	78	31.33	26	74.01	447
有	10.43	24	15.95	26	39.06	50	68.67	57	25.99	157
总计	100.00	230	100.00	163	100.00	128	100.00	83	100.00	604

资料来源：调查整理。

6.2.3　家庭因素

（1）家庭耕地面积

由于文化水平低，吉林省农民思想保守，进城打工和从事其他非农产业获得收入的能力低下，土地仍然是吉林省农民的“命根子”，农民对土地具有很强的依赖性，不愿意离开土地。从调查数据来看，吉林省家庭耕地并未有抛荒现象，反而会因农地边界上的耕种权而发生纠纷，甚至有的家庭还出现了兄弟之间争夺耕地的情况。有些家庭丈夫常年在外打工，但仍然不愿土地流转，妻子在家耕种。

家庭耕地面积的大小，直接影响到农户将劳动力分配到农业生产中数量的多少，从而决定农民外出务工的时间与机会，进而影响非农收入水平。由表 6-10 可以看出，家庭耕地面积在 0.5 公顷以下调查样本农民收入结构变动比例最高，非农收入所占比重为 80％以上的比例达到了 19.49％，耕地面积在 0.5～2 公顷非农收入所占比重 80％以上的为 15.52％，家庭耕地面积 2 公顷以上的，非农收入所占比重 80％以上的仅有 6 人，占此年龄段的 4.35％，这一结果和我们预想基本一致，耕地面积越多，农业生产需要投入的劳动越多，农民就越容易被土地束缚，从事非农职业的可能性就越小。

表 6-10　非农收入与调查样本耕地面积交叉分析表

耕地面积（公顷）	20％以下		20％～50％		50％～80％		80％以上		总计	
	比重（％）	人数（人）	比重（％）	人数（人）	比重（％）	人数（人）	比重（％）	人数（人）	比重（％）	人数（人）
0.5 以下	13.91	32	21.47	35	21.88	28	27.71	23	19.54	118
0.5～2	53.04	122	58.90	96	59.38	76	65.06	54	57.62	348
2 以上	33.04	76	19.63	32	18.75	24	7.23	6	22.85	138
总计	100.00	230	100.00	163	100.00	128	100.00	83	100.00	604

资料来源：调查整理。

（2）家庭人口

从家庭结构看，家庭功能比较健全和家庭负担比较小的农村居民非农收入比较大。3 口之家的核心家庭，非农收入所占比重超过 50％的比例为 34.36％；4 口之家达到 46.39％；5 人以上家庭比较弱，仅为 16.04％；1～2 人家庭为 33.33％。表明家庭人口的规模对农民非农收入有重要影响，家庭人口规模越大的农业劳动力获得非农收入的概率越大，这说明农村劳动力外出就业的先决条件是家庭剩余劳动力的多少，表明在其他条件相同或不变的情况下，不同农户是否外出在很大程度上是由于家庭劳动力的数量差异引起的，可以预见，在今后相当长一段时期内，农村劳动力数量的增长仍是推动农村劳动力转移的主要决定力量。

表 6-11　调查样本非农收入与调查样本家庭人数交叉分析表

人数（人）	20%以下		20%～50%		50%～80%		80%以上		总计	
	比重（%）	人数（人）	比重（%）	人数（人）	比重（%）	人数（人）	比重（%）	人数（人）	比重（%）	人数（人）
1～2	10.43	24	3.68	6	3.13	4	13.25	11	7.45	45
3	48.26	111	36.20	59	43.75	56	39.76	33	42.88	259
4	26.09	60	26.99	44	42.97	55	42.17	35	32.12	194
5 及以上	15.22	35	33.13	54	10.16	13	4.82	4	17.55	106
总计	100.00	230	100.00	163	100.00	128	100.00	83	100.00	604

资料来源：调查整理。

6.3　实证分析

依据样本调研结果，通过建立计量经济模型对各种微观因素对农民收入变动的影响进行实证分析，用模型估计结果对我们前面的描述性统计进行检验。

6.3.1　模型方案的设计

（1）研究假设

为了方便模型分析和研究的展开，我们首先假设农民是理性的“经济人”，可以根据自身年龄、教育程度、耕地情况、居住地等微观特征选择不同的就业方式，以便自身效用达到最大化。其次假设每个农民受到的宏观因素的影响程度都是相同的，农民是否选择非农就业，是根据自身条件、家庭因素和居住地因素等微观因素进行决定的。

（2）计量模型设计

本研究所选取的因变量是“农民非农收入比重”，传统的回归模型由于因变量的取值范围在正无穷大与负无穷大之间，在此处不适用。因此采用累计

Logistic 回归模型，对于按 1、2、3、4 等整数序列编码的多分类因变量，若各类中有明确从低到高的排列顺序，则称此因变量为序次因变量。对序次测度的因变量建立模型采用累计 Logistic 回归模型，也称作序次 Logistic 回归模型或比例发生比模型。

序次 Logistic 回归模型定义为：$y^* = \alpha + \sum \beta_k x_k + \varepsilon$。当实际观测因变量有 j 类别时，相应各取值之间的关系为（$y=1$）＜（$y=2$）＜…＜（$y=j$）。那么，共有 $j-1$ 个分界点将各相邻类别分开。若用 μ_j 表示分界点，则共有 $j-1$个值，分界点之间的关系为 $\mu_1 < \mu_2 < \cdots < \mu_{j-1}$。在参数估计过程中，第一个分界点 μ_1 通常设定为 0，这样可以减少一个参数估计，共有 $j-2$ 个分界点的值需要估计。根据累积分布函数，可以定义如下形式的线性回归方程：

$$\ln\left[\frac{p(y \leqslant j \mid x)}{1-p(y \leqslant j \mid x)}\right] = \mu_j - (\alpha + \sum \beta_k x_k)$$

累积 Logistic 回归模型需要对 $j-1$ 个累积 Logistic 函数同时进行估计。用一个公式可以表述为：

$$\ln\left[\frac{p(y \leqslant j \mid x)}{1-p(y \leqslant j \mid x)}\right] = \beta_{0j} - \sum \beta_k x_k \qquad (6\text{-}1)$$

$j-1$ 个 Logistic 各有一个不同的 β_{0j} 估计，然而对于所有的累积 Logistic，变量 x_k 却有一个相同的 β_k 估计，因为其假设条件为自变量的作用独立于所有累积 Logistic 的分界点。在这一假设条件下，对于一个连续自变量 x_k 而言，不同累计对数发生比的回归线相互平行，这也正是成比例发生比假设条件。运行累积 Logistic 回归模型首先要对“H_0：比例性”进行统计检验。如果拒绝原假设，则说明 x_k 对不同的 Logistic 有不同的 β_k，需要更换模型。累积 Logistic 回归系数意义的解释与二项 Logistic 回归一样，仍然采用发生比进行解释。

6.3.2　变量选择与测度

被解释变量为农民非农收入比重 Y，解释变量为 X，具体包括：性别、年龄、受教育程度、婚姻状况、居住地与县城的距离、有无企业、家庭耕地面积、家庭人口。

在吉林省非农收入比例调查数据中，调查农民的非农收入比例为连续变量指标，分为非农收入＜20％、20％～50％、50％～80％和＞80％四个等级。收入等级因变量在模型中的编码分别为0、1、2、3，此时因变量为序次等级性质的，可以建立吉林省非农收入比例影响因素的累积Logistic回归模型。在建模中，根据国内外相关学者的研究，影响农民从事非农收入的微观因素主要包括三大类：①农民自身因素，包括性别、年龄、受教育程度、婚否。②居住地特征因素，选取居住地与县城的距离、有无企业。③家庭因素，选取家庭耕地面积、家庭人口。变量类型及编码见表6-12。

表6-12 影响因素模型变量类型及赋值

变量类型		赋值
因变量	非农收入比重	0=20%；1=20%～50%；2=50%～80%；3=80%以上
因子	性别	1=男；2=女
	年龄	1=30岁及以下；2=31～40岁；3=41～50岁；4=50岁以上
	教育程度	1=小学及以下；2=初中；3=高中；4=中专及以上
	婚姻状况	1=未婚；2=已婚
	与县城距离	1=10公里以内；2=10～30公里；3=30公里以上
	有无企业	1=没有；2=有
	耕地面积	1=0.5公顷以下；2=0.5～2公顷；3=3公顷以上
	家庭人口	1=1～2人；2=3人；3=4人；4=5人及以上

6.3.3 变量的独立性检验

在正式建立多分类因变量影响因素分析模型之前，首先对各自变量与因变量之间的相关关系作独立性检验。吉林省农民非农收入变动影响因素模型的变量交叉分析结果见表6-13。可以看出，在5%的显著水平上，非农收入等级因变量与各控制变量的列联表中，无论是横向还是纵向均表现出不同程度的变化特征，最终的相关性检验结果显示所有控制变量均与非农收入等级存在显著的相关关系，引入到累积Logistic回归模型中是适宜的。

表6-13 吉林省农民非农收入影响因素独立性检验

主要变量	分类	非农收入				合计
		0	1	2	3	
性别*	1	40.87%	54.60%	63.28%	62.65%	52.32%
	2	59.13%	45.40%	36.72%	37.35%	47.68%

（续）

主要变量	分类	非农收入				合计
		0	1	2	3	
年龄*	1	3.04%	12.27%	25.00%	45.78%	16.06%
	2	25.65%	20.86%	33.59%	19.28%	25.17%
	3	26.52%	44.79%	28.13%	30.12%	32.28%
	4	44.78%	22.09%	13.28%	4.82%	26.49%
教育程度*	1	19.13%	13.50%	11.72%	3.61%	13.91%
	2	61.74%	57.06%	63.28%	9.64%	53.64%
	3	13.91%	24.54%	14.06%	40.96%	20.53%
	4	5.22%	4.91%	10.94%	45.78%	11.92%
婚姻状况*	1	6.96%	8.59%	3.12%	39.76%	11.09%
	2	93.04%	91.41%	96.88%	60.24%	88.91%
居住地与县城的距离*	1	24.35%	19.63%	37.50%	28.92%	26.49%
	2	40.00%	33.74%	32.81%	53.01%	38.58%
	3	35.65%	46.63%	29.69%	18.07%	34.93%
有无企业	1	89.57%	84.05%	60.94%	31.33%	74.01%
	2	10.43%	15.95%	39.06%	68.67%	25.99%
家庭耕种耕地面积*	1	13.91%	21.47%	21.88%	27.71%	19.54%
	2	53.04%	58.90%	59.38%	65.06%	57.62%
	3	33.04%	19.63%	18.75%	7.23%	22.85%
家庭人口*	1	10.43%	3.68%	3.13%	13.25%	7.45%
	2	48.26%	36.20%	43.75%	39.76%	42.88%
	3	26.09%	26.99%	42.97%	42.17%	32.12%
	4	15.22%	33.13%	10.16%	4.82%	17.55%

注：*为 $P<0.005$。

从吉林省非农收入的检验结果来看，在非农收入占比较大时以男性居多，而非农收入占比较小时以女性为主；非农收入占比较大主要以 30 岁以下青年劳动力为主，50 岁以上农民则以农业收入为主；从教育程度来看，在非农收入为主时高中文化程度和中专及以上文化在 60%以上，同时非农收入占比小者中存在较高比重的文盲和小学文化程度；婚姻状况中未婚者非农收入比重较大，已婚者比重较小；居住地离县城较近和居住地附近有企业非农收入较高；家庭耕地面积小，则非农收入高，家庭人口 3～4 人的非农收入比重较大，家庭人口少和人口多非农收入比重较少。

6.3.4 模型参数检验与实证结果分析

吉林省非农收入采用累计 Logistic 回归模型分析，非农收入模型整体进行的似然比检验，可以看出，卡方统计量为 332.283，P 值为 0.000，远远小于选定 5%的显著水平，非农收入模型整体拟合效果良好，农民的个人特征、居住地特征和家庭整体特征均对非农收入等级的提高存在显著影响，非农收入模型具有显著的统计意义。由于非农收入等级变量为四分类因变量，所以最终出现了三个临界点回归模型，模型参数检验详细的结果如表 6-14 所示。模型参数检验结果表明，吉林省农民个体的性别、年龄、受教育程度、居住地与县城的距离、有无企业、家庭耕地面积、家庭人口对其收入等级的提高均具有显著影响，而婚姻状况对收入水平则没有影响。单个控制变量作用的方向和大小，以下将结合回归系数和发生比做进一步的分析。

表 6-14 非农收入模型参数检验结果

类别	估计	标准误	Exp (B)	Wald	P 值
[Y=0]	−1.518	0.295	0.142	27.212	0.000
[Y=1]	0.923	0.254	2.654	12.614	0.001
[Y=2]	2.328	0.257	9.652	60.452	0.000
[X1=1]	0.921	0.081	2.363	123.332	0.000
[X2=1]	0.811	0.171	2.347	22.303	0.000
[X2=2]	0.769	0.181	2.259	18.254	0.000
[X2=3]	0.110	0.267	1.116	0.170	0.680
[X3=1]	−0.889	0.175	0.422	31.564	0.000
[X3=2]	−0.386	0.125	0.695	11.312	0.001
[X3=3]	−0.311	0.143	0.739	6.107	0.025
[X4=1]	0.096	0.184	1.098	0.241	0.612
[X5=1]	−0.209	0.089	1.399	5.991	0.014
[X5=2]	−0.121	0.083	1.124	2.041	0.153
[X6=1]	−0.305	0.082	0.837	12.565	0.000
[X7=1]	0.567	0.087	2.985	43.001	0.000
[X7=2]	0.106	0.083	1.121	1.628	0.201

（续）

类别	估计	标准误	Exp (B)	Wald	P值
[X8=1]	−0.234	0.141	0.935	2.842	0.094
[X8=2]	0.059	0.084	1.936	0.503	0.001
[X8=3]	0.006	0.093	1.365	0.004	0.010

（1）农民自身特征的影响

性别（X1）为男性控制变量，其回归系数为0.921，发生比2.363，相对于女性人口，男性非农收入水平获得增加的可能性更大，这表明吉林省农民男性外出务工、女性在家种田现象还普遍存在，农业妇女化倾向较为严重。

在年龄（X2）类别控制变量中，相对于50岁以上的农民，30岁以下和30～40岁的青壮年劳动力的非农收入水平更高，回归系数分别为0.811、0.769，发生比均显著大于1，其中30岁以下的拥有最大的发生比，为2.347，30～40岁发生比为2.259，由于青壮年劳动力具有更健康的体力，而31～40岁的劳动力在体力和经验方面都具有显著优势，所以更容易凭借自身优越的条件而获得非农收入的显著增加。

教育程度（X3）类别控制变量中，相对于中专及以上教育程度的劳动力而言，小学及以下、初中、高中发生比分别为0.422、0.695、0.739，教育程度的发生比均小于1。学历越低的农民其非农收入提高的发生比下降得越多，这说明非农就业收入与受教育水平正相关，从而使得教育程度变量对非农收入比重增加具有显著影响。

婚姻状况（X4）对农民非农收入水平的提高没有显著影响。这与前人的研究结论（王文信，徐云，2008；李逸波，彭建强，2014）有一定差别。可能的原因是，结婚后家庭内部分工对女性农民获得非农收入具有一定的制约作用，我们的调研数据显示，已婚的女性农民非农收入比重呈下降趋势，但男性婚姻与否对非农收入没有显著影响。

整体来看，吉林省非农收入水平的增加受到自身特征的显著影响，其中男性、30岁以下、31～40岁、中专及以上学历的非农收入增加的可能性更大，而婚姻状况对收入等级的提高没有显著影响。上述结果，一方面反映出当前吉林省农民非农收入水平状况与其自身特征的关系，主要体现为农民“离农”与其自然状况和教育程度的高低相关；另一方面也反映出当前吉林省城镇用工制度中对农民就业仍存在不同程度的歧视待遇。

(2) 农民居住地特征的影响

如表6-14所示，到县城距离（X5）的远近对“农民非农收入水平”有负向影响。相对于居住30公里以外农民，在5%的显著水平上10～30公里不显著，10公里之内在5%的显著水平上更加显著，发生比为1.399，这说明吉林省农民居住地离县城10公里之内才有助于农民非农收入的增加，也就是说离县城10公里之内更有利于农民非农就业。这一方面说明现有的县域经济辐射半径非常有限，在县城10公里之外已经不具有辐射力了；另一方面，离县城10公里外的农民与30公里外的农民非农就业差异很小。

居住地附近有无企业（X6）因素，相对于居住地有企业，无企业的农民非农收入水平提高的可能性较低，其发生比仅为0.837，低于1的参照水平。无企业的农民从事非农工作成本增加而变得相对困难，因此导致其非农收入占比可能一直处于较低水平。

(3) 农民家庭因素的影响

在农民家庭拥有耕地面积（X7）因素中，耕地面积对“农民非农收入比重”具有较为显著的负向影响。家庭耕地经营规模在0.5公顷以下的农民，农民非农收入发生比为2.985，显著高于经营规模在2公顷以上的参照水平。这充分说明，土地经营规模小，农业劳动力“两个剩余”大，促使农民进入非农产业以获得收入的增加。

家庭人口（X8）变量中以3人和4人的最为显著，相对于5人以上人口，3人具有更高的概率获得非农收入水平的提高，3人发生比为1.936，4人的发生比为1.365。随着人口的增加，发生比由大变小，说明人口的增加并未使吉林省农民非农收入显著提高。造成这一结果并不是偶然的，主要原因是人口增加家庭耕地增加，农业收入增加。

6.4 本章小结

通过典型调查获取的截面数据实证研究表明：农民出于收入最大化的原则，不再仅仅依靠农业生产，而是向非农产业发展，通过多种收入渠道获得非农收入。在外部环境一定情况下，农民非农收入状况会受到农民自身因素、居住地因素、家庭因素的影响。

从农民自身因素来看，男性农民非农收入略高于女性农民；青壮年农民非农收入高于中老年；农民文化程度的高低密切影响着农民非农收入的多少，较高文化水平的农民非农收入更高；未婚农民参与非农职业的比例远远大于已婚农民。

从居住地因素来看，农民非农收入的高低除了受到农民自身的因素影响外，还与其居住周边的环境相关。如果再加上农民自身有一技之长，头脑灵活，更能适应市场经济发展，就有更多进入非农产业的机会，获得非农收入也较多。除了离县城距离近以外，如果恰好居住区附近有非农企业，则会获得十分有利的增加非农收入的机会。

从家庭因素来看，家庭耕种土地越多，非农收入比重越小。说明农民如果家庭所耕种的土地越多，其“离农”发展非农收益的力度越弱。而家庭功能比较健全、家庭负担比较小的农民则因为其有良好的家庭后盾支撑，会勇于尝试非农方面的职业分化，非农收入所占比重较大。

第七章　吉林省农民收入结构变动效应分析

农民收入结构的变化会影响农民行为的变化，首先表现在农民粮食生产行为的变化，农民粮食生产行为的变化表现在农民土地投入行为的变化。农民收入结构的变化会影响农民对农业生产劳动力投入机会成本的考虑，进而会影响农民对自身劳动时间的分配，同时，农民收入结构的变化也会影响农民对土地物质费用投入，最终，农民收入结构的变化会影响粮食生产效率的变化，进而影响粮食产量。农民收入结构的变化也会影响农民消费行为的变化，尤其是农村居民生活消费行为的变化。同时，农民收入结构的变化会引起农民对自身劳动时间、资金等资源的配置方式，进而会影响农业生产活动和非农业生产经营活动，从而对地区经济发展产生影响。本章首先分析吉林省农民收入结构变动与粮食生产的关系；其次，分析吉林省农民收入结构变动与非农就业的关系；再次，分析吉林省农民收入结构的变化对农村居民消费行为的影响；最后，分析吉林省农民收入结构的变化与地区经济增长的关系。

7.1　农民收入结构变动对粮食播种面积影响分析

7.1.1　灰色关联度分析法

灰色关联度分析是一种多因素统计方法，是由我国学者邓聚龙教授于1982年创立的一种研究方法，它用所得的灰色关联度系数来描述两个系统之间的因素间的关联强弱、大小及次序。与传统的多元回归分析法相比，灰色关联度分析可以将“部分信息已知，部分信息未知”的“小样本”、“贫信息”不确定性系统作为研究对象，通过对已知信息的生成、开发，提取有用信息，实现对系统运行行为、演化规律的正确描述和有效监控。由于灰色系统模型对实验数据的要求和限制较低，从而弥补了回归分析、方差分析、主成分分析等数理统计方法的不足，因此在科学研究的各个领域，如社会、经济、工业、农业、生物等都有广泛的应用①。

基于灰色系统理论的关联分析采用关联度分析的方法，对各因素的相关性进行分析，这种分析的基本原理是按照各因素的指标观测值的几何关系进行比较研究。比较空间中两个图形的相似程度，比如空间中的两条曲线，通过计算曲线上不同点的距离，来判断曲线的相似程度，揭示因素间关系的强弱，如图7-1所示。

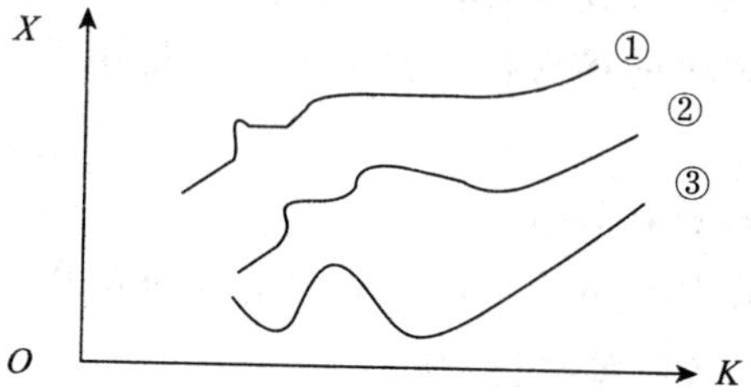

图7-1　灰色系统关联度分析直观描述

图7-1所示的数据序列曲线中，从直观上①与②的形状比较接近，③与①的几何形状相差较大，因此从关联分析的角度，①与②的关联度则较大，③与①的关联度较小。运用到经济学中，我们可以比较不同的经济序列与参照序列的相似程度。如果某个序列与参考序列计算灰色关联度得出比较高的灰色关联度，这就说明这个序列与参考序列的空间图像比较相似，这两个经济变量的变动更合拍，它们之间就可能存在影响性，当然这是相对经济变量的随机性而言的。

灰色关联分析的一般步骤：

第一步，确定分析数列。

确定一个因变量因素和多个自变量因素，因变量所组成的序列成为参考序列，用 Y_0 表示，自变量所组成的序列成为比较数列，用 X_1，X_2，X_3，…，X_i 表示，这 $i+1$ 个序列构成一个矩阵：(Y_0，X_1，X_2，X_3，…X_i)。

第二步，变量数列的规范化和差序列处理。

① 邓聚龙．灰理论基础［M］．武汉：华中科技大学出版社，2002.

为防止量纲的不同，比较时可能得出错误的结论。首先要对原始数据进行无量纲标准化处理，常用的处理法有两种：

①初值化处理：将所有数据用第一数据除，得到一个新数据：

$$X_{ij}^{(1)}=\frac{X_{ij}^{(0)}}{X_{i1}^{(0)}} \tag{7-1}$$

②均值化处理：用平均值去除所有数据：

$$X_{ij}^{(1)}=\frac{X_{ij}^{(0)}}{\overline{X}_{i}} \tag{7-2}$$

得到无量纲化后形成新矩阵为：(y_0'，x_1'，x_2'，…，x_i')。

求差序列、最大差和最小差。

据 $\Delta_{0i}(k)=|y_0'(k)-x_i'(k)|$，$i=1,\cdots,m$ 计算参考序列与其余各比较序列的绝对差值，形成绝对差值矩阵：(Δ_{01}，Δ_{02}，…，Δ_{0n})。

同时找出差值矩阵中的最大数（最大差）与最小数（最小差），并分别表示为 $\Delta_{\max}$ 与 $\Delta_{\min}$。

第三步，关联度计算和分析。

从不同的比较列中的最大值和最小值中再分别取出最小值和最大值，则曲线 X_0 与 X_i 在第 k 点的关联系数为：

$$\zeta_{0i}(k)=\frac{\Delta_{\min}+\rho\Delta_{\max}}{\Delta_{0i}(k)+\rho\Delta_{\max}} \tag{7-3}$$

式中：ρ 为分辨系数，一般在［0，1］内取值，通常取值 0.5。得关联矩阵：(ζ_{01}，ζ_{02}，…，ζ_{0n})

最后是求每条曲线的关联度，关联度为：

$$r_{0i}=\frac{1}{n}\sum_{k=1}^{n}\zeta_{0i}(k),i=0,1,2,\cdots,m \tag{7-4}$$

第四步，将关联度进行排列，则得到关联序。

将 n 个参考序列对同一比较序列的关联度按大小顺序排列起来，就组成了关联序。灰色关联理论得出的结果，如果仅关注关联度的绝对值则意义就不大，如果有两组研究变量，去比较两组的关联性大小是一种分析方法。同时在一组中去比较关联次序，这样可以比较好地解释经济变量。

7.1.2 实证分析

本书选取粮食播种面积所占比重来衡量，不仅反映了种粮效益对农民种粮积极性的影响，还反映了农业结构的变化，所以粮食播种面积相对数的变化（粮食播种面积比重＝粮食播种面积/农作物播种面积）更能反映农民收入结构变动对粮食生产的影响。

吉林省粮食播种面积比重与家庭经营性收入变动、工资性收入变动、财产性收入变动和转移性收入变动情况如表 7-1 所示。

表 7-1　吉林省粮食播种面积比重变动与收入结构变动情况

单位：%

年份	粮食播种面积比重	家庭经营收入变动	工资性收入变动	财产性收入变动	转移性收入变动
1991	87.11	85.25	11.20	1.42	2.14
1992	87.36	84.87	13.03	0.22	1.88
1993	87.06	86.81	10.89	0.84	1.47
1994	87.86	85.20	8.71	5.15	0.94
1995	88.11	79.37	10.29	9.03	1.32
1996	89.21	78.17	13.13	7.19	1.52
1997	88.31	84.63	12.26	1.78	1.33
1998	87.83	86.03	11.74	0.50	1.72
1999	86.45	85.71	12.52	0.55	1.22
2000	82.57	79.69	17.00	1.55	1.77
2001	82.98	79.36	15.05	3.23	2.35
2002	86.13	79.49	16.48	1.97	2.06
2003	85.09	78.69	16.82	2.62	1.87
2004	87.93	76.44	15.26	2.71	5.59
2005	86.70	73.39	15.65	4.55	6.41
2006	86.78	70.22	16.62	5.16	8.01
2007	86.00	67.54	16.97	6.76	8.73
2008	87.86	67.81	16.42	3.71	12.06
2009	87.20	65.26	16.50	5.52	12.71
2010	86.03	65.51	17.19	6.05	11.25
2011	87.03	65.92	19.56	5.27	9.25
2012	86.74	65.34	20.84	4.57	9.25
2013	88.49	71.25	18.85	1.95	7.95
2014	89.05	69.07	17.97	1.69	11.27

数据来源：吉林统计年鉴（1992—2015）计算得出。

采用均值化处理原始数据，按上述步骤求取灰色关联系数及关联度（表7-2）。

表 7-2 灰色关联系数及关联度结果

年份	家庭经营收入变动	工资性收入变动	财产性收入变动	转移性收入变动
1991	1	1	1	1
1992	0.948 7	0.777 9	0.959 8	0.771 7
1993	0.991 0	0.879 2	0.904 8	0.812 1
1994	0.927 9	0.531 4	0.839 1	0.871 1
1995	0.969 7	0.357 0	0.882 7	0.828 0
1996	0.952 5	0.423 7	0.904 4	0.807 0
1997	0.973 5	0.925 3	0.883 3	0.826 9
1998	0.986 7	0.819 0	0.935 5	0.787 0
1999	0.959 5	0.830 7	0.875 5	0.838 9
2000	0.839 0	0.953 9	0.960 9	0.782 2
2001	0.883 6	0.692 0	0.953 3	0.730 0
2002	0.860 2	0.881 7	0.991 3	0.755 2
2003	0.849 8	0.773 8	0.966 5	0.772 7
2004	0.893 7	0.767 6	0.649 5	0.532 0
2005	0.880 8	0.573 5	0.597 6	0.497 8
2006	0.858 9	0.529 6	0.519 5	0.442 4
2007	0.849 1	0.440 4	0.489 9	0.421 3
2008	0.866 5	0.649 3	0.390 9	0.345 1
2009	0.862 8	0.507 1	0.375 5	0.333 3
2010	0.844 4	0.475 7	0.410 2	0.361 0
2011	0.798 9	0.522 7	0.471 9	0.407 2
2012	0.774 4	0.571 9	0.471 7	0.407 2
2013	0.816 5	0.892 6	0.523 9	0.444 2
2014	0.836 1	0.946 5	0.411 7	0.360 6
r_i	0.892 7	0.696 8	0.723 7	0.630 6

一般情况下认为，$0<r_i\leqslant 0.35$ 时为弱关联，$0.35<r_i\leqslant 0.65$ 时为中度关联，$0.65<r_i\leqslant 1.00$ 时为强关联（王晓蓉，2013）。从表 7-2 可以看出，1991—2014 年，家庭经营性收入、财产性收入和工资性收入与粮食播种面积均表现出很强的关联，转移性收入与粮食播种面积表现出中度的关联，由此可以看出，农民收入结构变动确实会给吉林省粮食播种面积生产带来一定的影响。当农民的工资性收入所占比重上升时，意味着在家种粮的收益就会相对下降，在外出务工的相对高收益的吸引下，理性的农民当然会选择外出务工，对于那些由于各种因素限制而不能外出务工的农民也会选择种植收益较高的其他农作物，从而使得粮食播种面积所占比重下降；同时由于工资性收入所占比重上升的示范效应，当期农民工资性收入所占比重上升会使已经外出的农民更加坚定，而且还会吸引更多的农民下期外出务工，从而对粮食播种面积比重产生了负面的滞后影响。因此，解决“谁来种粮”问题，最关键的是解决怎样让农民种粮能赚钱，要想调动农民种粮积极性，必须不断提高种粮的比较效益，才能吸引更多的农民回归土地，新型职业农民应将新型农民和职业农民结合起来，适应中国农村劳动力结构变化和现代农业发展的新形势，体现农民从身份向职业转变，“从兼业向专业转变”，从传统农业生产方式向现代农业生产经营方式转变的新要求，回答了今后“谁来种地”“如何种好地”的问题。

7.2 吉林省农民收入结构变动与粮食生产

农民收入结构变动对农业生产的影响，主要有 3 种观点。第一种观点认为，农民收入结构变动，尤其是非农收入的增加，有利于农村土地流转，推进耕地规模经营，进而提高粮食生产效率（李实，1999）。第二种观点认为，在二元经济结构下，伴随着农村劳动力转移数量的增加，使得大量高素质的青壮年劳动力从传统农业部门流出，有利于增加农民非农收入，进而引起农民收入结构变动，但是由于高素质劳动力的外流，会影响农业新技术的采用，同时对农业技术推广也会产生不利影响（范东君等，2012）。农村优质劳动力外流以后，剩下的多是妇女和年龄较大的老人，农村优质劳动力往往只在农忙时回农村收割，而有些外流的劳动力把全部劳动时间都用在非农行业工作中。农村劳动力的外流也在一定程度上造成了农村水利基础设施年久失修，在一定程度上会对农业生产，尤其是粮食生产产生不利影响（夏莉艳，2009）。近年来，由于农村劳动力农业投入的机会成本不断上升，农民会“被动闲暇”，进而不断减少对农业的劳动力投入，虽然农业机械化节约了部分劳动力，但并不能够导致粮食产量的增加，相反由于劳动力投入不足，粮食生产效率会有所降低（刘怀宇等，2008）。除以上两种观点以外，还有一种观点认为农民收入结构的变动对粮食生产的影响并不明显，呈现不显著的关系（蒲艳萍等，2010）。究竟农民收入结构变动会给吉林省粮食生产带来怎样的影响，本节从农户粮食生产效率方面着力探寻这一问题。

我国不同地域粮食生产效率存在差异，东部地区粮食生产技术进步大于中部地区，中部地区粮食生产技术进步大于西部地区，而不同地域粮食生产技术进步的原因也不相同，东部地区是由于技术变动指数的增加引起的，中部地区粮食生产技术进步是由技术变动指数的增加和技术效率的增长共同引起的（朱丽莉，钟钰，2015）。农村劳动力非农转移，引起农民非农收入比重增加，进而使得农民收入结构变化对粮食生产效率的影响到底如何，不同的学者有不同的观点。秦立建等（2011）指出，农村劳动力非农部门的转移使得农户对农业投入的劳动量减少，降低了粮食生产效率。而马林静等（2014）通过对中国30个省份2001—2010年的面板数据的实证分析发现，农村富余劳动力往非农部门转移就业对粮食生产有显著的正向作用。并且这种影响力对于不同粮食产区表现不同，表现出粮食主产区大于粮食主销区，而粮食主产区小于粮食产销平衡区。国内学者大多基于省级面板数据对农民收入结构变化、劳动力转移、农村老龄化、妇女化等因素对粮食生产的效率的影响进行测算，但是不同区域差异较大，尤其是吉林省由于特殊的资源禀赋和生活习惯的差异，收入结构的变化对粮食生产效率的影响不同于其他地区。国内外学者的相关研究为本部分对吉林省不同类型农户粮食生产效率的研究提供了很好的思路。以下采用DEA方法对不同类型农户粮食生产效率进行分析，找出不同收入结构农户粮食生产效率的差异。

7.2.1 模型与解析

数据包络分析法（Data Envelopment Aanlysis）是1978年由Charnes和Cooper等人创建的。数据包络分析是一种多输入、多输出的非参数统计分析方法，并且数据包络分析是一个复杂系统，和一般的回归分析相比有明显的优点。数据包络分析是一种纯技术性的分析方法，去除了主观因素的影响，和外部市场和市场价格等因素无关。DEA和一般的回归分析相比有很强的客观性，显著的优点是收入模型的数据不需要考虑生产函数的形式，也不需要事前确定权重，是评价决策单元间相对有效性的分析方法。本节将吉林省微观农户作为一个生产决策单元，之后构造生产前沿面函数，进而测算不同收入结构农户的粮食生产效率。

一般情况下，DEA 由两个模型构成，分别为 CRS 模型和 VRS 模型，CRS 模型是在规模报酬不变的前提下，假设生产决策系统有 m 个决策单元 DUM_1、DUM_2……DUM_m，k 个投入指标 X_1、X_2……X_k，t 个产出指标 Y_1、Y_2……Y_t。CRS 模型测量的投入产出的效率是综合技术效率（TE）。VRS 模型是在规模报酬可变的前提假设下，主要用于纯技术效率（PET）的测算。纯技术效率（PET）和综合技术效率（TE）的关系表现为：$TE= PET\times SE$。SE 代表规模效率，若 $SE=1$，则表明 CRS 模型和 VRS 模型测量的效率值相等；若 $SE\neq1$，则表明 CRS 模型和 VRS 模型测量的效率值不相同。

数据包络分析法是一种分析相对效率的方法，根据投入和产出指标，对同种类型的决策单元（DUM）进行相对有效性评价。在粮食生产决策中，农户作为一个独立的经营单元，对粮食生产进行决策。农户粮食生产决策单元包含一个输入变量 X（假设包含 k 个输入）和一个输出变量 Y（假设包含 t 个输出），其投入产出向量 $X_j=(X_{1j},X_{2j},\cdots,X_{kj})^T>0$，$Y_j=(Y_{1j},Y_{2j},\cdots,Y_{tj})^T>0$。

$$\begin{cases} \max \dfrac{u^T Y_0}{v^T X_j}=h_j \\ \dfrac{u^T Y_0}{v^T X_j}\leqslant 1 \\ v\geqslant 0，u\geqslant 0 \end{cases} \quad (j=1，2，\cdots，n) \tag{7-5}$$

$$\begin{cases} \min\theta \\ \sum\limits_{j=1}^{n}\lambda_j Y_j \leqslant \theta Y_0 \\ \sum\limits_{j=1}^{n}\lambda_j Y_j \geqslant Y_0 \\ \lambda_j \geqslant 0 \\ (j=1,2,\cdots,n) \end{cases} \tag{7-6}$$

$v=(v_1,v_2,\cdots,v_k)^T$ 和 $u=(u_1,u_2,\cdots,u_t)^T$ 分别为 k 种输入和 t 种输出的权系数，利用 Charmes-Cooper 变换将 CRS 模型转化为等价的对偶线性

规划：

$$\begin{cases} \min\sigma \\ \sum_{j=1}^{n}\lambda_j Y_j \leqslant \sigma Y_0 \\ \sum_{j=1}^{n}\lambda_j Y_j \geqslant Y_0 \\ \lambda_j \geqslant 0(j=1,2,\cdots,n) \\ \sum_{j=1}^{n}\lambda_j = 1 \end{cases} \tag{7-7}$$

保持输出水平不下降的情况下，通过其他DUM的实际投入产出水平作为参考，优化目标值θ揭示出被评价单元的投入水平可以同比例地减少达到的最低值。当且仅当$\theta=1$时，该决策单元的投入水平已经达到最低限。公式（7-7）代表了可变规模收益VRS模型，它测度的是规模效益可变情况下的纯技术效益。

7.2.2 确定投入产出指标

粮食生产的投入指标一般可以用土地、资本和劳动力来表示。由于吉林省粮食作物都是一年一季种植的，因而粮食耕地面积和播种面积相同，因而，本节中的土地投入要素用农户家庭的耕地面积来表示，包括农户家庭联产承包经营的土地和通过土地流转转包的土地。资本投入是指农民在粮食生产中用于种子、农药、化肥、机械动力等相关的物质费用投入。本节指的劳动力投入要素用粮食生产过程中家庭劳动力从事粮食生产经营活动所用的时间来表示，包括翻地、播种、田间管理和收割等有关活动所占用的时间。产出指标用粮食产量来表示（表7-3）。

表7-3　吉林省农户粮食生产投入-产出指标

指标类型	投入指标			产出指标
	X_1	X_2	X_3	Y
指标	耕地面积	物质费用支出	劳动时间	粮食产量
单位	亩	元	天	千克

7.2.3 实证结果

为了研究农民收入结构变动对粮食生产效率的影响，本书将农户按照收入结构不同分为四种类型。第一种类型农户是非农收入占家庭纯收入在20%以下的农户，家庭收入主要来源于农业经营收入，非农收入所占比重远远小于农业收入所占比重；第二类农户是指非农收入所占比重大于20%而小于50%的农户，家庭收入仍然来源于农业收入，但是非农收入所占的比重不断提高；第三类农户是非农收入所占比重大于50%而小于80%，家庭收入主要依靠非农收入，农业收入所占比重大幅下降；第四类农户是非农收入所占比重大于80%的农户，家庭收入主要依靠非农收入，农业收入所占比重远远低于非农收入。

将不同收入结构农户粮食生产的综合技术效率进行分类汇总，计算出各类型农户粮食生产平均效率，如表7-4所示。从四种类型农户的综合技术效率看看，非农收入在20%～50%的农户的综合技术效率最高，为0.601，剩下的从高到低依次为非农收入在20%以下的农户、非农收入在50%～80%的农户和非农收入大于80%的农户。将四种类型农户粮食生产综合技术效率分解为纯技术效率和规模效率后发现，四种类型农户的纯技术效率差异不大，非农收入在20%～50%的农户纯技术效率最大，剩下的从大到小依次为非农收入在20%以下的农户、非农收入在50%～80%的农户和非农收入大于80%的农户。从规模效率来看，表现为随着非农收入的增加，四种类型农户的规模效率呈现下降的趋势，这也是非农收入大于50%的农户综合技术效率低于非农收入所占比重小于50%的农户的最主要的原因。

表7-4　不同类型农户粮食生产效率

农户类型	综合技术效率	纯技术效率	规模效率
非农收入＜20%	0.564	0.644	0.877
非农收入20%～50%	0.601	0.691	0.871
非农收入50%～80%	0.441	0.612	0.722
非农收入＞80%	0.378	0.587	0.644

以上分析表明，一定程度的非农收入有利于农户粮食生产效率的提高，但是当农户非农收入所占比重超过50%以后，农户粮食生产效率出现了下降的

趋势，主要由于农户规模效率大幅度的下降。为保证农业生产的顺利开展，应合理地认识非农收入占家庭纯收入比重的变化对粮食生产的影响。一方面，一定程度的农村劳动力非农化增加了农民非农收入，进而也为农民开展农业生产提供充足的资金支持，在一定程度上促进粮食生产效率的提高，但是，当农村劳动力非农化超过了一定程度以后，出于比较收益的考虑，农户会放弃对农业的持续性投入，出现减少农业投入或者弃耕的现象；另一方面农村劳动力的外流也导致农村出现老龄化、妇女化的现象，不利于农业的可持续发展，尤其是粮食的生产。

7.3 吉林省农民收入结构变动与非农就业

改革开放以来，随着家庭联产责任承包经营制度的确立，农村出现了大量富余劳动力，这些富余劳动力不断地往第二产业和第三产业转移，农民的职业开始出现了分化，农村劳动力不再是单单的从事农业经营，而是开始转向其他非农生产，农村劳动力从事的职业种类不断增加。随着农民职业的分化，农民收入结构也出现了分化的现象，农民除了农业经营获得的收入外，还从家庭非农产业经营和务工中获得非农收入，非农收入包括家庭非农经营获得的收入和务工获得的工资收入。农民收入结构变动和非农就业是相伴发生的，那么农民收入结构变动和农民非农就业之间存在何种关系？对这一问题的研究有助于了解二者之间的关系，对农民增收政策的制定也有借鉴意义。

目前，国内学者对于农民收入结构与农民非农就业关系的研究较少。现有的研究主要集中在农民非农就业与农村社会相关问题方面，如何蒲明、张凡（2015）指出，农民收入分化和农民非农就业均对城镇化进程产生影响，农民的收入分化对城镇化发展的影响需要在更长的时期显现出来。李逸波、彭建强（2014）的研究表明，农民个人因素、家庭因素及社会因素对农民职业分化程度与城乡选择均具有显著影响，农民受教育水平的提高促进了农民非农就业。何蒲明、刘红、魏君英（2014）的研究结果表明，农民非农就业和收入分化都会对粮食播种面积比重产生负面影响。许恒周（2011）认为，农民非农就业对土地流转具有促进作用，农民从事的职业越偏离农业，农民的土地流转倾向越明显。张艳（2009）的研究表明，农民非农就业也会影响农民养老观念和需求，由于面对不同的养老环境，不同职业的农民选择的养老方式和途径也不相同。陈世强等（2008）指出，农业从业劳动力所占比重越高，农民人均纯收入越低，农业从业劳动力所占比重越低，农民人均纯收入越高，二者呈现负相关关系；农民人均纯收入与第二、第三非农产业劳动力所占比重呈正相关关系，即非农产业劳动力所占比重越大，农民人均纯收入越大，非农产业劳动力所占比重越小，农民人均纯收入越低。全磊（2015）研究了我国农民非农就业与收入分化的关系，但是将农民工资性收入与家庭人均纯收入的比值作为农民收入分化的指标并不能完全反映农民收入分化的情况。本书认为农民收入结构变动主要是农民从事非农生产活动取得的收入增加，除了农民务工取得的工资性收入增加以外，还应该包括农民家庭经营性收入中的第二产业和第三产业经营性收入增长。

7.3.1　指标选取和数据来源

本章数据来源于 1992—2015 年《吉林统计年鉴》。农民收入结构变动用农民非农收入占农民家庭人均纯收入的比值来反映。农民非农收入是指农民从事非农生产活动而获得的收入，包括工资性收入和家庭经营性收入中的第二、三产业收入。农民收入结构变动用 SRFH 来表示，一阶差分用 ΔSRFH 来表示。农民职业分化指标用乡村就业人数中非第一产业就业人数和乡村总就业人数的比值来反映，用 ZYFH 来表示，一阶差分用 ΔZYFH 来表示。从图 7-2 可以看出，吉林省农民收入结构变动和职业分化整体呈现相同的变动趋势，都呈现波动上升的趋势，但是吉林省农民收入结构变动增长的趋势小于农民职业分化的增长趋势，从 2002 年以来，农民职业分化的速度呈现快速上升的趋势，而吉林省农民收入结构变动表现的并不是很明显，变动趋势也较为平稳。原因可能是，吉林省农业收入所占比重一直较大，家庭经营性收入占比有所下降，从 1991 年的 85.25%下降到 2014 年的 69.07%，但仍占绝对地位，工资性收入占比有所上升，从 1991 年的 11.20%上升到 2014 年的 17.97%。

7.3.2　研究方法

现阶段，对时间序列的分析是通过建立以因果关系为基础的结构模型进行的。但是不管是单方程计量模型还是联立方程计量模型，这种分析都以数据平稳（Stationary）性为前提假设。否则的话，通常的 t、F 等假设检验结果不具有可信度。经典回归模型分析中，往往通过假定样本观测点趋于无穷多，以此

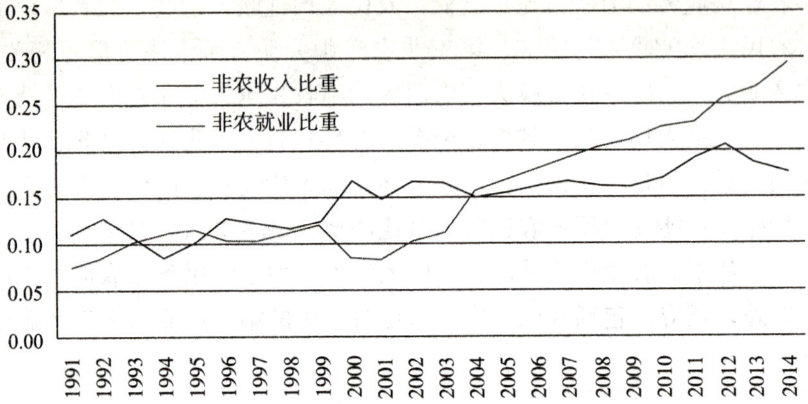

图 7-2　吉林省农民收入结构变动与职业分化序列趋势

数据来源：吉林统计年鉴（1992—2015）计算得出。

作为解释变量平稳性的一个重要条件。这样一来，不但会为大样本下的统计推断奠定基础，而且也使得所考察的时间序列更靠近平稳性这一前提假设。

西姆斯在 1980 年提出向量自回归模型（Vector Auto Regression，VAR），向量自回归模型主要被用于时间序列系统的预测和随机扰动项对变量系统影响的动态分析。VAR 模型是一种非结构化的多方程模型，这种模型不带有任何事先约束条件，将每个变量都视为内生变量，从而避开了结构建模方法中需要对系统中每个内生变量关于所有变量滞后值函数的建模问题。

VAR（p）模型的数学表达式是：

$$y_t=A_1y_{t-1}+\cdots+A_py_{t-p}+Bx_t+\varepsilon_t,\ t=1,\ 2,\ 3,\ \cdots,\ T \quad (7\text{-}8)$$

式中，y_t 是 k 维内生变量向量；x_t 是 d 维外生变量向量；p 是滞后阶数；T 是样本个数。$k\times k$ 维矩阵 A_1，A_2，…，A_p 和 $k\times d$ 维矩阵 B 是要被估计的系数矩阵。ε_t 是 k 维扰动向量。

它们相互之间可以同期相关，但不与自己的滞后值相关，且不与等式右边的变量相关，在向量自回归的基础上，可以用脉冲响应函数和预测方差分解来对已建立起来的模型做出解释。脉冲响应函数（Impulse Response Function，IRF）用来考虑每一个变量作为因变量时，来自其他变量包括因变量自身的滞后值的一个标准差的随机扰动项所产生的影响，以及其影响的路径变化。在公式（7-8）中，可以看出，VAR 模型并没有给出变量之间当期相关关系的确切形式，即在模型的右端不含内生变量的当期值，而这些当期相关关系隐藏在误差项的相关结构之中，是无法接受的，所以将公式（7-8）称为 VAR 模型的简化形式。模型的误差项 ε_t 是不可观测的，通常称为新息（innovations）向量，有时也称为异常（surprise）向量，可以被看作是不可预测的随机扰动。以下是两变量的 SVAR 模型。

$$x_t = b_{10} + b_{12} z_t + \gamma_{11} x_{t-1} + \gamma_{12} z_{t-1} + u_{xt}$$

$$z_t = b_{20} + b_{21} x_t + \gamma_{21} x_{t-1} + \gamma_{22} z_{t-1} + u_{zt}，t=1，2，3，\cdots，T \quad (7\text{-}9)$$

在模型公式（7-9）中假说：

（1）变量过程 x_t 和 z_t 均是平稳随机过程；

（2）随机误差 u_{xt} 和 u_{zt} 是白噪声序列，不失一般性，假设方差 $\sigma_x^{\ 2} = \sigma_z^{\ 2} = 1$；

（3）随机误差 u_{xt} 和 u_{zt} 之间不相关，cov（u_{xt}，u_{zt}）$=0$。

模型公式（7-9）一般称为一阶结构向量自回归模型（SVAR（1））。它是一种结构式经济模型，引入了变量之间的作用与反馈作用，其中系数 b_{12} 表示变量 z_t 的单位变化对变量 x_t 的即时作用，γ_{21} 表示 x_{t-1} 的单位变化对 z_t 的滞后影响。虽然 u_{xt} 和 u_{zt} 是单纯出现在 x_t 和 z_t 中随机冲击，但如果 $b_{21} \neq 0$，则作用在 x_t 上随机冲击 u_{xt} 通过对 x_t 的影响，能够即时传到变量 z_t 上，这是一种间接的即时影响；同样，如果 $b_{12} \neq 0$，则作用在 z_t 上的随机冲击 u_{zt} 也可以对 x_t 产生间接的即时影响。冲击的交互影响体现了变量作用的双向和反馈关系。

7.3.3　实证分析

7.3.3.1　单位根检验

由于向量自回归模型的运用要求系统中的变量具有平稳性，因此，首先必须对所研究问题的相关数据进行平稳性检验。本书采用 ADF 检验，使用普通最小二乘法（OLS）得到的 t 统计量进行单位根检验，t 统计量按下式计算：

$$t_\delta = \frac{\hat{\delta}}{s(\hat{\delta})}$$

式中 $s(\hat{\delta})$ 表示对应的标准差估计。其检验假设为：原假设 H_0：$\delta=0$；备择假设 H_1：$\delta<0$，使用 Mackinnon 临界值进行判断，如果检验 t 统计量大于临界值则接受原假设 H_0，而拒绝备择假设 H_1，说明序列存在单位根，是非平稳序列。对于非平稳序列的时间序列，进一步检验其 d 阶差分的平稳性，如果检验得知序列的 d 阶差分是平稳的，则称此序列为 $I(d)$。

应用 Eviews7.2 软件，对 *SRFH* 和 *ZYFH* 进行 ADF 单位根检验，检验方程的选取根据相应的数据图形来确定，检验类型采用 Augmented Dickey-Fuller，采用 AIC 准则确定最佳滞后阶数，差分序列的检验类型按相应原则来确定，检验结果见表 7-5。

表 7-5　SRFH 序列和 ZYFH 序列的单位根检验

变量	检验类型（C，T，K）	ADF 检验值	5%显著性水平下的临界值	概率值（P 值）	检验结果
SRFH	（C，0，0）	−2.683 327	−2.998 064	0.092 1	不平稳
ZYFH	（C，T，0）	−0.789 900	−3.622 033	0.952 0	不平稳
Δ*SRFH*	（C，0，0）	−5.759 963	−3.012 363	0.000 1	平稳
Δ*ZYFH*	（C，T，0）	−3.723 869	−3.632 896	0.042 0	平稳

注：表中 Δ 表示一阶差分，（C，T，K）中的 C，T，K 分别表示单位根检验方程包括常数项、时间趋势项和滞后阶数；0 表示检验方程不包括常数项或者不包括时间趋势项或者滞后阶数为 0。

从表 7-5 可以看出，*SRFH* 序列和 *ZYFH* 序列接受原假设 H_0；并且 *SRFH* 序列和 *ZYFH* 序列分别以 9.21%和 95.20%的概率接受原假设，因此，*SRFH* 序列和 *ZYFH* 序列存在单位根，是非平稳的序列。将 *SRFH* 序列和 *ZYFH* 序列做一阶差分，得到 Δ*SRFH* 和 Δ*ZYFH*，然后对 Δ*SRFH* 序列和 Δ*ZYFH* 序列进行 ADF 检验，一阶差分序列 Δ*SRFH* 和 Δ*ZYFH* 都在 5%的显著性水平下拒绝原假设，接受不存在单位根的结论，因此，可以确定非平稳时间序列 *SRFH* 和 *ZYFH* 经过一阶差分后变成平稳序列，因此，*SRFH* 序列和 *ZYFH* 序列均为一阶单整，即 $\Delta SRFH \sim I$（1），$\Delta ZYFH \sim I$（1）。

7.3.3.2　协整检验

协整概念是一个强有力的概念。因为协整允许刻画两个或多个序列之间的平衡或平稳关系，对于每一个序列单独来说可能是非平稳的，这些序列的矩，例如均值、方差和协方差随时间而变化，而这些时间序列的线性组合序列却可能有不随时间变化的性质。Engle 和 Granger 指出两个或多个非平稳时间序列的线性组合可能是平稳的。假如这样的一种平稳 I（0）的线性组合存在，这些非平稳（有单位根）时间序列之间被认为具有协整关系。

K 维向量 $y_t =（y_{1t}，y_{2t}，\cdots，y_{kt}）'$的分量间被称为 d、b 阶协整，记为 $y_t \sim CI（d，b）$，如满足：

（1）$y_t \sim I（b）$，要求 y_t 的每个分量 $y_{it} \sim I（b）$。

（2）存在非零列向量β，使得$\beta' y_t \sim I$（$d-b$），$0<b\leqslant d$。

简称y_t是协整的，向量β又称为协整向量。

协整检验从检验的对象上可以分为两种：一种是基于回归系数的协整检验，如Johansen协整检验；另一种是基于回归残差的协整检验，如DF检验和ADF检验。为了分析SRFH序列和ZYFH序列之间是否存在协整关系，本书采用Johansen在1988年，以及与Juselius于1990年提出的基于向量自回归模型的多重协整检验方法。检验结果如表7-6所示。

表7-6 SRFH序列和ZYFH序列协整检验

Date：02/13/16 Time：17：54

Sample（adjusted）：1993 2014

Included observations：22 after adjustments

Trend assumption：Linear deterministic trend

Series：ZYFH SRFH

Lags interval（in first differences）：1 to 1

Unrestricted Cointegration Rank Test（Trace）

Hypothesized No. of CE（s）	Eigenvalue	Trace Statistic	0.05 Critical Value	Prob.**
None*	0.511 003	16.298 33	15.494 71	0.037 8
At most 1	0.025 114	0.559 567	3.841 466	0.454 4

Trace test indicates 1 cointegrating eqn（s） at the 0.05 level

* denotes rejection of the hypothesis at the 0.05 level

** MacKinnon-Haug-Michelis（1999） p-values

Unrestricted Cointegration Rank Test（Maximum Eigenvalue）

Hypothesized No. of CE（s）	Eigenvalue	Max-Eigen Statistic	0.05 Critical Value	Prob.**
None*	0.511 003	15.738 77	14.264 60	0.029 0
At most 1	0.025 114	0.559 567	3.841 466	0.454 4

Max-eigenvalue test indicates 1 cointegrating eqn（s） at the 0.05 level

* denotes rejection of the hypothesis at the 0.05 level

** MacKinnon-Haug-Michelis（1999） p-values

检验结果显示，在5%的显著性水平下，特征根迹统计量小于临界值，接受H_{10}，只有一个协整向量；最大特征根统计量小于临界值，拒接H_{10}，只有一个特征向量；通过特征根迹（Trace）检验和最大特征值检验，SRFH序列和ZYFH序列之间存在协整关系。

7.3.3.3 格兰杰因果检验

从表7-7可以看出，在5%的显著性水平下，拒绝“非农就业不是收入结构变动的格兰杰原因”的假设，而不拒绝“收入结构变动不是非农就业的格兰杰原因”的假设。因此，从1阶滞后的情况看，吉林省农民非农就业是农民收入结构变动的原因。并且滞后1阶时，检验模型的AIC值也最小。

表7-7 吉林省农民收入结构变动与农民非农就业的格兰杰因果关系检验

零假设	滞后阶数	F统计量	P值	结论
收入结构变动不是非农就业的格兰杰原因	1	0.280 42	0.602 3	不拒绝
非农就业不是收入结构变动的格兰杰原因	1	7.685 79	0.011 8	拒绝
收入结构变动不是非农就业的格兰杰原因	2	0.607 42	0.556 2	不拒绝
非农就业不是收入结构变动的格兰杰原因	2	6.093 20	0.010 1	拒绝
收入结构变动不是非农就业的格兰杰原因	3	0.614 29	0.617 0	不拒绝
非农就业不是收入结构变动的格兰杰原因	3	5.737 69	0.008 9	拒绝
收入结构变动不是非农就业的格兰杰原因	4	1.908 82	0.179 1	不拒绝
非农就业不是收入结构变动的格兰杰原因	4	3.277 31	0.053 3	不拒绝
收入结构变动不是非农就业的格兰杰原因	5	1.249 43	0.370 4	不拒绝
非农就业不是收入结构变动的格兰杰原因	5	2.172 26	0.157 5	不拒绝
收入结构变动不是非农就业的格兰杰原因	6	1.000 97	0.510 1	不拒绝
非农就业不是收入结构变动的格兰杰原因	6	1.796 82	0.268 4	不拒绝

7.3.3.4 脉冲响应函数分析

基于VAR（1）和渐进解析法模拟的脉冲响应函数（图7-3），横轴代表脉冲响应函数的追踪期数，默认为20，纵轴代表因变量对解释变量的影响程度。

（1）分析吉林省农民收入结构变动对农民非农就业的响应情况和响应路径。从图7-3中第2幅图可以看出，农民收入结构变动对农民非农就业一个标准差新息扰动的响应，在20年内，农民非农就业变动一个标准差新息扰动对农民收入结构变动均产生正的影响，可以看出，农民收入结构变动对农民非农就业的信息扰动产出持续的正向响应。

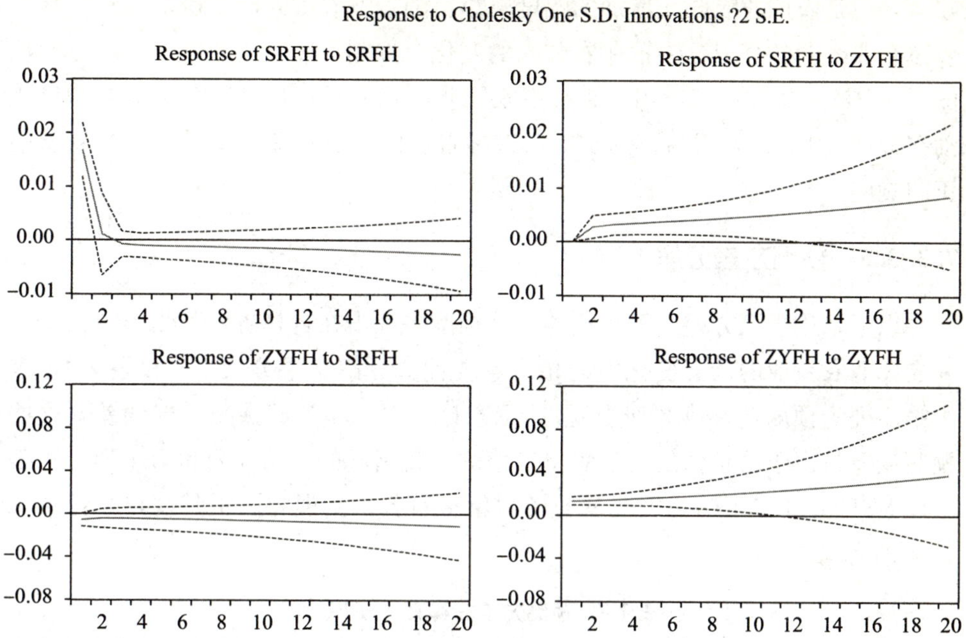

图 7-3 脉冲响应路径图

（2）考察吉林省农民非农就业对农民收入结构变动的响应情况和响应路径。从图 7-3 中第 3 幅图可以看出，农民非农就业对农民收入结构变动的一个标准差新息扰动的响应，农民非农就业对农民收入结构变动的标准差新息的扰动的响应一直为负，农民非农就业对农民收入结构变动的扰动产生持续的微弱的负向响应。吉林省农民非农就业对农民收入结构变动的冲击的响应路径也表明吉林省农民收入结构变动并不能够让农民放弃经营农业，这主要是吉林省农民非农收入占农民人均纯收入的比重低于农业收入占农民人均纯收入的比重，农民非农收入比重增长的幅度较小，并且近年来吉林省乡镇企业经营出现了衰退的现象，吉林省非农经济的不景气也让想放弃农业经营的农民失去了安全感，农民放弃农业经营的机会成本较大，而转向其他职业的不稳定因素也导致农民不愿意放弃农业经营，转变职业角色。

（3）考察吉林省农民收入结构变动和农民非农就业对其各自的一个标准差新息的响应情况和响应路径。从图 7-3 中第 1 幅图可以看出，农民收入结构变动对其自身一个标准差新息扰动在最初的 2 年内呈现正的响应，但随后一直呈现微弱的负向响应，这也同样反映了吉林省农民收入结构变动的不彻底。农民非农收入的增加在开始会吸引农民转向非农行业，这样会进一步增加农民非农收入，但是农民非农收入增加的幅度较小，随着非农收入的不稳定性和吉林省乡镇企业经营的衰退，农民非农收入的变化会抑制农民收入的进一步分化。从图 7-3 中第 4 幅图可以看出，吉林省农民非农就业对其自身一个标准差新息扰动在 20 年内一直表现为正的响应，吉林省农民非农就业主要受到自身新息的正向响应。

7.3.3.5 预测方差分解

以下采用预测方差分解来描述一个标准差冲击在吉林省农民收入结构变动和农民非农就业的动态变化中的相对重要性。分解结果见表 7-8 和表 7-9，表中第 1 列为预测期，第 2 列为变量 SRFH 或 ZYFH 各期预测标准误差，这些预测误差是由于修正值的现值和将来值的变化引起的。第 3 列和第 4 列分别表示以 SRFH 和 ZYFH 为因变量的模型新息对各预测误差的贡献度，每行结果相加都是 100。

表 7-8 预测方差分解表（SRFH）

Period	Variance Decomposition of SRFH：		
	S. E.	SRFH	ZYFH
1	0.016 903	100.000 0	0.000 000
2	0.017 165	97.413 16	2.586 838
3	0.017 483	94.072 88	5.927 124
4	0.017 852	90.550 50	9.449 496
5	0.018 258	86.930 24	13.069 76
6	0.018 701	83.239 22	16.760 78
7	0.019 186	79.499 90	20.500 10
8	0.019 713	75.735 26	24.264 74
9	0.020 288	71.968 84	28.031 16
10	0.020 911	68.224 22	31.775 78
11	0.021 587	64.524 44	35.475 56
12	0.022 319	60.891 43	39.108 57
13	0.023 111	57.345 51	42.654 49
14	0.023 966	53.905 01	46.094 99
15	0.024 887	50.585 87	49.414 13
16	0.025 879	47.401 48	52.598 52

（续）

Period	Variance Decomposition of SRFH:		
	S. E.	SRFH	ZYFH
17	0.026 945	44.362 56	55.637 44
18	0.028 090	41.477 11	58.522 89
19	0.029 317	38.750 53	61.249 47
20	0.030 633	36.185 78	63.814 22

表 7-9　预测方差分解表（ZYFH）

Period	Variance Decomposition of ZYFH:		
	S. E.	SRFH	ZYFH
1	0.014 587	15.621 28	84.378 72
2	0.020 606	12.306 79	87.693 21
3	0.025 666	10.885 68	89.114 32
4	0.030 338	10.132 68	89.867 32
5	0.034 828	9.673 380	90.326 62
6	0.039 248	9.366 193	90.633 81
7	0.043 664	9.147 540	90.852 46
8	0.048 127	8.984 870	91.015 13
9	0.052 674	8.859 822	91.140 18
10	0.057 334	8.761 253	91.238 75
11	0.062 135	8.682 009	91.317 99
12	0.067 099	8.617 285	91.382 72
13	0.072 250	8.563 734	91.436 27
14	0.077 607	8.518 953	91.481 05
15	0.083 193	8.481 170	91.518 83
16	0.089 028	8.449 050	91.550 95
17	0.095 131	8.421 572	91.578 43
18	0.101 525	8.397 934	91.602 07
19	0.108 231	8.377 505	91.622 50
20	0.115 272	8.359 777	91.640 22

从表 7-8 和表 7-9 可以看出，吉林省农民收入结构的变化开始仅受自身波动的影响，随着时间的推移，吉林省农民非农就业对吉林省农民收入结构变动

的波动冲击逐渐呈现，这种冲击呈现逐渐增强的趋势，到第 20 期时，冲击影响已经达到 63.81.%。而吉林省农民非农就业从第 1 期就开始受到其自身和农民收入结构变动冲击的影响，而吉林省农民收入结构变动对吉林省农民非农就业的冲击呈现下降的趋势，农民收入结构变动对农民非农就业的冲击影响较小，近年来一直保持在 8.50%左右，吉林省农民非农就业受其自身冲击的影响一直很大。

7.3.3.6 敏感系数分析

通过上述脉冲响应函数分析得知，农民非农就业对农民收入结构变动的影响要大于农民收入结构变动对农民非农就业的影响，接下来，借助敏感系数分析对以上的分析结果进行进一步的验证。本研究计算了 2 个敏感系数，分别如下：

敏感系数 1 ＝目标值变化百分比/参量值变化百分比

＝本期收入结构变动/本期农民非农就业　（7-10）

敏感系数 2 ＝目标值变化百分比/参量值变化百分比

＝本期农民非农就业/上期收入结构变动　（7-11）

运用 1991—2014 年的年度数据，通过计算，得到上述 2 个敏感系数，如图 7-4 所示。

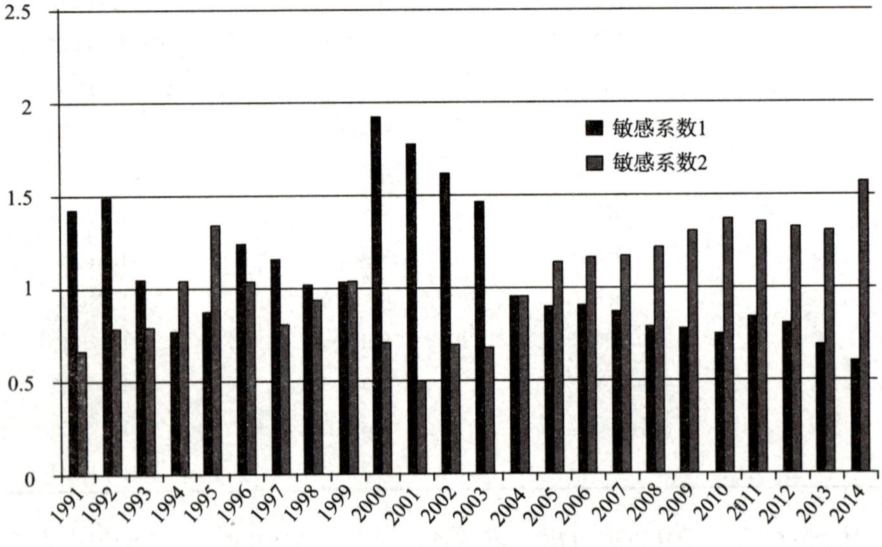

图 7-4　农民收入结构变动与农民非农就业的敏感系数

从图 7-4 可以看出，除了少数年份（1991—1993 年，1996—1998 年，2000—2003 年）之外，吉林省农民非农就业对农民收入结构变动的影响均大于农民收入结构变动对农民非农就业的影响。这一分析结果与前面的脉冲响应函数分析和预测方差分解的结果一致。结合吉林省农民农业生产的实际情况来看，吉林省农业，尤其是种植业收入占农民家庭经营性收入的比重较大，而吉林省种植业又是一年一季，农民从事农业生产的劳动时间有限，尤其是随着农业机械化水平的大幅度提高，农民用于农业生产的劳动时间更加有限。基于这样的事实，农民外出务工并不影响农民的农业生产经营活动。因此，由于农业收益低于非农行业的收益，农民外出从事非农行业的工作会改变农民家庭的收入结构，但是农民家庭收入结构的改变并不足以使农民放弃农业生产经营活动，转变自己的职业角色。除了吉林省种植业的特点和劳动时间方面的原因以外，由于进城农民在医疗、教育和社会保障方面的缺失也导致了农民收入结构变动对农民非农就业的影响不明显，同时，由于农民进城就业的不稳定性更加降低了农民非农就业的可能性。

本节对吉林省农民收入结构变动和农民非农就业之间的变动关系进行了实证分析，结果显示：吉林省农民收入结构变动和农民非农就业存在着相同的变化趋势，吉林省农民非农就业是农民收入结构变动的格兰杰原因，农民非农就业对农民收入结构变动的冲击作用大于农民收入结构变动对农民非农就业的冲击作用。相比之下，吉林省农民收入结构变动对农民非农就业的影响较弱。农民非农就业会引起农民收入结构发生明显的变动，同时，农民非农就业的步伐具有自动性，受农民收入结构变化的作用较小。这主要是因为随着人均国民收入的提高，劳动力首先从第一产业向第二产业转移，当国民收入进一步提高，劳动力向第三产业转移。总的变化趋势是劳动力在第一产业的分布减少，在第二、第三产业的分布增加。由于农民从事非农产业获取的收益明显高于从事农业获取的收益，因而，非农就业的变化会影响农民收入结构的变化。吉林省农民收入结构变动对农民非农就业影响并不明显，这主要是因为农民人均耕地资源较丰富，种植业收入占很大比重并一直呈现稳定的水平，吉林省农民非农收入的增加并不能够让农民放弃经营农业。而且，随着国家支农惠农力度的加大，农业各种补贴也提高了农民经营农业的积极性，并不愿意放弃农业经营去转变职业角色。另外，农民放弃农业经营转向其他职业的机会成本较大，近年来吉林省乡镇企业经营出现了衰退的现象，吉林省乡镇非农经济的不景气也让想放弃农业经营的农民失去了安全感，农民对职业转换的意愿更加淡漠。因而，吉林省农民非农就业对吉林省农民收入结构变动的冲击响应并不特别明显。

7.4 吉林省农民收入结构变动与农村居民消费

农民收入结构变动对于刺激农村居民消费增长会产生很大影响。随着收入水平的提高，农民呈现出生产消费、生活消费支出双增长的态势，特别是生活消费结构变化显著。近年来，受到中国经济转型升级和世界经济增长缓慢等因素的影响，传统的拉动中国经济快速增长的对外出口和投资这两驾马车的速度有所下降，而消费逐渐成为经济新常态下拉动中国经济增长的重要动力，尤其是广大的农村消费市场的繁荣对于中国经济的增长具有非常重要的意义。农民消费行为主要受到农民收入的影响，而农民收入的变化又受到农民收入结构变动的影响，因而，农民消费行为会受到农民收入结构变动的影响。西方消费理论认为影响消费的主要因素是收入，农民的消费行为主要受到当期收入的影响较大，故本部分主要分析吉林省农民当期收入对当期生活消费行为的影响。

7.4.1 吉林省农民收入结构变动对农民消费影响的实证分析

对吉林省农民来说，除了依靠最基本的家庭经营性收入，另外一个通过劳动取得的重要的收入来源就是务工收入，工资性收入的增加会改变农民的收入结构，而农民收入结构变动又会促进农村剩余劳动力转入第二、三产业就业。进城务工不仅使工资性收入增加，而且由其间接导致的从事第一产业的农村居民大量减少、农民人均占有耕地面积的增加，促进农业集约化、专业化生产经营的发展，从而提高农产品的生产效率，并从中获得相对更高的收入。农民收入的变化又会影响农民消费行为的变化，进而对农民消费支出产生影响。

1991—2014 年吉林省农村居民人均纯收入年递增 12.30%，2014 年达到了 10 780.12 元，是 1991 年 748.33 元的 14.41 倍。伴随着农村居民收入的增长，吉林省农村居民消费水平也在逐渐地提升，2014 年农村居民消费水平达到 8 139.82 元，比 1991 年的 648.41 元增长了 12.55 倍，年平均递增 11.62%，农民消费水平得到了明显改善（表 7-10）。

表 7-10　吉林省居民消费水平及增长速度

年份	居民消费水平（元）	农村居民（元）	城镇居民（元）	居民消费增长速度（上年=100）（%）	农村居民（%）	城镇居民（%）	城镇居民家庭恩格尔系数（%）	农村居民家庭恩格尔系数（%）
1991	1 037	678	1 585	2.8	−1.5	5.5	53.4	56.5
1992	1 233	749	1 958	6.0	3.0	7.4	50.2	59.3
1993	1 458	850	2 341	5.8	3.8	5.8	48.9	60.6
1994	1 872	1 062	2 995	11.7	8.2	11.7	49.3	62.4
1995	2 292	1 291	3 665	8.0	6.9	8.0	51.2	56.3
1996	2 643	1 488	4 180	8.1	9.0	6.4	47.4	53.1
1997	2 940	1 609	4 665	9.0	4.5	10.1	47.0	57.0
1998	2 949	1 582	4 707	4.8	0.6	6.3	46.0	54.0
1999	2 974	1 519	4 853	6.2	−1.2	9.5	42.7	53.0
2000	3 178	1 707	5 034	5.6	−0.8	7.0	39.4	45.0
2001	3 409	1 810	5 422	7.7	6.6	8.1	38.1	45.0
2002	3 627	1 820	5 835	7.0	3.9	7.1	36.4	44.1
2003	4 123	1 949	6 198	16.2	7.0	9.4	35.7	44.0
2004	4 601	2 139	6 869	9.6	7.9	9.0	35.9	45.6
2005	5 191	2 504	7 630	10.0	13.3	8.5	34.7	43.5
2006	5 710	2 969	8 166	8.5	16.2	5.8	33.4	40.1
2007	6 675	3 369	9 598	10.9	7.0	11.7	33.2	40.0
2008	7 591	3 854	10 878	13.7	14.4	13.3	34.0	39.6
2009	8 410	4 239	12 061	10.8	10.0	10.9	33.3	35.1
2010	9 141	4 663	13 032	7.7	6.0	8.1	32.3	36.7
2011	10 811	6 239	14 804	17.0	28.9	13.1	32.7	35.3
2012	12 276	6 977	16 873	13.6	11.8	14.0	31.7	36.7
2013	13 676	7 773	18 714	11.4	11.4	10.9	29.2	33.0
2014	13 663	7 810	18 549	−0.1	0.5	−0.9	26.1	29.6

数据来源：吉林统计年鉴（1992—2015）计算得出。

为了分析农民各项收入来源对农民消费总支出的影响，本部分立足于凯恩斯简单消费函数的基本形式，借鉴相关学者研究成果，以农民各项收入来源为自变量，农民人均生活消费总支出为因变量，建立多元回归模型。具体模型如下：

$$Y_t = C + \alpha_1 X_{1t} + \alpha_2 X_{2t} + \alpha_3 X_{3t} + \alpha_4 X_{4t} + \mu_t \quad (7\text{-}12)$$

式中，Y_t 为在 t 时期农村居民生活性消费人均总支出；X_{1t} 为第 t 时期农村居民人均工资性收入，X_{2t} 为第 t 时期农村居民人均家庭经营性收入，X_{3t} 为第 t 时期农村居民人均财产性收入，X_{4t} 为第为第 t 时期农村居民人均转移性收入；α_1、α_2、α_3 和 α_4 分别为自变量的系数，C 为截距项，μ_t 为随机误差项，表示除了上述变量以外其他影响农民消费支出的因素。

利用表 7-10 中农村居民消费水平和农民各项收入数据进行回归，结果如表 7-11 所示。

表 7-11　1991—2014 年吉林省农民四种收入来源对农民人均生活消费总支出的影响的回归结果

Variable	Coefficient	t-Statistic	Prob.
X_1	1.532 9***	3.202 9	0.004 7
X_2	0.510 9***	3.555 2	0.002 1
X_3	−0.959 1*	−1.797 2	0.088 2
X_4	1.156 4***	3.491 7	0.002 4
C	158.760 4	1.269 5	0.219 6
$\overline{R^2}$		0.994 2	
F		982.672 6	
D. W.		2.303 6	

注：***表示 1%的显著性水平下，变量的 t 检验显著；**表示 5%的显著水平下，变量的 t 检验显著；* 表示 10%的显著水平下，变量的 t 检验显著。

结果显示，$\overline{R^2}=0.9942$，表明模型拟合的较好，D. W. 检验显示，模型不存在一阶自相关，并且 F=982.672 6，在给定的显著性水平 $\alpha=0.01$，查 F 分布表，得到临界值 $F_{0.01}$（4，19）=4.50 显然有 $F>F_{0.01}$（4，19），表明模型的线性关系在 99%的置信水平下显著成立。

模型回归结果表明，工资性收入、转移性收入和家庭经营性收入对农村居民人均消费总支出的影响为正，财产性收入对农村居民人均消费总支出的影响为负。其中吉林省农村居民人均生活消费总支出受到工资性收入的影响最大，人均工资性纯收入每增加 1%，农民人均生活消费总支出就增加 1.53%。其次是转移性收入和家庭经营性收入。财产性收入是以农民忍耐消费欲望，减少消费金额，转而将节约下来的资本进行投资而获得的利益。农民人均财产性收入每增加 1%，农村居民人均消费总支出就会减少 0.96%。

7.4.2　吉林省农民收入结构变动对消费结构的影响

根据弗里德曼的持久性收入假说，收入稳定的人边际消费倾向较高，收入不稳定的人边际消费倾向偏低，且低于建立在持久性收入基础上的平均消费倾向。农民收入来源变动将导致农民收入稳定性发生改变，引起农民消费行为和消费结构发生改变。按照吉林统计年鉴分类，可以将农村居民生活性消费支出分为食品、衣着、居住、生活用品与服务、交通和通信、文教娱乐、医疗保健和其他商品和服务等八大类。农民家庭收入不同来源对这八大类消费支出的影响如何，对这一问题的研究有利于了解农民收入变化对农民不同消费行为产生的影响。

7.4.2.1　数据来源和模型设置

本部分以吉林省农村居民八大项生活性消费支出（食品、衣着、居住、生活用品与服务、交通和通信、文教娱乐、医疗保健、其他商品和服务）作为消费结构的代理变量，选取 1992—2015 年《吉林统计年鉴》中的相关数据，研究不同收入来源对农村居民消费结构的影响。各项数据如表 7-12 所示。

表 7-12　1991—2014 年吉林省农民人均消费支出结构的描述性统计

单位：元

类型	最小值	最大值	均值	标准差
生活性消费总支出	643.13	8 139.82	2 730.41	2 114.71
食品烟酒消费支出	366.51	2 438.49	1 092.67	613.02
衣着消费支出	57.85	552.60	204.48	148.91
居住消费支出	56.96	1 650.88	428.75	409.80
生活用品及服务消费支出	26.98	355.67	110.90	87.26
交通通信消费支出	2.30	961.18	256.99	280.55
教育文化娱乐消费支出	38.79	1 042.19	283.99	236.26
医疗保健消费支出	18.46	1 008.05	279.60	307.57
其他用品和服务消费支出	7.49	223.36	73.07	61.46

数据来源：吉林统计年鉴（1992—2015）计算得出。

从表 7-12 可以看出，吉林省农民人均生活性消费总支出从 1991 年的最小值 648 元增加到 2014 年的 8 139.82 元，24 年增加了 11.55 倍。而各项生活消费支出中，食品消费支出由 1991 年的 366.51 元增加到 2014 年的 2 411.25 元，24 年来增加了 5.58 倍，交通通信消费支出 2014 年比 1991 年增加了 403.87 倍，其次是医疗保健消费支出，增加了 45.16 倍，文化教育增加了 25.87 倍，居住消费支出增加了 22.79 倍。而生活用品及服务消费支出和其他用品及服务消费支出分别增加了 5.98 倍和 4.59 倍。吉林省农民各项生活消费支出增长较大的是食品消费、居住消费、交通通信消费支出、教育文化消费和医疗保健消费支出，而衣着消费支出、生活用品及服务消费支出和其他用品和服务消费支出变化的幅度较小。从图 7-5 可以看出，1991—2014 年，吉林省农民食品消费占农民家庭生活消费总支出的比重大幅度下降，由 1991 年的 56.52%下降到 2014 年的 29.62%，衣着消费支出所占比重和家庭生活用品及服务消费支出所占比重变化不大，而农村居民交通通信消费支出和医疗保健消费支出所占的比重呈现上升的趋势，交通通信消费支出所占比重由 1991 年的 0.35%上升到 2014 年的 11.44%，医疗保健消费支出所占比重由 1991 年的 3.37%上升到 2014 年的 12.38%，教育文化娱乐消费支出所占比重变化不大。吉林省农村居民食品消费支出比重大幅下降表明农民生活水平逐渐提高，更多的收入用于其他生活消费支出项目。随着农民外出务工和兼业经营的出现，出现了交通通信消费支出占比上升的现象。

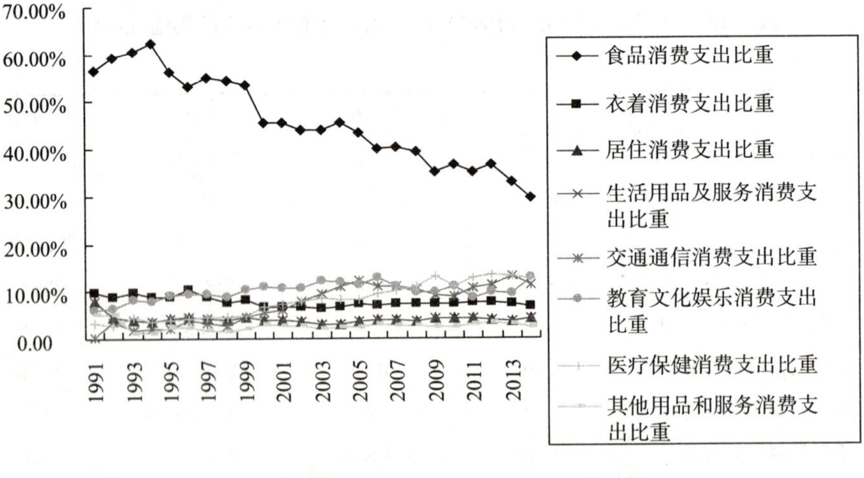

图 7-5　吉林省农民生活消费支出项目占比情况

数据来源：吉林统计年鉴（1992—2015）计算得出。

为了分析农民各项收入来源与农民消费支出之间存在着何种关系，各个收入来源对农民消费支出的影响系数多大，我们建立农村居民消费函数。具体模型如下：

$$Y_{it}=C_i+\alpha_{1i}X_{1t}+\alpha_{2i}X_{2t}+\alpha_{3i}X_{3t}+\alpha_{4i}X_{4t}+\mu_{it} \qquad i=1，2，\cdots，n \tag{7-13}$$

式中，Y_{it}为在t时期农村居民生活性消费第i项消费支出；X_{1t}为第t时期农村居民人均工资性收入，X_{2t}为第t时期农村居民人均家庭经营性收入，X_{3t}为第t时期农村居民人均财产性收入，X_{4t}为第为第t时期农村居民人均转移性收入；α_{1i}、α_{2i}、α_{3i}、α_{4i}分别为第i个模型自变量的系数，C_i为第i个模型的截距项，μ_{it}为第i个模型的随机误差项。

7.4.2.2　模型估计

采用 Eviews7.2 软件，分别对食品消费模型、衣着消费模型、居住消费模型、生活用品与服务消费模型、交通和通信消费模型、文化教育娱乐消费模型、医疗保健消费模型和其他商品及服务消费模型进行回归分析，得出各个模型的回归结果如表 7-13 所示。

表 7-13　1991—2014 年吉林省农民四种收入来源对农民各项消费支出影响的回归结果

	食品消费支出	衣着消费支出	居住消费支出	生活用品及服务消费支出	交通和通信消费支出	文化教育、娱乐消费支出	医疗保健消费支出	其他商品和服务消费支出
工资性收入	0.266 1	0.148 1**	0.009 5	0.089 1**	0.345 8**	−0.017 1	0.510 5***	0.181 2***
家庭经营性收入	0.230 9***	0.021 4	0.144 3**	0.004 9	0.052 1	0.090 7*	−0.013 7	−0.019 7*
财产性收入	0.410 5	−0.047 8	−0.524 2*	−0.085 4*	−0.197 3	−0.260 7	−0.212 8*	−0.041 5
转移性收入	−0.040 8	0.085 1*	0.541 6***	0.105 1***	0.001 5	0.294 2***	0.180 3**	−0.010 9
常数项	257.421 5***	33.671 7**	−59.942 9	21.317 7**	−77.748 5*	−3.927 0	−32.262 4	20.268 1**
$\overline{R}^2$	0.978 4	0.981 2	0.962 4	0.978 3	0.962 7	0.951 9	0.987 3	0.967 3
F	261.178 6	301.773 1	148.370 0	260.793 0	149.311 6	114.913 0	446.519 2	171.164 6
D.W.	1.344 8	1.080 4	2.002 2	2.128 7	0.945 2	1.510 7	2.543 6	1.913 1

注：***表示 1%的显著性水平下，变量的 t 检验显著；**表示 5%的显著水平下，变量的 t 检验显著；*表示 10%的显著水平下，变量的 t 检验显著。

回归结果显示，各个模型拟合的都较好，D. W. 检验显示，各个模型不存在一阶自相关，并且在给定的显著性水平 $\alpha=0.01$，查 F 分布表，得到临界值 $F_{0.01}$（4，19）=4.50，显然有 $F>F_{0.01}$（4，19），表明各个模型的线性关系在 99%的置信水平下显著成立。

在吉林省农村居民食品人均消费支出模型中，工资性收入、家庭经营性收入和财产性收入对农民人均食品消费支出的影响为正向，影响从大到小依次为财产性收入、工资性收入和家庭经营性收入，而转移性收入对其影响为负，并且只有家庭经营性纯收入这一变量的 t 检验在显著性水平 $\alpha=0.01$ 时显著。其他变量的 t 检验不显著。

在农村居民人均衣着消费模型中，工资性收入对因变量的影响最大，并且 t 检验在 $\alpha=0.05$ 的显著水平下显著，转移性收入对农村居民人均衣着消费的影响为正，并且 t 检验在 $\alpha=0.1$ 的显著性水平下显著，而家庭经营性纯收入虽然对农民衣着消费支出影响为正，但是影响幅度较小，并且变量的 t 检验不显著，财产性收入对农民衣着消费的影响为负，变量的 t 检验不显著。

在吉林省农村居民居住消费支出模型中，农民居住消费支出主要受到转移性收入和家庭经营性收入的正向影响，并且这两个变量分别在 $\alpha=0.01$ 和 $\alpha=0.05$ 的显著性水平下显著，工资性收入对农民居住消费支出的影响也为正，但是影响的幅度较小，财产性收入对农民居住消费支出的影响为负。

在生活用品及服务消费支出模型中，工资性收入、家庭经营性收入和转移性收入的影响均为正，转移性收入的影响大于工资性收入的影响，工资性收入的影响大于家庭经营性收入的影响，转移性收入这一自变量的 t 检验在 $\alpha=0.01$ 的显著性水平下显著，工资性收入这一自变量在 t 检验 $\alpha=0.05$ 的显著性水平显著，财产性收入对农民生活用品及服务消费支出的影响为负。

在交通和通信消费支出模型中，工资性收入、家庭经营性收入和转移性收入的影响为正，工资性收入对农民交通和通信消费支出的影响大于家庭经营性收入的影响，而转移性收入的影响最小，工资性收入在 $\alpha=0.05$ 的显著性水平下 t 检验显著，财产性收入的影响为负。

在农民文化教育和娱乐消费支出中，家庭经营性收入和转移性收入的影响为正，并且二者分别在 $\alpha=0.1$ 和 $\alpha=0.01$ 的显著性水平下显著，工资性收入和财产性收入的影响为负。

在农民医疗保健人均消费支出模型中，工资性收入和转移性收入的影响为正，并且二者在 $\alpha=0.01$ 和 $\alpha=0.05$ 的显著性水平下显著，家庭经营性收入和财产性收入的影响为负。

在农民其他商品和服务消费支出模型中，只有工资性收入的影响为正，并且在 $\alpha=0.01$ 的显著性水平下显著，其他变量的影响均为负。

将这八种消费支出模型整理后，得到四类收入分别对其的影响效应，主要分为正效应和负效应，见表 7-14。

表 7-14　四类收入来源对农民消费支出的影响效果

消费支出类别	工资性收入	家庭经营性收入	财产性收入	转移性收入
食品	正影响	正影响	正影响	负影响
衣着	正影响	正影响	负影响	正影响
居住	正影响	正影响	负影响	正影响
生活用品与服务	正影响	正影响	负影响	正影响
交通和通信	正影响	正影响	负影响	正影响
文教娱乐	负影响	正影响	负影响	正影响
医疗保健	正影响	负影响	负影响	正影响
其他商品和服务	正影响	负影响	负影响	负影响

本节通过分析吉林省农民收入结构对消费支出结构的影响，结果显示，家庭经营性收入和工资性收入仍然是影响农民基本消费支出的最主要收入来源，而在基本生活消费得到满足以后，对其他生活消费支出项目影响最大的收入来源不尽相同。转移性收入对农民非基本生活消费支出的正向影响较大，尤其是对农民文化教育方面消费支出的影响处于四个收入来源之首。工资性收入和转移性收入对农民医疗消费支出的正向影响较大，工资性收入对农民交通通信消费支出的正向影响最大。吉林省农民生活性消费结构进一步转型升级需要不断增加农民工资性收入和转移性收入，而增加农民工资性收入和转移性收入需要各级政府加大两个方面的工作。一方面应加快农村富余劳动力的转移力度，通过增加对农村外出务工农民的职业教育培训等途径来加大对农村人力资本的投入，进而提高农民的工资性收入；另一方面需要政府不断加大农业支农惠农的力度，通过工业反哺农业、城市反哺农村和财政转移支付等手段来增加农民转移性收入。通过这两个方面的努力，能够增加农民的工资性收入和转移支付性收入，进而带动农民消费结构的转型升级。

7.5　吉林省农民收入结构变动与经济增长

本节基于 1991—2014 年吉林省农民非农收入占农民人均纯收入的比重和

地区生产总值增长率的数据，在建立向量自回归模型的基础上，经 Johansen 协整检验，研究农民收入结构变动与经济增长两者之间关系，力图构建有利于改善吉林省农民收入状况的经济增长方式，促使吉林省农民收入提高与经济增长相协调，这样才能保证经济持续、稳定地发展。

7.5.1 农民收入结构变动与经济增长的互动机理

经济增长促进农民收入不断分化，这可以从国民经济产业结构变动与农民收入来源结构的对应关系角度分析。经济增长有利于为农民提供更多的非农就业机会，国民经济由第一、第二、第三产业构成，依据配第-克拉克定理和库兹涅茨法则，随着经济增长，第一产业即农业部门无论是从业人数还是在国民收入中所占比重都呈现下降的趋势，第二、第三产业即非农产业呈现上升的趋势。第一产业的发展对农民农业收入有决定性作用，第二、第三产业的发展对农民非农收入有决定性的作用。由此可以看出，农民收入来源结构必然随着经济增长、产业结构的调整而变动。

农民收入的分化也能对经济增长起到推动作用，这种作用主要是通过消费需求来实现的。根据刘易斯的二元经济理论，随着经济增长，农业劳动力逐步从传统的农业部门向现代工业部门转移，有利于为农民提供更多的非农就业机会，从而增加农民收入。按照凯恩斯绝对收入消费理论，居民收入提高，消费就会增加，进而总需求就会扩大，从而就会拉动经济的增长，而且农民不仅是消费者，同时是农业生产主体，农民的收入问题不仅直接影响每个农民消费水平和消费结构，而且直接影响着生产投入水平，进而影响着社会的总需求。因此，农民收入的提高对经济增长是具有正向推动作用的。在边际消费倾向一定的情况下，农民收入结构的变动，直接影响到农民用于生产和消费支出水平的变动，从而影响 GDP 总量和增长速度。

7.5.2 变量与数据

改革开放以来，中国农村实行了家庭联产承包责任制，农村的生产力得到空前的释放，农业获得了年年丰收。随着我国农业机械化、产业化和现代化进程的加快，农村出现了大量富余劳动力，进而出现了农村富余劳动力转移到非农产业，从事非农产业经营和非农行业务工的现象，农民的收入出现了多元化，农民非农收入不断增加，尤其是工资性收入快速增加，农民非农收入占总收入的比重也在不断增加，农民收入结构发生了相应的变化。

不同经济发展阶段以及经济转型阶段，农民收入结构的变化对经济增长的影响会发生变化，由于数据的可获性以及统计指标的一致性，本书选取1991—2014年的相关统计数据，对吉林省非农收入变化与吉林省经济增长的关系进行研究。选用非农人均纯收入占农民家庭人均纯收入的比重来作为农民非农收入变化的衡量指标，选择吉林省地区人均生产总值增长率作为经济增长的衡量指标。本书用FNSR来表示农民非农收入变化，JJZZ来表示地区人均产值增长率，其相应的差分序列为$\Delta FNSR$和$\Delta JJZZ$。

7.5.3　实证分析

7.5.3.1　单位根检验

应用Eviews7.2软件，对FNSR和JJZZ进行ADF单位根检验，检验方程的选取根据相应的数据图形来确定，检验类型采用Augmented Dickey-Fuller，采用AIC准则确定最佳滞后阶数，差分序列的检验类型按相应原则来确定，检验结果见表7-15。

表7-15　FNSR序列和JJZZ序列的单位根检验

变量	检验类型（C，T，K）	ADF检验值	各显著性水平下的临界值			概率值（P值）	检验结果
			1%	5%	10%		
$JNSR$	（C，0，0）	−1.165 8	−3.769 6	−3.004 9	−2.642 2	0.669 9	不平稳
$JJZZ$	（C，0，0）	−1.839 8	−3.769 6	−3.004 9	−2.642 2	0.352 6	不平稳
$\Delta JNSR$	（C，0，0）	−4.031 5	−3.788 0	−3.0123 6	−2.646 1	0.005 9	平稳
$\Delta JJZZ$	（C，0，0）	−4.771 6	−3.788 0	−3.0123 6	−2.646 1	0.001 2	平稳

注：Δ表示一阶差分，（C，T，K）中的C，T，K分别表示单位根检验方程包括常数项、时间趋势项和滞后阶数；0表示检验方程不包括常数项或者不包括时间趋势项或者滞后阶数为0。

从表7-15可以看出，FNSR序列和JJZZ序列接受原假设H_0；并且FNSR序列和JJZZ序列分别以66.99%和61.81%的概率接受原假设，因此，FNSR序列和JJZZ序列存在单位根，是非平稳的序列。将FNSR序列和JJZZ序列做一阶差分，然后对$\Delta FNSR$序列和$\Delta JJZZ$序列进行ADF检验，一阶差分序列$\Delta FNSR$和$\Delta JJZZ$都在1%的显著性水平下拒绝原假设，接受不存在单位根的结论，因此，可以确定非平稳时间序列FNSR、JJZZ经过一阶差分后变成平稳序列，因此，$\Delta FNSR$ 序列和 $\Delta JJZZ$ 序列均为一阶单整，即 $\Delta FNSR \sim I(1)$，$\Delta JJZZ \sim I(1)$。

7.5.3.2 协整检验

为了分析 FNSR 序列和 JJZZ 序列之间是否存在协整关系，本书采用 Johansen 在 1988 年和在 1990 年与 Juselius 一起提出的以 VAR 模型为基础的检验回归系数的方法。回归结果如表 7-16 所示。

表 7-16 检验回归系数

Unrestricted Cointegration RankTest（Trace）				
Hypothesized		Trace	0.05	
No. of CE（s）	Eigenvalue	Statistic	Critical Value	Prob.**
None*	0.587 813	19.145 33	15.494 71	0.013 4
At most 1	0.068 527	1.419 772	3.841 466	0.233 4
Unrestricted Cointegration Rank Test（Maximum Eigenvalue）				
Hypothesized		Max-Eigen	0.05	
No. of CE（s）	Eigenvalue	Statistic	Critical Value	Prob.**
None*	0.587 813	17.72 556	14.264 60	0.013 6
At most 1	0.068 527	1.419 772	3.841 466	0.233 4
Max-eigenvalue test indicates 1 cointegrating eqn（s） at the 0.05 level				
* denotes rejection of the hypothesis at the 0.05 level				
**MacKinnon-Haug-Michelis（1999） p-values				

检验结果显示，在 5%的显著性水平下，特征根迹统计量小于临界值，接受 H_{10}，只有一个协整向量；最大特征根统计量小于临界值，拒绝 H_{10}，只有一个特征向量；通过特征根迹（Trace）检验和最大特征值检验，FNSR 序列和 JJZZ 序列之间存在协整关系。以下进行脉冲响应函数分析和方差分解分析。

7.5.3.3 脉冲响应函数分析

以下采用脉冲响应函数对农民收入结构变动与地区经济增长之间的关系进行分析。脉冲响应图如图 7-6 所示。

（1）从图 7-6 中的第 2 幅图吉林省农民非农收入比重的变化对吉林省经济增长的响应情况和响应路径可以看出，农民非农收入比重的变化对地区经济增

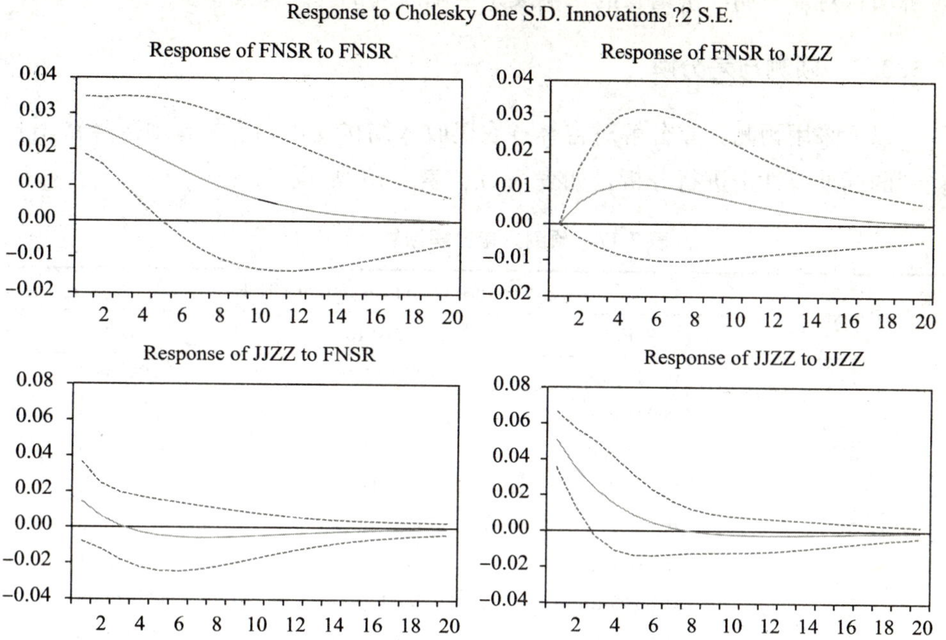

图 7-6　脉冲响应路径

长的一个标准差新息扰动的响应，在 20 年内，地区经济增长变动一个标准差新息扰动对农民非农收入均产生正的影响，第 5 年达到最大正影响之后，农民非农收入的变化对地区经济增长的信息扰动呈现持续的正向响应。

（2）从图 7-6 中的第 3 幅图吉林省经济增长的变化对吉林省农民非农收入的响应情况和响应路径可以看出，地区经济增长对农民非农收入的一个标准差新息扰动的响应，在开始的 3 年内。地区经济增长对农民非农收入扰动的响应为正，第 4 年开始，经济增长对农民非农收入扰动的响应变为负值，之后，地区经济增长开始对农民非农收入的扰动呈现持续的微弱的负向响应。

（3）看图 7-6 中的吉林省农民非农收入和吉林省地区经济增长对其各自的一个标准差新息的响应情况和响应路径。从图 7-6 中的第 1 幅图可以看出，农民非农收入的变化对其自身一个标准差新息的扰动在 20 年一直呈现正向响应，并且响应的程度逐渐减弱。这说明，农民非农收入与其自身滞后期有较强的关联度。农民的非农收入比重的变化会对下一期农民非农收入产生影响。从图 7-6 中的 4 幅图可以看出，吉林省地区经济增长对其自身一个标准差新息扰动在前 7 年表现为正的响应，从第 8 年开始表现微弱不明显的负的响应。表明当期经济增长对下一期经济增长的影响关系会随时间的变化而发生变化。

7.5.3.4 预测方差分解

以下采用预测方差分解对吉林省农民收入结构变化和吉林省地区经济增长受到的标准差冲击进行分析，如表 7-17、表 7-18 所示。

表 7-17 预测方差分解结果（FNSR）

Period	Variance Decomposition of FNSR：		
	S. E.	FNSR	JJZZ
1	0.026 674	100.00 00	0.000 000
2	0.037 021	97.423 95	2.576 046
3	0.044 328	93.807 34	6.192 656
4	0.049 741	90.318 58	9.681 420
5	0.053 744	87.346 72	12.653 28
6	0.056 659	84.962 79	15.037 21
7	0.058 740	83.120 31	16.879 69
8	0.060 195	81.736 04	18.263 96
9	0.061 191	80.721 62	19.278 38
10	0.061 857	79.995 71	20.004 29
11	0.062 293	79.488 35	20.511 65
12	0.062 573	79.142 03	20.857 97
13	0.062 748	78.911 20	21.088 80
14	0.062 856	78.761 00	21.239 00
15	0.062 920	78.665 62	21.334 38
16	0.062 958	78.606 53	21.393 47
17	0.062 979	78.570 85	21.429 15
18	0.062 991	78.549 88	21.450 12
19	0.062 998	78.537 91	21.462 09
20	0.063 001	78.531 29	21.468 71

表 7-18 预测方差分解结果（JJZZ）

Period	Variance Decomposition of JJZZ：		
	S. E.	FNSR	JJZZ
1	0.053 133	7.438 895	92.561 11
2	0.064 113	6.075 127	93.924 87
3	0.068 318	5.366 926	94.633 07

（续）

Period	Variance Decomposition of JJZZ:		
	S. E.	FNSR	JJZZ
4	0.069 991	5.244 058	94.755 94
5	0.070 692	5.545 964	94.454 04
6	0.071 050	6.083 669	93.916 33
7	0.071 303	6.695 956	93.304 04
8	0.071 526	7.275 611	92.724 39
9	0.071 731	7.768 081	92.231 92
10	0.071 915	8.156 910	91.843 09
11	0.072 071	8.447 740	91.552 26
12	0.072 196	8.656 192	91.343 81
13	0.072 293	8.800 387	91.199 61
14	0.072 364	8.897 079	91.102 92
15	0.072 415	8.960 105	91.039 90
16	0.072 451	9.000 097	90.999 90
17	0.072 475	9.024 816	90.975 18
18	0.072 491	9.039 695	90.960 30
19	0.072 501	9.048 408	90.951 59
20	0.072 507	9.053 364	90.946 64

从表 7-18 可以看出，吉林省农民非农收入的变化开始仅受自身波动的影响，随着时间的推移，吉林省地区经济增长的变化对农民非农收入变化的波动冲击逐渐呈现，开始的冲击影响非常弱，此后呈现逐渐增强的趋势，到第 10 期时，冲击影响已经达到 20%。而吉林省地区经济增长从第 1 期就开始受到其自身和农民非农收入冲击的影响，而农民非农收入对经济发展冲击的影响开始呈现波动的变化，之后开始呈现稳定的正向影响。受农民非农收入变化的影响冲击较为稳定，保持在 5%～10%，地区经济增长受到自身的波动冲击影响也较为稳定，稳定在 91%～95%。这与前面脉冲响应分析基本一致。

本节通过 1991—2014 年吉林省农民非农收入的变化和吉林省经济产值的数据的实证分析发现，农民非农收入比重和地区生产总值增长率的数据经过一阶差分后变为平稳序列，并且存在协整关系。然后，建立向量自回归模型，并且对 VAR 模型进行平稳性检验，发现单位根小于 1，因此，VAR（1）模型是平稳的。进一步通过脉冲响应函数和预测方差分解分析吉林省 1991—2014 年农民非农收入的变化和地区经济增长之间的交互响应的情况和响应路径。实证结果表明，农民非农收入的变化与地区经济发展之间存在长期密切的关系。地区经济的发展对农民非农收入的拉动具有持续的正向影响，地区经济的发展能够为农民非农就业提供更多的机会，同时地区经济的发展也能为农民务工收入的增长提供保障。地区经济的发展会受到自身发展基础的影响，本期的经济发展水平会影响下一期经济的发展。农民非农收入的变化对地区经济发展的影响也呈现正向影响，但是影响的幅度并不是很大，说明农民非农收入与地区经济发展之间的关系，更多地表现为地区经济发展对农民非农收入的影响。

7.6 本章小结

通过对不同类型农户土地利用综合技术效率（TE）进一步分解为纯技术效率（PET）和规模效率（SE）的测算发现，一定非农收入有利于农户土地利用效率的提高，但当非农收入超过一定水平时，农户土地利用效率会出现下降的趋势。对吉林省农民收入结构变动和农民非农就业的变动关系进行了实证分析，结果显示：吉林省农民收入结构变动和农民非农就业存在着相同的变化趋势，吉林省农民非农就业是农民收入结构变动的格兰杰原因，农民非农就业对农民收入结构变动的冲击作用大于农民收入结构变动对农民非农就业的冲击作用。在吉林省农民收入结构变化与农民消费支出之间的关系方面，家庭经营性收入和工资性收入仍然是影响农民基本消费支出的最主要收入来源，而在基本生活消费得到满足以后，对其他生活消费支出项目影响最大的收入来源不尽相同。转移性收入对农民非基本生活消费支出的正向影响较大，尤其是对农民文化教育方面消费支出的影响处于四个收入来源之首。工资性收入和转移性收入对农民医疗消费支出的正向影响较大，工资性收入对农民交通通信消费支出的正向影响最大。在对吉林省农民收入结构变化与地区经济增长之间的关系研究发现，农民非农收入的变化与地区经济发展之间存在长期密切的关系。地区经济的发展对农民非农收入的拉动具有持续的正向影响，地区经济的发展能够为农民非农就业提供更多的机会，同时地区经济的发展也能为农民务工收入的增长提供保障。地区经济的发展会受到自身发展基础的影响，本期的经济发展水平会影响下一期经济的发展。农民非农收入的变化对地区经济发展的影响也呈现正向影响，但是影响的幅度并不是很大，说明农民非农收入与地区经济发展的关系，更多地表现为地区经济发展对农民非农收入的影响。

第八章　吉林省农民增收的产业选择与布局优化

产业结构影响农民的就业结构，农村劳动力在产业间的流动转移，最终将影响到农民工资性收入和家庭经营性收入在农民纯收入的占比，从而影响了农民的收入结构。产业结构越优化，农村劳动力转移速度越快，农民收入越高；反之，农民收入就越低。只有全面调整农业结构、农村产业结构和城乡就业结构，促进三次产业融合，构筑产业联系紧密、空间布局合理、资源深度整合、区域特色明显、基础设施共享的产业发展新格局，才能为农民收入的增长开辟新的来源，为农民获得多元收入创造条件。因此，对吉林省来说，需要实施装备运输设备制造、石化、农产品加工三大支柱产业振兴工程，重塑产业竞争力。实施优势产业发展工程，将医药健康、旅游、建筑业打造成新的支柱产业，同时大力发展战略性新兴产业，推动节能与新能源汽车、先进轨道交通装备、航空航天装备等新兴产业做大做强，培育新动能。转变农业发展方式，率先实现农业现代化。建立现代农业产业体系、现代农业生产体系和现代农业经营体系，促进农业增效、农民增收，走出一条集约、高效、安全、可持续的规模效益型和生态友好型现代化大农业发展道路，推动农业大省向农业强省转变，是促进农民增收的有效途径。

8.1　吉林省优势产业选择

8.1.1　吉林省支柱产业选择

作为一个地区国民经济的支柱产业，它必须具备三大特点：一是产出在国民经济中占有较大比重，对国民经济发展的贡献率高。二是产业的发展相对成熟，产业集中度和技术水平高，经济效益好。三是与其他产业关联度高，对其他产业具有明显的拉动效应，从而能间接促进整个国民经济的增长。能够满足上述条件，可作为吉林省支柱产业的是交通运输设备制造业、石化行业和以食品工业为主的农产品加工业。这三个产业在吉林省国民经济中占有重要的地位，如表 8-1 所示。

表 8-1　2006 年、2014 年吉林省支柱产业增加值与资产

指标	增加值			资产		
	2006 年（亿元）	2014 年（亿元）	增长率（%）	2006 年（亿元）	2014 年（亿元）	增长率（%）
全省规模以上工业合计	1 395.00	6 424.88	460.56	5 045.70	16 686.60	330.71
交通运输设备制造业	366.30	1 615.89	441.14	1 393.70	1 069.35	−23.27
石化行业	318.40	886.1	278.30	970.20	996.15	102.67
食品行业	180.60	1 136.3	629.18	414.30	1 813.43	437.71

数据来源：吉林统计年鉴（2007，2015）计算得出。

8.1.1.1　交通运输设备制造业

交通运输设备制造业包括铁路运输设备制造、汽车制造、摩托车制造、自行车制造、船舶及浮动装置制造、航空航天器制造、交通器材及其他交通运输设备制造。吉林省现已形成了以汽车工业为主的交通运输设备制造业，2009 年，吉林省汽车产业总产值为 2 209 亿元，汽车产业增加值为 525.4 亿元；2014 年，吉林省汽车产业总产值为 6475.8 亿元，汽车产业增加值为 1 615.89 亿元，占全省工业的 25.15%，年生产的汽车产量已占到全国汽车产量的 10% 以上，对全省经济的总体贡献率超过 30%。在全省工业经济发展中发挥着重中之重的作用，吉林省汽车工业已形成了以一汽集团公司为核心，集整车、各类专用车和汽车零部件研发、生产、贸易为一体，中重型卡车、中高级轿车、轻型车和微型车等车型全系列发展的较为齐全的汽车工业体系，并已成为国内规模最大，具有相当实力的汽车制造基地。但吉林省采取的创新策略是组装研发，自主研发能力薄弱，汽车零部件生产滞后，未形成良好的服务格局。2015 年以来，由于发展活力不足长期积累的深层次矛盾，作为吉林省工业经济的第一大产业——汽车制造业生产增速回落尤为严重，且增速由正转负，生产规模缩小，占全省规模以上工业的比重也略有降低。2015 年，汽车制造业实现增加值 1 456.38 亿元，同比下降 14.0%（2014 年汽车制造业同比增长 6.2%），占全省规模以上工业的比重为 24.1%，下降 0.8 个百分点。

做大做强汽车、轨道交通装备。一是发展节能汽车、发展新能源汽车、发展智能网联汽车。加快推进相关技术的研发及产业化。吉林省新能源汽车产业要进一步提升插电式混合动力、纯电动汽车，以及动力电池、驱动电机以及管理系统等核心部件的性能，加快提高自主创新能力，推进新能源汽车及零部件的数字化车间建设及智能制造，进一步提升全省新能源汽车产业能级水平。随着汽车智能化发展，积极引进和开发车道偏离预警系统、前碰撞预警系统、自动泊车辅助系统、自适应巡航控制系统、紧急车道辅助系统等辅助驾驶技术，提高吉林省汽车整车智能化水平。二是以长客股份公司为依托，巩固和扩大整车优势。加快混合动力动车组、高铁卧铺车、城际快速动车组等产品研发及产业化。围绕完善产业链，积极引进牵引系统、制动系统、空调系统、门系统等配套企业，提升省内关键核心部件配套能力。促进服务制造发展。建设集研发设计、集成制造、协同配套、综合检修、生产服务为一体的国际轨道交通装备产业基地。三是加快培育航空设备，发展卫星及应用产业。提升“星载一体化”设计、研制、生产、总装与测试的整星制造能力，加快推动建设吉林遥感卫星星座系统，强化遥感信息获取与应用基础设施建设，打造卫星遥感和航天信息集成应用两大产业链。加快吉林航空产业园区建设，打造集研发设计、生产制造、维修养护、运营服务、教育培训“五位一体”的通用航空产业基地。发展无人机产业。围绕整机—关键部件—关键载荷—综合信息服务布局，加快新型无人机产品研发及产业化，推动建立无人机遥感地面应用系统和信息获取系统，拓展服务增值业务。推进远距离、长航时、实时数据传输固定翼无人机加快发展，推进多功能、重载荷、智能化多旋翼无人机加快发展，推进数据处理、航空物探、航空遥感、电力巡线、应急救援、海事边防等关键载荷开发与应用。

8.1.1.2　石油化工产业

石油化学工业是基础性产业，它为农业、能源、交通、机械、电子、纺织、轻工、建筑、建材等工农业和人民日常生活提供配套和服务，在国民经济中占有举足轻重的地位。吉林省石油化工产业历经 60 多年的发展，已经形成了石油、天然气、汽柴油、基本有机化工原料、合成树脂、合成橡胶、合成纤维、化肥、农药、氯碱、浓硝酸、橡胶制品、涂料、化学试剂、赖氨酸、燃料乙醇、化工醇、化工机械、化工仪表等多门类千余种较为完整的生产体系，成为吉林省具有代表性的支柱产业之一，在全省国民经济和社会发展中占有重要位置。2014 年吉林省石油化工产业实现产值 2 684.5 亿元，实现增加值 886.1 亿元，占全省工业的 13.6%，对全省增长的贡献率 13.3%，是吉林省的支柱产业。吉林石化、吉林油田作为产业龙头，在全国同行业中取得了应有的优势地位。吉林石化公司是全国重要的化工原料基地，乙烯生产能力为 53 万吨，每年可提供 30 多种近百万吨化工原料。吉林省乙烯、纯苯、醋酸、合成纤维单体、合成树脂、合成橡胶、薄膜、氯碱等 30 余种主要化工产品在国内占有一定优势；ABS、乙二醇、醇醚、丁辛醇、聚乙烯等 25 套装置生产能力居国内前三位；赖氨酸、丙烯腈、甲基丙烯酸甲酯、燃料乙醇生产能力国内第一；乙丙橡胶是国内唯一的生产厂家。吉林油田、吉林石化依靠中国石油在油气资源、资金投入、项目建设、装置更新、技术改造等方面的实力，得到了较快发展，在整个行业中发挥着主导作用。长春大成、吉林燃料乙醇、四平昊华、吉林长山化肥、龙腾能源等一批重点企业，在生物化工、无机化工、化肥和油页岩化工行业成为吉林省乃至国内及国际同行业龙头企业。

吉林省是农业大省，特别是新增百亿斤粮食工程达产后，为农药和化肥等支农化工产业带来了更大的发展空间。吉林省石化产业要增强产业发展动力，抓住当前市场供需矛盾趋暖、建设成本下降等有利因素，利用市场倒逼机制，加快结构调整，产业升级，促进产业平稳运行和健康发展。吉林省石化产业应坚持走新型工业化道路，大力推进技术、结构、制度、管理方面的创新；扩大石油加工能力，以乙烯为龙头，带动精细化工、专业化工产品、化工新材料的发展；优化产业结构、延伸产业链，重点发展精细化工、高性能合成材料和特种材料，提高加工制成品比重，使吉林省石化工业向规模化、集群化、精细化方向发展，建设国内重要的综合性石油化工产业基地。

8.1.1.3 农产品加工业

作为中国重要商品粮产区的吉林省，在 1985 年之前农产品加工业还微不足道，经过 30 来年的发展，特别是近 20 多年的发展，以食品工业为主的农产品加工业的产值已经超过化工业，成为仅次于汽车制造业的第二大产业，其增长速度在 25%以上。农产品加工业销售收入 2009 年 2 150 亿元，2014 年达到 4 500 亿元。玉米加工业和肉类加工业已经居于国内领先地位，某些深加工产品已经达到国际领先水平。目前省级重点龙头企业 494 户、国家级 47 户，集中打造了以玉米、水稻、大豆、生猪、肉牛、禽蛋、乳品、参茸（中药材）、蔬菜、林特产品十大产业为重点的产加销、贸工农联结紧密、成龙配套的产业体系建设，十大产业初具规模。农产品加工业的成长充分利用了吉林省农业粮食的优势以及长白山自然宝库资源，对工业经济的发展壮大发挥了重要作用。但吉林省食品工业发展方式粗放，多、小、分散等特点，产业领域单一，产业链不长，加工梯度不够，综合利用或转化效率偏低，能源损耗和投入偏高、食品质量与安全保障能力不强，产业可持续发展的能力有限，是食品工业进一步发展亟待解决的主要任务。从该产业实现利润角度观察，销售收入利润率（4.1%）只是汽车工业的44.1%，是医药工业的50.6%。目前，在中国经济步入新常态，资源和环境约束力增大，食品刚性需求持续增长的大背景下，吉林省的食品企业应着力延长产业链条，提升发展能力，使小农户更多地参与产业链中的价值分配，从而获得更多的收入。

8.1.2　吉林省潜力产业选择

潜力产业是指经过培育在短期内能够发展成为当地人民收入和地方财税来源的骨干产业或新兴产业。作为一个地区国民经济的潜力产业，它必须具备三大特点：①生产已有较大的规模，市场容量、潜力和产量较大。②为骨干产品，有较大的代表性，具有带动整个领域发展的示范作用。③开发成功后，能达到国际先进水平，在国内外有较大的影响。依据现有产业基础和市场需求，可作为吉林省潜力产业的是：现代中药和生物制药产业、旅游业和建筑业。

8.1.2.1　现代中药和生物制药产业

吉林省中药资源丰富，初步统计拥有800多种药用植物、200多种芳香植物，药用生物资源共有2 790种，分属443科，其中蕴藏量占全国50%以上的品种有40多个，药用资源拥有数量位居全国前列。人参、鹿茸、五味子、细辛、林蛙等10余种重点药材已形成相对集中的生产基地。2014年吉林省中药材种植及初加工产业实现产值397.1亿元，占比医药健康产业经济逾12%。2011—2014年，全省医药健康产业经济规模先后迈上1 000亿元、1 500亿元、2 000亿元和3 000亿元4个台阶，连年保持着30%以上的增速，年均增幅37%，2014年全省医药健康产业经济规模达到3 230.3亿元，全省医药健康产业实现增加值850亿元，占全省GDP的6.16%。其中，规模以上医药健康工业实现增加值 502.3 亿元，占全省工业增加值的 7.7%。通化东宝、吉林敖东、通化白雪山、吉林辉南长龙和吉林东北虎等 13 家企业直接或间接在境内、境外上市。吉林省是国家生物技术及产业的四大“聚集区”之一，是国家重点生物技术产业化基地。大力推进以企业为主体的技术创新，有长春生物制品研究所、吉林大学、东北师大等 18 个生物技术实验室、教研室和中试基地，拥有一大批具有专业理论知识及实践经验的专家和专业技术人才，也有较强的中药研发能力。大力推进中药材及中药大品种的开发，不断壮大中药产业规模。吉林中医中药研究院、长春中医学院、吉林农大等单位汇集了诸多科研力量，为吉林省中药发展提供了坚强的科技和人才保障。吉林敖东、吉林修正、通化东宝等 15 家企业设有国家级和省级企业技术创新中心。加大生物药、化药、医疗器械产业推进力度，促进医药健康产业均衡发展。加快推进医药产业园区建设，4 个医药产业园已发展成为医药产业集群发展的核心区。吉林省公共医药创新服务平台通过验收，并扩展建设了生物药、化学药 2 个分平台，建成了“吉林省医药科技创新公共研发平台”。新建设了省中药材精深加工（中试）与成果转化公共平台。推进医药产业发展公共服务平台建设，省医药产业融资服务平台、医药产业发展培训服务平台、医药产业发展信息服务平台发挥了重要作用。举办了“2012 中国吉林·国际人参大会”，制定了《关于大力推进科技创新，为人参产业做大做强提供科技支撑的实施方案》。吉林省医药产业呈现出快速、强劲的发展势头，2014 年医药产业实现销售收入 1 540 亿元以上（表 8-2）。

表 8-2　2001—2014 年吉林省医药工业经济指标表

单位：亿元

年份	现价产值	增加值	利润	利税	销售收入
2001	79.19	—	9.36	15.43	56.33
2005	213.39	—	16.10	25.62	164.69
2010	—	218.83	—	—	—
2011	—	234.87	—	—	—
2012	1 054.49	298.86	77.71	118.70	1 013.00
2013	1 385.5	378.1	103.4	—	—
2014	1 639.5	485.8	123.8	—	1 540

数据来源：吉林统计年鉴（2002—2015）计算得出。

依靠资源优势和科技优势，吉林省现已形成了“通化医药城”“长春中药及生物制药产业园”和“延边敦化医药城”3个医药集聚区的产业集群。“两城一园”的医药产业总量占全省的80%以上，形成了“三足鼎立”的协调发展格局。特别是近两年，企业向产业集群集聚的速度明显加快，区域间相互融合，进一步拉动了周边相关产业的发展。

吉林省中药和生物制药产业应该以发展为主题，以结构调整为主线，以持续创新作为经济发展的灵魂，生产具有核心竞争力的产品作为精髓，推进产业结构调整，进一步深化改革，利用政府大力支持和国内外投入，把握机遇迎接挑战，通过自我改善和不断创新，实现跨越式的发展。

8.1.2.2　旅游业

旅游业是一个关联度大、带动功能强的产业，对经济发展具有很大的影响力和贡献率。在国外，旅游业每收入1美元，可促进国民经济增加2.5美元。在我国，旅游业每收入1美元，可促进国民经济增加3.12美元。同时，旅游业资源消耗少，抗市场波动能力强，成长性、带动性好。吉林省发展旅游产业基础良好，拥有传统的绿色生态、冰雪娱乐、温泉度假、历史遗迹、边境风光、民俗风情、工业、农业旅游、电影文化、关东美食和节庆会展等十大旅游产品，对旅游者都具有较强的吸引力。长白山，无论在东北、在全国，还是世界范围看，都是旅游名胜，冬天的冰雪是得天独厚的宝贵资源。伴随国民经济的快速发展和人民生活水平大幅度的提高，呈现出快速发展的势头，旅游产业运行相对景气。近几年，吉林省旅游业发展一年比一年好，连续5年接待国内旅游者和实现旅游收入年增长率都分别在15%和20%以上，其对经济的拉动作用愈来愈明显。旅游总收入占全省GDP的比重已由2000年的3.12%提高到2014年的13.38%。2014年接待游客总数为12 141.24万人次，实现旅游总收入1 846.79亿元。发展重点：一是以做强长白山为突破口，打造以长白山为龙头品牌的旅游精品；二是把冰雪旅游做精做强，打造“滑雪天堂”这一知名品牌；三是与风光游、生态游结合起来，加快边境民俗旅游的开发进程。

8.1.2.3　建筑业

建筑业总体上是一个劳动密集型的传统产业，建筑业成了转移农村富余劳动力的重要渠道。目前，全省建筑业就业人员已超过百万，其中农民工占

80%以上。建筑力工日薪按200元、技工日薪按400元计算，年收入分别为4万元和8万元，远远高于我省城镇人均可支配收入2.3万元的平均水平，是实现农民增收的主要来源之一。吉林省现有建筑业企业3 630户，其中总承包企业1 748户、专业承包企业1 882户。产值过亿元的企业达到530户，其中产值超10亿元企业38户、超20亿元企业13户、超50亿元企业2户，已形成了具有鲜明地域和产业特点的骨干民营企业集群。2014年，吉林省建筑业完成产值2 521亿元，同比增长15%，占全省GDP的比重为6.7%，实现上缴税金120亿元，占地方财政收入的15.7%。至此，增加值连续8年保持两位数增长，产值规模和增加值比重仅次于汽车产业和石化产业；连续7年占全省地税收入的15%，居各行业第3位，是全省地方财政收入的主要来源之一。

相关产业间形成良性互动发展，不仅是产业自身的发展需求，更是做大吉林省建筑业“蛋糕”的必由之路。建筑业作为国民经济的先导性产业，与房地产业形成良性互动，有效地促进了建材、钢铁、机械制造、现代物流等十几个相关产业的发展，2014年，拉动相关产业产值近4 700亿元。

但与发达省份相比，吉林省建筑业在产业规模、综合竞争力、可持续发展和政策支持等方面仍然差距较大。扩大产业规模，提高行业总量，加强队伍建设。以农民工职业培训、鉴定为突破点，利用现有专项培训资金，培训一线技工任务还很艰巨。

8.1.3 吉林省基础产业选择

基础产业是构成区域支柱产业发展的基础，是区域支柱产业的链条，具有以下三个特征：①区域支柱产业发展的基础；②对支柱产业发展具有重要的影响；③在区域范围内有发展潜力的产业。能够作为基础产业的是现代农业、物流产业、能源产业。

8.1.3.1 现代农业

发展现代农业就要保障农产品供给的数量、保证农产品供给的质量、促进农民收入增加、促进生态环境保护和可持续发展，发展现代农业就要培养有文化、懂技术、会经营的新型农民。吉林省是我国重要的粮食主产区，农业生产条件得天独厚，素有“黄金玉米带”和“大豆之乡”的称誉。吉林省耕地总面积 558 万公顷，人均耕地面积 0.21 公顷。吉林粮食综合生产能力已达到 3 500 万吨的阶段性水平。吉林人均粮食占有量、粮食商品率、粮食出口量更是连续十几年居全国首位。所谓“无粮不稳”，稳健的农业基础，是吉林省放开步子加速第二、第三产业发展的重要砝码。粮食生产对经济发展有一定的作用。

（1）种植业要做优

种植业在吉林省农业中占据主导地位，而在种植业中，又以粮食为主。多年来吉林省农业一直受卖粮难的困扰，并严重地限制了吉林省农业效益的提高。为了提高农业经济效益，必须优化农业生产结构。农产品结构调整不仅注重横向的品种结构调整更应注重纵向的质量结构调整。因此，在今后的种植业发展中，结构的调整，主要是如何实现农产品的优质化问题是结构调整的重点。目前的当务之急是改变玉米种植中的越区种植现象，降低玉米的水分，这样做，既有利于提高玉米的等级，实现优质优价，提高农户的经济效益，同时，又有利于降低粮食企业的烘干成本。应注重改善玉米内部的品种结构，建立专用型玉米生产基地。要通过实施玉米产业化经营推动专用型玉米基地的建设。在粮食转化产业中实施农业产业化经营除了有利于减轻粮食流通中的财政负担、增加农民收入、减少农民市场风险外，还有利于降低玉米加工企业的加工成本，增强企业的市场竞争力。这在日趋激烈的市场竞争中尤其重要。要在研究农业产业化一般发展规律的基础上，因地制宜地探索一条符合省情、具有特色的玉米产业化经营之路。

（2）畜牧业要做精

根据现代农业发展规律，当人均粮食占有量达到 800 千克以后，种植业和畜牧业就可实现平行发展。吉林省从 1990 年开始就实现了人均粮食占有量 800 千克的指标，目前已经达到了人均 1 000 千克的水平。如何发展吉林省的畜牧业？应遵循比较优势的原则，按照市场细分化的思路，对吉林省的畜产品开发进行市场定位。从畜牧业来说，市场已开始出现产品过剩的趋势，若对市场进行深层分析，不难看出，目前过剩的畜产品基本属于大众消费档次，而消费档次较高的畜产品，仍然价位较高，供给偏紧，这表现了目前市场开发的不平衡性。从农业比较优势的角度来看，吉林省最大的优势是具有丰裕的精饲料资源，人均玉米占有量比南方玉米短缺省高出几倍。这表现了我国精饲料资源分布的不平衡性。从市场开发和饲料资源分布两个不平衡出发，吉林省在畜牧业发展方面应选择精品市场开发战略。这种市场定位，既有利于增加玉米的有效需求，又有利于增大产品附加值。

(3) 特产业要做大

吉林省的特产业发展多年，但至今尚未形成稳定而具有规模的产业。从总体上说吉林省的特产业还没有做大，没有形成产业规模。没有规模就没有市场。同时，只有做大，形成基地，才会有稳定的原料来源，从而才会有加工业的发展。在特产业中，除人参外，其他各业基本都未形成产业规模。而人参则由于片面地扩大产量规模而导致经营的失误。在特产业开发中，要在保护资源的前提下，以生物工程为手段，合理开发特产资源。要把吉林省的特产业作为外向型农业来开发，进行市场的深度开发。以加工企业为龙头，实施产业化经营，运用高新技术进行多层次的开发增效，建立一个高附加值的创汇农业体系。

要以提高农业效益、增加农民收入为目的，以市场需求为导向，以粮食安全、品质提升、循环利用、产业融合、布局优化为重点，大力推进农业现代化，加快构建现代农业产业体系、生产体系和经营体系，实施藏粮于地、藏粮于技战略，确保粮食安全，推动粮经饲统筹，农林牧结合，种养加一体，多功能开发，一、二、三产业融合发展。要更加注重制度创新和科技驱动，培育壮大新产业、新业态，让产业融合发展成为农民增收的重要支撑。

8.1.3.2 现代物流产业

现代物流业是以现代运输业为重点，以信息技术为支撑，以现代制造业和商业为基础，集系统化、信息化、仓储现代化为一体的综合性产业。它的发展，对优化产业结构、增强企业发展后劲、提高经济运行质量起到巨大的促进作用。吉林省是中国东北亚和图们江金三角的巨大经济链条上的物流中心。吉林省作为我国的老工业基地之一，我国重要的商品粮基地，丰富的工业品、农产品及其加工品为物流产业的发展提供了十分广阔的空间，使其正成为一个方兴未艾的朝阳产业。2014 年全省社会物流总额为 35 631.3 亿元，物流业增加值 818.1 亿元，平均增长率为 13.99%。2014 年吉林省物流业增加值占全部服务业增加值的 16.4%，物流业发展对全省服务业贡献突出，占全省 GDP 的 5.9%。全省有物流企业 16 943 多户，遍布于全省的交通枢纽和中心城市，交通运输和邮电通讯行业的基础设施建设日臻完善，2014 年全省各种运输方式完成货物运输周转量 1 861.54 亿吨公里，货物发送量 5.30 亿吨，吉林省共有 A 级物流企业 53 家，其中 5A 级 6 家、4A 级 26 家、3A 级 18 家、2A 级 3 家。吉林省共有物流园区 39 个，其中已运营园区 19 个，在建园区 14 个，有 1/3

的园区建立了物流信息平台。全省已完成物流园区建设投资 61.2 亿元，已建成面积达到 374.8 万平方米。吉林省铁路营业里程达到 53 786 公里，公路总里程达到 134 218 公里，高速公路 4 326 公里。在公路网格建设方面，长春、四平、吉林、辽源等 9 个地市都建设有横线、纵线、环线高速公路，高速公路末端延伸至县城，全省路网格局日趋完善；内河航道通航里程 1 621 公里；航空线路里程为 277 500 公里（表 8-3）。

表 8-3　吉林省物流行业企业基本情况

年份	社会物流总额（亿元）	物流业增加值（亿元）	物流业增加值占服务业比重（%）	物流业增加值占 GDP 比重（%）	社会物流总费用（亿元）	社会物流总费用占 GDP 比重（%）	单位 GDP 物流需求系数
2008	18 080.2	411.5	16.85	6.4	1 166.2	18.2	1∶2.81
2009	20 136.3	463.1	16.96	6.4	1 301.7	18.1	1∶2.79
2010	22 631.9	534.6	17.05	6.4	1 301.7	18.0	1∶2.61
2011	27 378.5	622.0	17.00	6.0	1 881.8	17.9	1∶2.59
2012	30 421.1	713.6	17.10	5.9	2 130.7	17.8	1∶2.55
2013	33 151.8	770.7	16.70	5.9	2 316.7	17.9	1∶2.55
2014	35 631.3	818.1	16.4	5.9	2 473.6	17.9	1∶2.58

数据来源：吉林统计年鉴（2009—2015）整理得出。

8.1.3.3　能源产业

能源是国民经济发展的动力，能源工业作为国民经济的基础产业，其发展的规模水平对保障和促进国民经济健康发展、改善和提高人民生活水平都具有重要的影响作用。吉林省探明的煤炭保有地质储量 28.32 亿吨，占全国的 0.49%，油藏面积 1 300 余平方公里。经国家有关部门对吉林省油、气资源的综合评价，石油远景储量 40 亿吨，占全国的 4.79%，目前可采储量 1.52 亿吨；天然气储量 3.3 亿立方米，占全国的 1.15%。而且石油勘探工作近几年有所突破，天然原油和天然气产量逐年增加，已形成原油生产能力 500 余万吨，原油加工能力 800 余万吨，省内供给能力不断增强。油母页岩储藏丰富，占全国的 56%，居全国之首，初步探明蕴藏量为 174.5 亿吨，远景储量 2 992 亿吨，其低位热值在 1 000～1 500 卡/千克之间。2014 年吉林省能源产业实现增加值98.52亿元，对全省规模以上工业增长的贡献率0.7%。吉林省新能源产业的主要发展领域是风能原动设备制造和风力发电。2015年，全省新能源产业企业数为51户，实现产值99.95亿元。其中，风能原动设备制造企业5户，实现产值29.75亿元，占新能源产业产值比重的29.8%；风力发电企业23户，实现产值28.37亿元，占新能源产业产值比重的28.4%。

鉴于能源短缺和环保的双重压力，未来吉林省能源发展方式必须有所调整。首先，完全依靠增加自身能源产量已经不可能满足经济发展对能源消费的需求，必须有效拓展安全、可靠并且充足的外部能源供给渠道。其次，过分消费化石能源已经不符合全球能源发展趋势和低碳经济的要求，必须将新能源和清洁能源的开发利用提到新的战略高度。最后，为了应对能源紧缺和满足环保要求，必须将提高能源使用效率和减少污染排放作为一项重要任务长期执行下去。

8.1.4 吉林省产业结构优化

8.1.4.1 产业结构调整的基本思路

吉林省产业结构调整应自觉纳入全国的产业结构调整格局，以国内、国际两个市场为导向，以资源合理配置为基本内容，以招商引资的“增量”调整促进城乡“存量”结构的调整为突破口，通过产业结构有序优化的演进过程，推动全省经济又好又快发展。根据这一基本思路，选择“双重双向型演进结构”作为从现在起到2025年吉林省产业结构演进的基本框架，包括以下几点：

（1）国际、国内市场“双向循环”

根据资源合理配置的比较利益和区域分工原理，一方面积极利用图们江开发开放机会，参与东北亚地区国际分工，借助国外资金、技术设备和管理经验，武装吉林省产业，提高产业结构的生产技术与现代化水平，实现产业结构“合理化”“高度化”，分享国际分工的利益；另一方面，积极利用国内市场，大力发展具有比较优势的产业，充分参与国内经济分工，有效利用国内生产资源及资金、技术、人才等生产要素，提高产业的对内辐射和竞争力。

（2）出口导向与进口替代“并举”

与“双向循环”相联系，大力发展出口创汇产业的同时，选择建立具有地区比较效益的替代进口产业，通过提高产业的国内竞争力，苦练“内功”，最终壮大参与国际市场竞争能力，走上“劳动密集产品—出口创汇—引进资金、技术—武装替代进口产业—打入国内市场—积累资金—支持扩大出口创汇”这样一条不断增强经济实力，促进产业结构升级的良性循环的道路。

(3)“增量”调整与“存量”调整并举

通过招商引资“增量投入”，发展县域薄弱的工业、商业，带动县域现有产业结构的“存量”调整步伐。提高县域产业布局与企业组织结构的规模效益，加快县域产业结构、产品结构的转换升级。

(4) 城市乡村“双层推进”

改变城乡由于历史上形成的“二元经济”以及产业的“二元结构”，一方面让城市向乡村深层扩散，另一方面鼓励乡村企业与城市联合，通过引进技术，形成以拳头产品为龙头的产业群体。

8.1.4.2　实现城乡产业结构升级

产业结构变革升级的核心是按照市场需求变化，提高农产品及企业产品的品质和质量。目前，吉林省县域产品存在的突出问题：一是品质差，市场畅销的优质品种、优质产品少；二是质量管理工作严重滞后，生产经营过程不按操作规程办，技术落后，甚至单纯追求产量，而牺牲质量；三是优劣不分，大路货卖不上好价格。因此，针对国内国际市场需求变化全面提高农产品和企业产品质量已成为一项刻不容缓任务，要抓住当前买方市场的有利时机，转变观念，调整工作思路，由抓数量、速度为主，转变为数量、速度、质量并重，以质量保速度求效益，优化品种、品质结构，实现质量、结构升级，实施科教兴农战略，大力扶植和发展新兴产业和高技术产业，使之形成规模，要加速传统产业技术改造，使各行业都要依靠科技进步，提高产业技术层次和劳动生产率，延长产业链条，不断增加产业附加值，全力推进“新特名优”战略。

8.1.4.3　突出发展民营经济

民营经济是市场经济的重要主体，是吉林经济的重要支撑，民营经济发展对吸纳就业、优化农民收入结构、促进农民增收具有重要作用。

截至2015年底，吉林省民营经济实现主营业务收入3.21万亿元，是“十一五”末的2.3倍，年均增长18%；上交税金763亿元，占地方级财政收入的70.2%，是“十一五”末的1.8倍，年均增长13%。民营经济增加值实现

7 336.9亿元，占全省 GDP 比重已达 51.4%，与 2010 年相比，增加 2.2 个百分点，全省个体工商业户达到 135.5 万户，从业人员达到 723.8 万人，占城镇从业人员的 74.2 %，分别是“十一五”末的 1.6 倍和 1.4 倍。吉林省民间投资占城镇固定资产投资的 71.9%，尽管如此，同发达地区相比，吉林省民营经济发展还存在阶段性差距。一是总量不大。2012 年，吉林省民营经济增加值仅为江苏省的 24.7% 、浙江省的 29.7% 、辽宁省的 38.1% ；民营经济单位数仅相当于广东省的 22.2% 、浙江省的 33.7% 、辽宁省的 52.2%。二是质量不高。吉林省具有较强竞争力的民营企业数量很少，2012 年，吉林省民营企业平均注册资本金为 200 万元，低于全国平均 266.5 万元水平，吉林省民营 500 强企业只有 1 家，而浙江省有 135 家，江苏省有 105 家，辽宁省有 14 家。从产业结构看，吉林省民营经济大多集中在以资源初加工、劳动密集型为主的“原字号”产业，以从事加工贸易型、资源依赖型、能源消耗型的企业所占比例较大，产业结构比较单一，高耗能、高污染、低技术、低水平产能比较突出。从产品结构看，大多数民营企业缺乏核心技术和自主品牌，导致市场竞争力不强。从组织结构看，吉林省民营企业 70%以上是家族式企业，治理结构不完善，管理水平不高，经营模式陈旧，分工协作关系较弱，同质化竞争严重，致使整体发展层次不高。从市场生存力上看，民营企业由于规模有限，且多处于传统的下游产业，对市场变化的承受力不强，普遍缺乏足够的应变能力。

认真贯彻落实党中央、国务院和吉林省委、省政府关于鼓励、支持、引导民营经济发展的各项政策措施，形成有利于民营经济发展的良好环境。在战略摆位上，要立足于突出发展民营经济，要把民营经济发展作为做强国有经济和混合所有制经济的基础。只有民营经济充分发展，才能形成与国有经济竞争的格局，激发国有经济的市场竞争活力；只有民营经济充分发展，才能形成混合所有制发展的主体。国有经济发展要进行科学合理的定位，为民营经济发展腾出更多的发展空间。就吉林省而言，民营经济发展要着力解决软环境欠佳、金融支持乏力、企业创新能力不足、人才资源匮乏等问题。加强创业孵化基地和服务平台建设，为民营经济发展创造宽松、公平的环境。抓好长春突出发展民营经济综合配套改革示范区试点建设。要鼓励企业技术创新，提高产品研发能力。着力解决中小企业融资难问题，进一步做好银企保对接工作，全面加强融资担保体系建设，积极推动金融产品创新，大力发展互联网金融等新模式新业态，更好满足民营企业多样化融资需求。要加快建立适应民营经济发展的要素市场体系，破解土地、劳动力、人才等瓶颈制约。要鼓励支持民营资本参与各层级国有企业改制重组和国有资本投资项目，积极发展混合所有制经济，实现国有资本和非公有资本交叉持股、相互融合、共同发展。稳步推进农村集体资产产权制度改革，健全农村集体资金、资产、资源管理制度，依法保障农民集体资产收益分配权。鼓励并发展一批主营业务突出、竞争力强、成长性好、专注于细分市场的专业化“小巨人”企业。引导和支持民营企业提高现有产品科技含量，促进民营企业生产经营由要素投入为主向创新驱动为主转变，突出发展科技型“小巨人”企业，开发和培育具有自主知识产权的新产品，着力培育民营经济的企业名牌和产品名牌。打造一批众创、众包、众扶、众筹创新创业平台，进一步提高民营经济的集群集聚集约发展水平，积极帮助企业用好“两种资源”“两个市场”。深化商事制度和行政审批制度改革，坚决把该“放”的彻底放开，把该“减”的彻底减掉，把该“清”的彻底清除，真正为民营企业发展解禁松绑。着力放开市场准入，按照“非禁即入、非禁即许”原则，凡是法律法规没有明令禁止准入的行业和领域，一律都要向民营经济开放。着力为民营企业降本减负，该降低收费标准的要坚决降，该补贴的费用要补到位，该缓交的费用要适当缓，最大限度地减轻企业负担、降低企业成本。

8.2　产业发展的重点——以农业产业化为主线的农产品加工业

农业产业化和农产品加工业，既是工业化的重要内容，又是城镇化的重要支柱，是带动农业发展，增强农产品市场竞争力的动力，直接拉动现代农业产业体系建设和经营方式转变的关键，大力发展农产品加工业，建立高附加值农业是现代农业发展的一般趋势，符合农业发展的一般规律、体现了比较优势规律、符合产业链延伸规律。从世界发达国家城镇化道路来看，城镇化需要有坚实的产业和实体经济作为支撑。发展以农产品为原料的一系列加工业及物流产业形成现代农业的后续产业，为新型城镇化提供产业支撑。发展农产品加工业可以产生四个方面的叠加效应，一是使农产品增值；二是可以直接安置大批农村劳动力；三是可以大幅度减少农产品产后损耗，实现资源的充分利用；四是实现废弃物资源化循环利用，既节约了资源也改善了农村生态环境。农产品加工业是传统农业与工业的最佳结合点，发展农产品加工业无疑是农业大省走新型工业化道路的最佳选择。农业后续产业的发展特别是农产品加工业的发展，有时会成为一个国家或地区重要的支柱产业，目前农产品加工业中的食品工业已经成长为许多国家的支柱产业，如美、日、法等国食品工业已占 GDP 的 20%～30%，法国农产品加工业超过了汽车产业。据有关专家测算，我国农产品加工的产值每增加 1 个百分点，即可多吸纳 230 万人就业。毫无疑问，增加农民收入，必须做好农产品加工业这篇大文章，把发展多种形式农业适度规模经营与延伸农业产业链有机结合起来，推进一、二、三产业融合发展，促进产业链增值收益更多留在产地、留给农民，促进农民持续增收。

经历 30 年的发展和努力，吉林省农业产业化和农产品加工业取得了长足的进步，依靠农产品加工业技术和产业的突破，破解了困扰吉林省多年的“新东北现象”；依靠畜产品加工技术和产业的提升，实现了畜产品数量、质量和安全的全面升级。农业产业化的发展实现了吉林省资源优势转变为经济优势的新突破，同时还推动农产品加工业成长为吉林省新的支柱产业。

无论从原料取得、加工企业的成长性、市场潜力等诸多方面分析，吉林省发展农产品加工业都具有广阔的发展空间和巨大的发展潜力。吉林省是我国重要的商品粮基地县，也是畜产品主产省，具有丰富的农产品原料。农产品加工业是吉林省发展的 3 大支柱产业之一，2014 年吉林省农产品加工业销售收入突破 4 500 亿元，全省农业产业化国家级龙头企业 47 家，省级重点龙头企业 503 家，市级重点龙头企业 1 184 家；全省农产品加工业已经形成玉米、水稻、大豆、肉猪、肉牛、禽蛋、乳品、参茸（中药材）、蔬菜、林特产品十大产业系列。国内经济高增长、城市化以及消费结构升级明显带动内需市场，内需市场强劲反过来又推动农产品加工业，从企业数量与规模看，我国农产品加工业未来几年仍处于成长期，尚未到达成熟期。有鉴于此，吉林省在实施工业化带动农民工资性收入增长发展战略中，应把农产品加工业作为优先发展的支柱产业来抓，通过龙头带动、项目推动、改革驱动、政策扶持，加快发展农产品加工业，尽快形成在全国有竞争优势的产业集群，在行业内有很强竞争力的龙头企业，在国内外有很高知名度的名牌产品，以此带动“县域突破”和解决“三农”问题，作为振兴吉林省老工业基地的切入点。

吉林省发展农产品加工业必须确立面向全球的产业发展模式，坚持有所为、有所不为的策略，重点建设食品工业。在食品工业内部，依据吉林省资源优势，重点发展畜产品加工业、玉米加工业和长白山特产加工业。无论从消费需求发展趋势还是从农产品加工业发展潜力看，畜产品加工业在吉林省农产品加工业中都占主导地位，肉类加工业应成为吉林省农产品加工业发展的突破口，争取在肉类行业中率先突破，培育出在全国有重要影响的、拥有自主品牌的龙头企业。与此同时，应注重培养吉林省农产品加工业的动态比较优势，加大招商引资力度，积极承接沿海地区农产品加工业的梯度转移，围绕开发新产品有重点地发展木材加工业、饮料制造业、服装制造业和皮革加工等行业，以一定的跨越式发展取代等距离追赶。

吉林省农产品加工业的市场集中度呈提高趋势，吉林省农产品加工业市场结构的目标模式应该是选择垄断竞争的市场结构，构建大中小企业并存的组织结构，形成既保持市场竞争活力又充分利用规模经济的有效竞争模式。通过招商引资加大资本投入，以资本集中带动大型农产品加工龙头企业发展，以资本积聚推动大型农产品加工企业集团做大，以全民创业为契机促进中小农产品加工企业发展，形成大型农产品加工龙头企业为主体和大量中小农产品加工企业并存的市场格局。将适度垄断的有限优势同竞争的基本优势结合起来，降低沉淀成本，鼓励新企业进入和旧企业退出，加强大中小企业间的分工合作和资源的合理配置，提高企业效率，以充分发挥规模经济和范围经济性，最终实现竞争与规模经济的均衡。在注重市场结构的同时，从加强管理、产品创新和提高产品品质着手，加强对市场行为的监管，强化对企业科技研发事业的支持和投入，增强企业自主创新能力，减少由于农产品成本上升对加工企业利润的挤压，加强品牌创意，加大对品牌的保护力度，推动中高档产品市场扩大和名牌产品市场份额提高。完善各种法律法规，严厉打击制假、贩假行为，保证食品安全，加强企业及产品的信息透明度。建立食品生产—销售—消费可追溯制度，维护正常市场秩序，为企业发展创造良好的发展环境。降低企业营业外支出，应对农产品成本和价格上升给加工业企业带来的新一轮国际和国内市场竞争。

农产品加工业虽主要起源于农村，但基于信息、市场、交通、基础设施等方面的考虑，应实施公司与生产工厂异地布局，公司布局在城市，主要进行产品研发，科技创新，工厂布局在农村，便于接近原料，降低运输成本，推进一、二、三产业融合发展，增加农民经营性收入。工厂也应加速实现由农村向县域中心城镇的转移，并逐步形成以县域中心城镇为依托的产业集聚，建设以“产业聚集、资源整合、公共平台、政府支持”为主要特征农产品加工产业专业园区或基地，积极推进产业集群的形成和成长壮大，促进县域经济的发展。

原料基地建设是农产品加工业发展的依托和条件，可以提高加工企业效益，是加工企业核心竞争力的重要来源，是加工企业健康成长的源泉。在原料基地建设中要实现四个转变：一是在基地的组织方式上，实现原料基地从分散经营农户的简单集聚向真正意义上的规模化、集约化经营转变。放开城市户籍制度，扩大城市低保覆盖到进城务工的农民，加快农业劳动力转移，建立和完善农村土地承包经营权流转机制，带动专业大户，促进农业规模经营。二是在技术体系上，实现以非标准化的常规技术体系向标准化技术体系转变。支持农产品加工企业成立研发中心或与大专院校、科研单位联办科研机构，提升科技创新能力，开发具有自主知识产权新品种，以保证原料适应加工企业需求。加快农业高新技术的推广步伐，提高科技应用水平。三是在利益机制上，实现企业与农户之间以相对松散型的供求关系向供求、利益一体化关系转变。大力发展农民专业合作组织、行业性协会等中介服务组织，实施“公司＋中介组织＋农户”连环订单联结方式，降低加工企业的交易成本。四是在基地的产业重点上，实现以多方位探索向比较优势相对集中转变。争取主要种植基地全部取得绿色、有机、无公害的认证，按照加工企业需要扩大专用原料的种植面积，提供符合农产品加工企业要求的标准化专用原料，变原料基地为企业的“第一车间”。主要养殖基地尽快建立健全疫病防控体系，在种源附近捕杀散养的畜禽，在“抓三户、兴强乡、建小区”的基础上，加快建设标准化规模饲养场，把农牧民变成饲养场工人，从源头上推进传统牧业向现代牧业的革命性转变。开发“四元玉米”。把传统的、主要供应鲜食的“单元玉米”发展为食用、饲用、加工用和能源用的“四元玉米”，积极推进转基因玉米品种的研究。

在长春市建设可覆盖吉林省东、中、西部地区的农产品及其加工业产品批发市场，为吉林省农产品加工企业提供产品窗口。通过市场的整合，吉林省东部山区的特产加工品将成为长春市农产品及其加工业产品批发市场经营产品的重要组成部分，长期以来，东部山区的长白山特产加工品未能形成成功的市场销售模式，未能体现应有的市场价值，而且一直试图在产地建立特产品的批发市场，但实践证明并未取得应有的效果。在长春建立长白山特产品及其加工品交易中心，既可方便销地的采购者，又可避免市场分散的弊病。中部地区可经营的产品包括粮食及其加工品、畜禽及其加工产品、蔬菜及其加工品、水产及其加工品。西部地区主要包括杂粮、水产品、经济作物及其加工产品，在具体经营与运作方式上，以农业产业化为路径，以农产品及其加工产品交易为基本内容，实施市场带动，委托加工与销售代理相结合，信息流与物流相结合（图 8-1）。

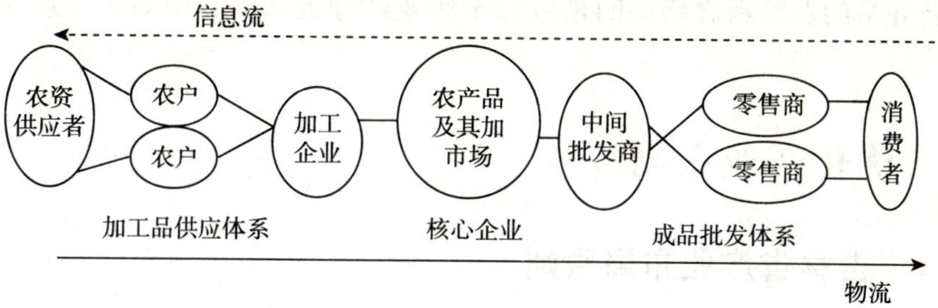

图 8-1 农产品加工企业销售网络

加大政策扶持力度，建立有效的产业发展激励机制。今后的政策支持，应由目前对加工企业的扶持，在改善企业发展环境的基础上，逐步转向对农产品加工业产业的扶持，着力提高整个农产品加工业产业的竞争力。一是制定农产品加工业发展的产业政策。主要包括制定农产品加工产业区域布局与总体规划，确定优先支持发展及限制发展的产业政策，防止过度竞争，提高市场集中度，在对大中型、实力型、成熟型企业的扶持的同时，加大对起步型、成长型、创新型企业的培育、扶持，加快企业间的重组与联合，尽快形成一批优势企业，以带动农产品加工业的发展。二是建立健全科学合理、操作性强的农产品质量标准体系。根据国内外有关农产品加工基本标准，如食品质量标准、绿色食品标准（绿色 A 级和绿色 AA 级标准）、ISO9000、ISO14000 等有关环保、质量、安全与卫生管理要求，从产前、产中和产后全过程制订完善的符合国际惯例的农产品加工质量标准体系和技术操作规程，确保农产品加工质量，使之获得进入国内外市场的准入资格。同时，要尽快形成长春市区域性农产品的质量安全标准体系，建立起符合长春市市情的“食品加工的安全评估和危害控制”（SAFPHC）模式、规范、体系及其法规。它应当基于 HACCP 原理，符合国际食品加工过程安全控制潮流，可用于指导吉林省的食品生产企业进行科学、安全加工、组建绿色品牌“共同体”。三是提供与农产品加工业相关的基础设施建设，主要包括卫生防疫与检测、市场信息网络、科学研究等设施建设的投入。建立和完善新型的“农产品加工科技创新体系”为中心，加快农产品加工业的科技进步，一方面要组织科技攻关，另一方面要做好技术转移。今后应切实抓好农产品加工业科技攻关中的经费支撑、人才吸引、协调组织工作，争取在较短的时间内把吉林省农产品加工业的科技水平提高到一个较高的层次。在搞好科技攻关的同时，要注意结合省情和市场的需求状况，加快技术转移并提高技术转移的效率。坚持以企业为创新主体、以科技为支撑、产业与科技并举的发展新思路；四是致力于职业经理人队伍、领袖式经理人才的培养。

8.3 优化产业布局

8.3.1 吉林省产业布局原则

从总体看，吉林省生产力空间布局逐步在改善，但也存在一些亟待解决的问题，特别是没有较好地发挥市场在配置资源中的基础性作用。主要体现为：一是生产力布局分散而又趋同、规模小而自成体系（大而全，小而全）。二是生产力布局行政化倾向明显。生产力布局具有固化性的特点，一旦形成很难改变。过去的行政配置生产力的方式，造成了全省条块分割，产业关联度低，致使资源的使用率偏低。三是区域间产业趋同，特色不清。各地大多是发展资源初加工业为主，没有发挥比较优势，低水平重复建设普遍，产业的整体竞争力不高。针对存在的问题，及时进行生产力布局的调整和完善，是今后摆在吉林省面前的一个重要任务。

产业布局是一种社会经济现象，是人类从事社会生产和经济活动的地域体现。吉林省产业布局应遵循以下原则：

（1）产业集聚原则

产业的集聚发展，有利于促进产业结构的快速升级，有利于龙头企业的迅速成长，有利于提高产业的规模效应。应鼓励产业相对集聚，积极引导企业进园区。

（2）产业关联原则

遵循产业梯度延伸规律，形成以大企业集团为中心的产业集群，推动产业链延伸，发展配套服务性产业，提高产业的整体水平和核心竞争力。

（3）设施共享原则

产业布局应高度重视综合交通、水、电、排污等基础设施的共享，通过共享，提高基础设施的利用效率，提高土地利用的集约化水平，降低企业的运行成本。

（4）资源与效能并重原则

产业必须根据区域的土地、水、电、环境容量等资源总量进行布局，同时，应优先发展低消耗、高产出的产业，积极开发降低消耗的新技术。

（5）产业与城市互动原则

应合理组织产业区和城市的功能配置，优化区域产业布局结构，降低产业发展中的社会运行成本。

8.3.2　培育区域经济增长极

由于自然、经济和社会条件的不同，吉林省各地在经济发展上很不平衡，存在着明显的“梯度差”。以吉林省省会长春市为中心，根据各地地理位置、经济社会与自然生态环境特点，从全省区域经济发展的视角和经济辐射半径，可把全省 9 个中心城市分为三个环形的经济区域（图 8-2）。最外层经济圈包括延吉、白山、通化和白城四个地级市，距离长春市 300 公里以上，这是个非封闭的经济圈，覆盖吉林省的东部和西部，是吉林省的生态保护区。第二经济圈包括吉林、辽源、四平的双辽和梨树、松原市和长春市的榆树，距离长春市 100～200 公里，是吉林省的腹地。第三经济圈以长春市为中心，覆盖公主岭、伊通、农安、九台、德惠 5 个县、市，距离长春市 100 公里以内，是吉林省经济、政治和文化中心（表 8-4）。

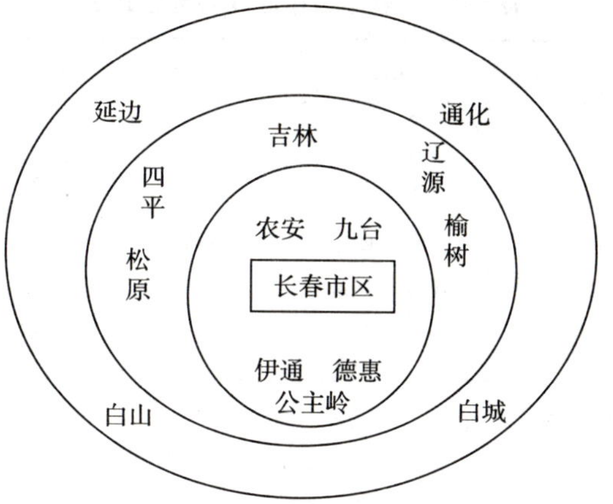

图 8-2　吉林省三个经济圈的划分

资料来源：王波．吉林省农村城市化模式的选择．长春：吉林农业大学，2003.

吉林省人口密度远低于沿海省份，城市数量少，城市距离远，辐射能力弱，城市化发展严重滞后，在资本短缺、经济发展不平衡的条件下，如果对三个经济圈的经济发展同时着力，由此带来土地利用的不经济、规模的不经济和资本运营的不经济。按照经济发展的阶段，我国已进入城市空间结构转型的拐点，建设组团式的大都市区和多核的城市圈是城市空间结构转型的趋势。为抵御国内三大经济圈和沈阳、哈尔滨都市经济圈对吉林省形成的“回波”效应，防止吉林省经济被边缘化，带动全省经济发展，吉林省必须着力建设一个经济密集、产业集聚能力强、辐射范围广、具有区域竞争力的经济增长极。根据吉林省的实际，应当按照重点突破的原则，首先以经济发展基础较好，经济增长势头较为强劲的长春市、吉林市为中心，实现中心突破，即首先实现中心区域——长春市、吉林市的突破，这是非均衡发展理论在实践中的表现形式。再逐步向外扩展，形成梯度推移，打造汽车、化工、农产品加工、高新技术等主导的产业群、企业群为基础，把长春市、吉林市建成一体化发展的都市经济圈。把长春、吉林两市及周边地区建成全省经济密集、产业集聚程度高的区域性经济增长中心。为此，应把投资规模大、经济效益好、拉动作用强的大项目，放在长春、吉林区域内，充分预留产业链扩展空间，辐射、带动、聚合产业集群，引导分散的中小企业逐步集中，促进专业化分工和产业配套。同时，支持大专院校、科研机构和企业协同配合，围绕高新技术的研发、应用和生产，形成高新技术产业群落。

表 8-4　长春市为中心到各地区距离

路线	距离（公里）	路线	距离（公里）	路线	距离（公里）
长春—公主岭	62	长春—吉林	128	长春—白山	461
长春—德惠	80	长春—榆树	185	长春—通化	401
长春—农安	64	长春—四平	116	长春—白城	333
长春—九台	52	长春—辽源	198	长春—延吉	477
长春—伊通	78	长春—松原	149		

资料来源：长春市交通局。

8.3.3　构筑主导产业和优势产业空间体系

根据吉林省生态经济系统承载的空间特点、区域优势、基础设施条件及国内外市场变化趋势，以产业基础和资源优势为核心，构筑主导产业和优势产业空间体系。中部地区着力发展壮大汽车、石化、农产品三大支柱产业，强化粮食基地建设，发展现代农业，依靠科技优势，积极发展现代中药和生物制药产业。东部地区因地制宜发展生态食品业，现代中药和生物制药产业，林产等资源建材业和旅游产业。西部地区着力生态环境治理，加快引水工程，重点发展现代农业，积极发展农畜产品加工和风力发电等能源工业和生态旅游，搞好油气勘探开发，规划发展火电和煤化工等产业。

加强工业集中区建设。坚定不移实施投资拉动和项目带动，继续安排工业集中区奖补资金，重点用于支持县域工业集中区（开发区、工业园区）等基础设施建设。具有较大规模的工业集中区，达到省里规定标准的，经考核认定，可按省级开发区管理，享受省级开发区的有关政策。要加强建设用地计划管理，优先保障工业集中区用地指标，进一步提高土地利用率，促进节约集约用地，确保项目特别是重大项目及时投入建设。

8.3.4　发展产业集群

积极发展产业集群，是吉林省振兴老工业基地的一种现实选择。工业化作为一种“既得的力量”，在发展过程中，内在地要求集群化生产。发达国家工业化的实践证明，产业集群能够降低交易成本、提升劳动生产率，产业集群减少合作风险、产生品牌效应、获得比较优势，产业集群有利于创新，紧密联系、频繁交流是创新的源泉。通过几十年的重点项目建设，吉林省各地出现了一批产业集群的雏形，如以一汽为代表的汽车产业集群雏形、以长春高新技术产业开发区和长春经济技术开发区为代表的高科技产业集群雏形、以通化药业为代表的现代制药业产业集群雏形。但也要看到，这些产业集群，专业化分工程度还比较低，产业间关联性还不强，缺少对支柱产业起支撑作用的关联配套产业。因此，要杜绝自成体系的工业化观念和项目概念。设计新上项目，以发展产业集群为目标，破除行政区划本位观念，突出产业的区域特色。制定有利于产业集群的产业政策，主要有：

（1）设立行业准入标准，对鼓励发展的实行政策放宽，对限制类产业和项目，通过产业指导目标和其他标准加以调控。

（2）完善工业园区配套设施建设，充分发挥产业集群、要素集聚、资源集约的“洼地”效应。

（3）投资政策。对有利于产业集群的项目，在税费的征收、项目的审核和投资权限等方面给予优惠。在银行信贷、财政资金资本市场融资方面提供方便。另外在工业项目供地、工商收费等方面都要有所区别。

8.3.5 吉林省县域经济布局

根据吉林省现有县域经济发展水平低以及资本短缺的现实状况，依据增长极理论，吉林省经济应实行不平衡发展战略，确立经济发展重心向县城倾斜。按照规划高起点、建设高标准、管理高水平的要求，把县城区域建设成为具有中等城市的现代农村的都市，成为市场流通、产业升级、要素集聚、社会分工、信息传递、技术扩散、招商引资等多种经济职能和全新运行机制的开放式载体。

思路：以县城为中心，把县域经济增长的重心从乡镇转移到县城，在县城聚集新型的城市人口（包括劳动力），这些人不再区分为农民和职工，使人口向县城集中，限制县城外的小城镇非农业人口的增长，集中全县资源重点发展县城，形成经济增长点，作为经济发展的载体，以此带动县域经济发展。

根据上述思路，应采取以下措施：从现有的县城入手，进行新兴城市长期发展的全面规划和设计，要按照市场经济框架，坚持新城镇新机制，允许农民到县城办企业，停止农转非的旧办法，兴办合作性的农村金融机构，筹集、调度和运营新城市建设所需要的资金，逐步将乡镇企业向县城集中，彻底改变乡镇企业布局分散，外部不经济和规模效益低的矛盾。

（1）划地建市模式

依据吉林省城市短缺，城市距离远，对农村辐射能力弱的现实判断，从全省角度看，应以效率优先原则，实行不平衡发展战略，设想重点发展公主岭市、敦化市。

基本思路：把公主岭市建成我国农业商品集散地，粮食和畜产品深加工基地，农业技术扩散源，省里应把粮食和畜产品深加工企业尽量向公主岭市集中，把黄龙公司做大做活，把北方温州商城由目前的小商品集散地改造为以农业商品及其加工品为主的集散市场，利用吉林省农科院科技优势大力发展农业高科技企业。把敦化市建成特产品深加工基地，医药工业基地，特产品商品集散地，以敖东药业为龙头企业，大力发展小巨人药业企业，大力发展特产品深加工，带动周围县乡特产经济发展。

根据上述思路，应采取以下措施：省里应把投资取向重点投入这两个市，给予这两个市相对优惠政策，引导资金、技术、人才向这两个市集中，待发展时机成熟，把这两个市的县城划为地级市，把周边乡镇划成县。

（2）沿线发展模式

沿四平—长春—吉林—敦化—延吉—图们—珲春，四平—梅河口—辽源—通化—白山，长春—德惠—松原铁路线形成经济发展带，发挥中心城市对县域发展的辐射带动作用，给予优惠政策，形成吉林省对外开放、对内开发，带动县域经济发展的经济带。

基本思路：充分利用大中城市的经济发展来带动县域经济发展，中心城市要发挥产业带动、市场拉动、文化带动功能，周边县乡要与中心城市建立广泛的经济文化联系，依托中心城市，以中心城市为市场导向，通过城市与县乡之间的产业互补、分工协作、产业链条的相互延伸和相互补充，实现城乡协调发展。

根据上述思路，应采取以下措施：逐步建立、完善区域统一的市场体系，加强城乡产业的联系。县域经济应依据自身资源优势及原有基础，大力发展特色工业，开发生产特色产品，积极参与国内外市场竞争和分工协作，大力发展城市工业所需的初级产品、零配件生产，形成与城市工业生产相配套的产前、产中、产后企业。县域应大力发展从城市扩散的“三来一补”企业。城市工业亦应逐步加强与县域经济的联系，增加产业关联度。

（3）家庭工业模式

充分利用农村剩余劳动时间及农户闲置的资本，大力发展农户家庭工业，延长家庭产业链条，使农户种植业向粗加工业转化，增加农户收入，通过资本的逐渐积累、发展壮大，培育农村个体私营经济发展。

基本思路：充分利用农村中能人，以家庭小作坊为主体，小商品生产为内容，小商贩为流通骨干，小城镇市场为依托，发展农户家庭手工业，促进农业的“接二连三”，推进一、二、三产业融合发展，延长家庭产业链条，增加农户收入。

根据上述思路，应采取以下措施：鼓励农户劳动力流动，通过流动提高农户劳动力技术素质和了解市场信息，以市场信息和技术支撑带动家庭工业发展，政府应搞好技术培训、大力扶持小商贩发展，在信息、资金、技术方面对农户家庭工业给予扶持。

8.4　本章小结

吉林省农民增收的关键在于非农产业吸纳农村剩余劳动力的能力，本章从吉林省优势产业选择、产业发展的重点以及优化产业布局来提出吉林省农民增收的产业选择与产业布局。吉林省优势产业选择上，首先，要积极壮大吉林省支持产业的发展，交通运输设备制造业、石油化工业、农产品加工业等三个支持产业应该加快产业结构调整，促进产业升级，增强产业竞争力。其次，积极培育潜力产业发展，在现代中药和生物制药产业、旅游业和建材业方面应该予以积极培育。再次，要夯实基础产业发展，在现代农业、现代物流产业和现代能源工业方面，应该积极创新发展路径。吉林省产业结构调整应自觉纳入全国的产业结构调整格局，以国内、国际两个市场为导向，以资源合理配置为基本内容，以招商引资的“增量”调整促进城乡“存量”结构的调整为突破口，通过产业结构有序优化的演进过程，推动全省经济又好又快发展。根据这一基本思路，我们选择“双重双向型演进结构”作为从现在起到2020年吉林省产业结构演进的基本框架，包括以下几点：①国际、国内市场“双向循环”。②出口导向与进口替代“并举”。③“增量”调整与“存量”调整并举。④城市乡村“双层推进”。

在促进农民增收方面的产业发展的重点在于农产品加工业的发展。加大政策扶持力度，建立有效的产业发展激励机制。今后的政策支持，应由目前对加工企业的扶持，在改善企业发展环境的基础上，逐步转向对农产品加工业产业的扶持，着力提高整个农产品加工业产业的竞争力。一是制定农产品加工业发展的产业政策。二是建立健全科学合理、操作性强的农产品质量标准体系。三是提供与农产品加工业相关的基础设施建设，主要包括卫生防疫与检测、市场信息网络、科学研究等设施建设的投入。

在优化布局方面。应该坚持产业集聚、产业关联、设施共享、资源与效能并重和产业与城市互动的原则。首先应该培育区域经济增长极。根据吉林省的实际，应当按照重点突破的原则，首先以经济发展基础较好，经济增长势头较为强劲的长春市、吉林市为中心，实现中心突破，即首先实现中心区域——长春市、吉林市的突破，这是非均衡发展理论在实践中的表现形式。再逐步向外扩展，形成梯度推移，打造汽车、化工、农产品加工、高新技术等主导的产业群、企业群为基础，把长春市、吉林市建成一体化发展的都市经济圈。把长春、吉林两市及周边地区建成全省经济密集、产业集聚程度高的区域性经济增长中心。为此，应把投资规模大、经济效益好、拉动作用强的大项目，放在长春、吉林区域内，充分预留产业链扩展空间，辐射、带动、聚合产业集群，引导分散的中小企业逐步集中，促进专业化分工和产业配套。同时，支持大专院校、科研机构和企业协同配合，围绕高新技术的研发、应用和生产，形成高新技术产业群落。其次，积极构筑主导产业和优势产业空间体系。中部地区着力发展壮大汽车、石化、农产品三大支柱产业，强化粮食基地建设，发展现代农业，依靠科技优势，积极发展现代中药和生物制药产业。东部地区因地制宜发展生态食品业，现代中药和生物制药产业，林产等资源建材业和旅游产业。西部地区着力生态环境治理，加快引水工程，重点发展现代农业，积极发展农畜产品加工和风力发电等能源工业和生态旅游，搞好油气勘探开发，规划发展火电和煤化工等产业。再次，发展产业集群。设计新上项目，以发展产业集群为目标，破除行政区划本位观念，突出产业的区域特色。制定有利于产业集群的产业政策，主要有：①设立行业准入标准，对鼓励发展的实行政策放宽，对限制类产业和项目，通过产业指导目标和其他标准加以调控。②完善工业园区配套设施建设，充分发挥产业集群、要素集聚、资源集约的“洼地”效应。③投资政策。对有利于产业集群的项目，在税费的征收、项目的审核和投资权限等方面给予优惠。融资政策。在银行信贷、财政资金资本市场融资方面提供方便。另外在工业项目供地、工商收费等方面都要有所区别。最后，加强吉林省县域经济布局。其思路是：以县城为中心，把县域经济增长的重心从乡镇转移到县城，在县城聚集新型的城市人口（包括劳动力），使人口向县城集中，限制县城外的小城镇非农业人口的增长，集中全县资源重点发展县城，形成经济增长点，作为经济发展的载体，以此带动县域经济发展。

第九章　吉林省农民收入支持政策评价

影响吉林省农民非农收入总量和比重偏低的原因是多方面的，既有农民个人的原因，也有外部经济环境的影响。吉林省农民收入结构的变化也离不开国家支持政策的变化。国家对农业、农民和农村的支持政策也在不断调整，国家出台一系列针对“三农”的政策措施，这些政策是在某个历史背景下出台的，对于增加农民收入，稳定我国农产品市场具有一定的积极作用。但是，随着经济发展环境的变化，以及城镇化和工业化进程的加快，一些政策的效果受到了一定的影响，需要重新调整，以适应经济社会发展变化的需要。本章分别从粮食支持政策、土地流转政策农业经营主体培育政策和区域发展政策等相关政策实施的进程和效果进行阐述，然后结合现实问题对这些政策进行评价，并提出相应的改革方向。

9.1　粮食支持政策评价

农业生产有自然属性、粮食价格具有基础性，农产品生产和销售一直受到政府的管制和干预。吉林省 2014 年农民家庭经营收入占人均收入的 69.07%，农业占农民家庭经营收入的 95.48%，种植业收入占农业收入的 89.64%，粮食播种面积占种植业播种面积的 89.05%，可见，种粮收入是吉林省农民收入的主要来源。这种情况的产生与吉林省土地资源禀赋密切相关，更主要的原因来自国家粮食支持政策的结果。改革开放以来，吉林省粮食产量稳步提高，尤其是水稻和玉米两种粮食作物的产量快速增长。1991 年水稻播种面积 43.34 万公顷，水稻产量 306.30 万吨。2014 年吉林省水稻播种面积达到 74.71 万公顷，产量达到 587.60 万吨，占吉林省粮食总产量的 16.63%。1991 年玉米播种面积 228.01 万公顷，玉米产量 1 400.13 万吨，2014 年吉林省玉米播种面积为 369.66 万公顷，产量达到 2 733.50 万吨，占吉林省粮食总产量的 77.37%。吉林省粮食的快速增产，尤其是近年来的年年丰收离不开国家的粮食支持政策，尤其是粮食价格保护政策和粮食补贴政策。吉林省农民收入与粮食价格、生产成本、粮食产量关联度高，本节为此围绕粮食价格保护政策和粮食补贴政策给予评价。

9.1.1　粮食价格支持政策评价

（1）粮食价格支持政策的沿革

价格支持政策包括最低收购价、临时收储价格、粮食储备竞拍价格以及价格管制等，其中最低收购价是核心。我国对粮食价格支持分为全面保护阶段（1990—1993 年）、选择保护阶段（1994—2003 年）、重点保护阶段（2004—2007 年）和临时收储阶段（2008 年至今）。我国对粮食实施价格支持政策始于 1990 年。1990 年 7 月，国务院发布了《关于加强粮食购销工作的决定》。《决定》指出，各地在完成国家征购目标以后，农民如果愿意将剩余的粮食部分交售的实行议购指导价收购。这一个政策实施至 1992 年。1993 年年初，国务院又发出了《关于建立粮食收购保护价格制度的通知》，这一文件的发布标志着我国粮食收购保护价格正式确立。《通知》中对粮食收购保护价格的原则、范围进行了明确，同时为了给粮食收购保护价格从资金上提供保障，还提出了要积极建立粮食风险基金的制度。《通知》首先将水稻纳入了保护的品种，并且对不同水稻品种收购的保护价格标准进行了明确。粮食收购保护价格制度确立以后，我国又从资金、仓储、组织等方面不断完善这一制度。1994 年，中国农业发展银行成立，从而保证了粮食收购资金。1994 年 5 月国务院发出了《关于深化粮食购销体制改革的通知》，进一步提出了省级领导负责制。1995 年，国家又提出了“米袋子”省长负责制。1999 年，我国粮食供需已经由过去的供不应求转变成了总量上供需基本平衡，并且个别丰收年份还出现了粮食盈余的情况。针对这一时间段，我国水稻生产出现的优良品种不足、一些品种出现仓储积压等问题，同时由于财政负担过重问题的存在，国家提出个别粮食品种退出保护价收购范围。随着中国特色社会主义市场经济体制的建立和不断完善，国家的粮食价格保护政策也发生了变化，从 2004 年起，国家开始实施粮食最低保护价收购政策。每年年初国家都会公布当年的粮食最低收购价格标准，如表 9-1 所示。近年来，粮食最低收购价格呈现不断上升的趋势，白小麦最低收购价格从2006年的1.44元/千克上升到2015年的2.36元/千克，红小麦和混合麦的最低收购价格从2006年的1.38元/千克上升到2015年的2.36元/千克。水稻最低收购价格也呈现不断上升的趋势，其中，早籼稻的最低收购价格从2004年的1.40元/千克上升到2015年的2.70元/千克，中晚籼稻的最低收购价格从2004年的1.44元/千克上升到2015年的2.76元/千克，粳稻的最低收购价格从2004年的1.50元/元上升到2015年的3.10元/千克。最低粮食收购价格的实施区域范围不断扩大，惠及全国主要粮食主产区。粮食价格保护政策的实施，有效地调动了农民种粮积极性，从2004年开始至2015年，我国粮食生产已经取得了12连增的可喜成绩，2015年我国粮食产量达到62 143万吨。

为了解决东北地区农民卖粮难的问题，保护玉米主产区农民的利益和种粮积极性，保证国家粮食安全，国家2008年开始在吉林、辽宁、黑龙江和内蒙古地区实施玉米临时收储价格政策。2008年10月到2009年2月，国家先后实施了四次玉米临储计划，四次收储计划玉米收购价格分别为1.48元/千克、1.50元/千克、1.52元/千克、1.52元/千克，平均为1.5元/千克，玉米价格比上一年增加7.1%。随后几年内，玉米临时收储价格不断上升，由2008年的1.48～1.52元/千克上升到2014年的2.22～2.26元/千克，增幅高达50%。2015年由于受到国际玉米价格的波动和国际经济的波动影响，2015年玉米临储价格略有所下降，从2014年的2.22～2.26元/千克下降到2015年的2.00元/千克。较高的玉米临时收储价格提高了农民种粮的积极性，进而增加了粮食产量，从2010年开始，吉林省玉米产量快速增加，2014年增加到了2 733.5万吨。

表9-1　中国粮食价格支持情况

单位：元/千克

年份	小麦最低收购价格			稻谷最低收购价格			玉米临时收储价格		
	白小麦	红小麦	混合麦	早籼稻	中晚籼稻	粳稻	辽宁	吉林	黑龙江
2004	—	—	—	1.40	1.44	1.50	—	—	—
2005	—	—	—	1.40	1.44	1.50	—	—	—
2006	1.44	1.38	1.38	1.40	1.44	1.50	—	—	—
2007	1.44	1.38	1.38	1.40	1.44	1.50	—	—	—
2008	1.54	1.44	1.44	1.54	1.58	1.64	1.52	1.50	1.48
2009	1.74	1.66	1.66	1.80	1.84	1.90	1.52	1.50	1.48
2010	1.80	1.72	1.72	1.86	1.94	2.10	1.82	1.80	1.78

（续）

年份	小麦最低收购价格			稻谷最低收购价格			玉米临时收储价格		
	白小麦	红小麦	混合麦	早籼稻	中晚籼稻	粳稻	辽宁	吉林	黑龙江
2011	1.90	1.86	1.86	2.04	2.14	2.56	2.00	1.98	1.96
2012	2.04	2.04	2.04	2.40	2.50	2.80	2.14	2.12	2.10
2013	2.24	2.24	2.24	2.64	2.70	3.00	2.26	2.24	2.22
2014	2.36	2.36	2.36	2.70	2.76	3.10	2.26	2.24	2.22
2015	2.36	2.36	2.36	2.70	2.76	3.10	2.00	2.00	2.00

资料来源：收集整理。

（2）粮食价格支持政策的评价

粮食价格支持政策的实施对于增加农民收入，保护农民种粮积极性，进而保证国家粮食安全具有重要的意义。但是随着国内外经济环境的变化，粮食价格支持政策也出现了诸多问题。比如，垄断式的收储政策制约了市场功能的正常发挥。近年来不断提高的临储价格使得吉林省耕地结构发生了重大变化，在国际玉米价格下降的情况下，玉米种植面积并没有减少，反而出现不断增加的现象。临储价格的实施也使得大量的生态脆弱区、湿地保护区变成了玉米种植区，破坏了生态环境。受到国际粮食价格下降的影响，我国粮食生产虽然取得了 12 年连增的成就，但是粮食净进口量逐年增加。我国粮食市场出现了生产量、进口量和库存量“三量齐增”的现象。不仅大豆净进口量逐年增加，大米、玉米净进口量也逐年增加，而且玉米到岸价格仍然低于国内玉米价格。大量粮食加工企业受到原料成本上升的压力，出现了亏损甚至破产的现象。玉米临储价格虽然增加了农民的收入，但是却导致了玉米加工业等玉米种植业下游企业全面亏损。据有关数据显示，每生产一吨淀粉亏损 200 元、一吨酒精亏损 150～200 元。全国玉米加工企业开工率不足 50%，吉林省 22 家规模以上玉米加工企业，基本都处于亏损状态。90%以上的玉米不是直接进入口粮消费，而是作为原料进入了加工业和畜牧业。高而稳定的玉米临时收储价在提高和稳定农民收入的同时，也造成了下游产业的高成本效应。

近年来，由于最低收购价政策造成了价格棘轮效应，财政支出逐年增加，出现了粮食产量、库存量和粮食进口数量“三量齐增”的怪象。对农业支持政策的垢病也逐渐出现，例如扭曲市场、弱化竞争力、造成社会资源巨大损失。吉林省农民家庭经营性收入面临着农产品特别是玉米等价格高于国际市场近 1 倍及“黄箱”政策补贴比例的“天花板”下行压力大。农业生产资料、人工成本、土地租金和物流成本高企，成本的“地板”上升，通过提高农产品价格、加大生产补贴办法来增加农民收入已不可持续。

（3）粮食价格支持政策的改革方向

目前对于粮食价格支持政策的改革方向，有两种思路：一种是降低或者取消保护价格，使得中国粮食价格与市场接轨；第二种思路是改革目前的粮食最低收购价格和临储价格，实施目标价格。对于第一种思路，取消或者降低粮食保护价格，有利于加工企业，同时有利于节省各级政府财政开支，但是会出现更为严重的问题，简单的降低或者取消粮食保护价格，会降低农民营粮收入，进而会降低农民种粮积极性，同时，中国分散的农业经营方式面对国际市场粮食价格波动时抗风险能力有限，特别是小农经营方式面对美国、加拿大等国家机械化、大规模的现代农业缺乏市场竞争力，将会导致中国粮食产量的下降，进而会影响国家的粮食安全。

第二种改革的方向是实施目标价格制度。事先确定一个保护性价格，这种价格不进入市场。农民按照市场决定的价格出售玉米，在市场价格低于目标价格的时候，产生的差额由政府进行补贴。国家确定的目标价格水平，是对农民种粮行为的引导价格，也是对农民的保护价格，但该价格不是收购价格，收购价格由市场决定。市场价格由供给方和需求方决定，目标价格通过影响供给从而影响价格关系，而不是直接进入市场来确定价格。考虑到粮食生产关系国计民生，粮食价格关系到农民的实际收入，政策制定又必须要保护农民的种粮积极性，保护农民的切身利益不受侵害。从国际的经验和中国的实际情况来看，目标价格制度是未来粮食保护价格政策改革的方向。

9.1.2 粮食补贴政策

（1）粮食补贴政策的沿革

从2004年开始，中央决定免征除烟叶税外的农业特产税，同时进行免征农业税改革试点工作，并不断对农民进行种粮直补。2006年在全国彻底取消农业税，取消了336亿元的农业税赋，同时取消了700多亿元的“三提五统”和农村教育集资等。与此同时，先后出台了对种粮农民的直接补贴、良种补贴、农资综合补贴、农机具购置补贴等一系列扶持粮食生产的政策措施，2006年全国良种补贴规模达到40.7亿元，国家安排粮食直补资金145亿元，全国农机具购置补贴资金6亿元。粮食补贴政策的主要目的在于促进农民增收、确保粮食安全和耕地保护，2006 年，国家实施对种粮农民进行农业生产资料综合补贴，以降低农业物资价格变动对粮食生产的影响。国家用于粮食补贴资金逐年增加，2015 年国家对种粮农民直接补贴资金 140.5 亿元，2015 年用于农资综合补贴资金 1 071 亿元，2015 年用于良种补贴资金 203.5 亿元（表 9-2）。

表 9-2　中国农业四项补贴数额

单位：亿元

年份	种粮直补	农资综合补贴	良种补贴	农机购置补贴	合计
2004	116	—	29	1	145
2005	131	—	39	3	173
2006	145	120	40.7	6	311.7
2007	151	276	67	20	514
2008	151	716	123	40	1 030
2009	151	795	199	130	1 275
2010	151	835	204	155	1 345
2011	151	860	220	175	1 406
2012	151	1 078	224	200	1 653
2013	151	1 071	224	217.5	1 663.5
2014	151	1 071	224	170	1 616
2015	140.5	1 071	203.5	236.45	1 651.45

资料来源：收集整理。

随着国家粮食补贴力度的不断加大，农民转移性收入不断增加。例如，吉林省农民人均转移性收入从 2004 年的 167.70 元增加到 2014 年的 1 215.01 元，农民人均转移性收入占农民家庭人均纯收入的比重由 2004 年 5.59%增加到 2014 年的 11.27%。2015 年以来，国家开始不断调整粮食补贴政策，新增财政补贴将重点支持重点农产品、新型农业经营主体和粮食主产区。

（2）粮食补贴政策评价

粮食补贴政策实施以来，极大地调动了农民种粮积极性，稳定了粮食产量，确保了国家的粮食安全。但是粮食补贴政策在实施过程中也存在一些问题。一是粮食补贴标准偏低。和西方发达国家相比，我国粮食补贴的标准仍然偏低。从取消农业税到对种粮农民实施财政补贴，虽然有利于调动农民种粮的积极性，但是这种激励力非常有限。从事农业经营的收益和从事非农经营活动的收益相比，差距越来越大，从事农业生产经营活动的机会成本会越来越大，农民出于理性的角度考虑，种粮的积极性会不断下降，不断向非农产业转移。另外，农民粮食补贴政策实施的是普惠制，进一步弱化了农业补贴的目标。二是粮食补贴偏重经济社会效益，忽视生态环境效益。我国粮食补贴政策主要目的是调动农民种粮积极性，进而增加粮食产量，确保国家粮食安全。但是，这样的目标却忽视了农业生态环境的问题。农民往往出于短期经济收益的考虑，忽视对农业生态环境的保护，造成地下水过度开采、化肥农药过度施用，由此带来了严重的农业生态环境问题。虽然，粮食补贴政策由于缺乏对农业生态环境的考虑，难以调动农民参与保护农业生态环境的积极性。农民自身对农业生态环境的保护意识也欠缺，往往只顾眼前利益，忽视农业的可持续发展。三是不容易选取补贴标准，各类补贴计算依据不尽相同，有按承包耕地面积补贴、按实际种植面积补贴等多种依据，容易存在激励偏差，政策操作成本高。从执行来说，各项补贴的政府主管部门不一，补贴的执行时间也不统一，基层工作量大。

（3）粮食补贴政策改革方向

粮食补贴政策改革的方向应该既有利于调动农民种粮的积极性，又有利于保护农业生态环境，增加补贴的精细化、集中化和收入化，尽量减少补贴的扭曲，进而确保农业的可持续发展。一方面，需要调整粮食补贴的标准和范围。不断提高粮食补贴的标准，重点对种粮大户、专业农户和家庭农场等新型农业经营主体加大补贴力度。调整粮食补贴的范围，强化农业生态环境保护意识。国家应积极出台针对农业生态环境保护的补贴范围和补贴标准，加大对农业生态环境保护的补贴力度，使农业补贴达到经济效益、社会效益和生态效益相协调统一的目的。在吉林省半干旱、半湿润偏旱区积极发展雨养农业，建设农田集雨设施，推广地膜覆盖技术，开展粮草轮作、带状种植，推进种养结合。另一方面，积极调整粮食补贴的结构，加大对农田水利基础设施建设和维护的补贴。农田水利基础设施是农业发展的保障，是建立现代农业的基础。完备的农田水利基础设施能够有效降低自然灾害对农业生产的影响，进而稳定农业生产。目前，吉林省农田水利基础设施建设欠账较多，抵御自然灾害的能力较弱，虽然国家不断加大对农业基础设施建设的财政投入力度，但是缺乏完善的后期维护机制，往往在使用时因为种种原因不能达到预期的效果。因此，要积极调整粮食补贴的结构，注重对农业的间接补贴，增加对农业基础设施建设和维护管理的财政补贴。加大对吉林省的粮食大县、严重缺水区和生态脆弱地区的节水灌溉工程建设的财政补贴力度。另外，重视对农业保险的补贴，降低农业的自然风险和市场风险。农民的种粮积极性，不仅受转移性收入的影响，而且也受到预期生产经营风险的影响。农户个体不仅难以抵御洪涝、干旱、气候异常等自然灾害，而且难以抵御市场风险，这时，就需要不断加大对农户投保的补贴力度，同时加大对农业保险公司的补贴力度，大力发展农业保险。支持农业保险业务的开展能够有效地分散农业经营的自然风险和市场风险，解决农民的后顾之忧。

9.2　土地流转政策评价

土地是我国农民的主要收入来源，土地流转和多种形式规模经营，有望推动农户土地价值重组、提高农业活动效率、加速城镇化进程，是发展现代农业的必经之路，也是农村改革的基本方向。但已有土地流转政策的预期效果尚未完全呈现，集中表现在农民职业分化以及农民收入增长等约束上，农村土地流转仍面临着挑战，需要进行新的制度创新。

9.2.1　农村土地流转政策的沿革

我国土地流转政策在改革开放以后，尤其是家庭联产承包经营制度确立以来不断探索和完善。早在1984年的中央1号文件就提出了“鼓励土地逐步向种田能手集中。社员在承包期内，因无力耕种或转营他业而要求不包或少包土地的，可以将土地交给集体统一安排，也可以经集体同意，由社员自找对象协商转包，但自由地、承包地均不准买卖，不准出租，不准转作宅基地和其他非农业用地”，1988年《中华人民共和国土地管理法》指出“国有土地和集体所有的土地使用权可以依法转让”。2002年通过的《农村土地承包法》也指出“承包期内，承包方依法享有土地使用、收益和土地承包经营权流转的权利”。2008年中共中央十七届三中全会通过的《中共中央关于推进农村改革发展若干重大问题决定》指出，允许农民以转包、出租、互换、转让、股份合作等形式流转土地承包经营权，发展多种形式的适度规模经营，并强调有条件的地方可以发展专业大户、家庭农场和农民专业合作社等规模经营主体。2013年中央1号文件指出：“要全面开展农村土地确权登记颁证工作，并且加快推进征地制度改革，并计划用5年时间来进行农村土地确权工作”。“加快推进征地制度改革。依法征收农民集体所有土地，要提高农民在土地增值收益中的分配比例，确保被征地农民生活水平有提高、长远生计有保障”。2013 年中共中央十八届三中全会审议通过《中共中央关于全面深化改革若干重大问题的决定》明确提出：“允许农民以承包经营权入股发展农业产业化经营，鼓励承包经营权在公开市场上向专业大户、家庭农场、农民合作社、农业企业流转，发展多种形式规模经营。”。2014 年中央 1 号文件继续强调加快农村土地制度改革，其中“稳定农村土地承包关系并保持长久不变，在坚持和完善最严格的耕地保护制度前提下，赋予农民对承包地占有、使用、收益、流转及承包经营权抵押、担保权能。在落实农村土地集体所有权的基础上，稳定农户承包权、放活土地经营权，允许承包土地的经营权向金融机构抵押融资”。2015 年的中央 1 号文件仍然坚持农业试点改革，提出：“在确保土地公有制性质不改变、耕地红线不突破、农民利益不受损的前提下，按照中央统一部署，审慎稳妥推进农村土地制度改革”。

我国农村土地流转政策逐步深化，农村土地流转出现以下特征，一是农村土地流转速度明显加快、土地流转面积逐年稳步上升，截至 2014 年年底，全国土地流转面积约 0.27 亿公顷，占家庭承包耕地面积的 30.4%，经营面积在 50 亩以上的规模经营农户超过 341.4 万户。二是农村土地流转以农户为主逐步向农村种养大户、个体工商户、农业龙头企业、农民专业合作社、家庭农场发展，全部流转的耕地中，流转给农户的占 58.4%，流转给农民专业合作社的占 21.9%，流入企业的农业产业化方式占 9%，流入其他主体的 10.7%。三是农村土地流转形式，由农户间的转包逐步向转包、出租、入股、互换、抵押、委托代耕等多种形式转变，耕地流转转包的为 46.6%，出租的为 33.1%，这两项就占了将近 80%。四是农村土地流转逐步由自发市场向规范市场转变，土地流转的合同签订率占土地流转面积的 2/3 以上，当然，仍有 30%流转的土地是口头协议。农村土地流转实现了集中连片种植和集约化、规模化经营，节约了生产成本，促进了农业发展和农民增收，农民收入增速连续 5 年高于国内生产总值和城镇居民收入增幅，城乡居民收入比由“十一五”末的 3.33∶1 下降到 2014 年的 2.92∶1。

9.2.2 农村土地流转政策评价

改革开放以后的家庭承包经营的土地制度使得土地两权分离，解决了土地生产效率低的难题。为农村经济和社会发展带来巨大的动力和成效，然而，随着市场经济的发展和城市化进程的推进，这一制度的缺陷也开始暴露，农民收入难以提高，农业发展增长缓慢，直接影响经济社会的稳定，成为当前新农村建设与和谐社会建设的一大制度障碍。主要体现在：一是对土地所有权主体尤其是集体土地所有权缺乏明确的规定，出现了村委会行使集体土地使用权的现象，而反过来就造成了作为土地所有权主体的农民对集体土地缺乏认同感。二是现代农业要求规模效益与家庭分散承包生产经营形式的内在矛盾，土地得不到集中，农业就不能规模化，阻碍了农业劳动生产率和农产品商品率的提高，制约农业的进一步发展。三是农用土地制度的过于平均化使众多农业劳动力与农用土地制度束缚在一起，分散细小化的土地经营使得农业资本投入边际效率递减，农业劳动资源丰富的优势，正在变成活劳动投入成本比例过高的劣势，导致农产品的成本不断上升，降低了农产品的国际竞争力。四是农民非农化、市民化生活成本居高不下，在目前我国农村社会保障制度不完善的条件下，农民基本生活保障功能实际上是由农用土地来承担的，即所谓农用土地保障功能。农地这种过强的社会保障功能降低了农业劳动力外出就业的动力，限制了农民的职业分化。这种特有的农地制度决定了我国劳动力转移的特征是一个既有流出又有回流的过程，循环往复，成为导致农民分化难以彻底的一个重要因素。

9.2.3 土地流转政策改革方向

“三农”问题是世界难题，而土地制度问题又是“三农”问题的重中之重，土地制度问题关系到千千万万中国农村居民的切身利益，在改革和创新的时候应该坚持一致性原则，同时应该根据经济和社会发展的需要积极改革和完善。

农村土地制度深化改革，就是以调动农民种粮积极性为目的，以提高农业生产效率为方向，以提高农民收入为前提实施农村土地制度的改革。结合近几年的中央1号文件，可见党中央对农村土地改革的决心。土地确权就是要求在保持农民土地承包经营权不变的前提下，通过对产权的有效分割和界定，进一步保证农民的土地物权。土地确权可以更好地保障农民对土地的权力，强化了农民的基础地位。土地确权的进行，使土地的归属更加清晰明了，为农民的土地权益提供可靠依据，减少了土地纠纷。通过对土地精确的测量，可以得到翔实可靠的土地信息，使得以土地为载体的支农惠农政策得以实施；允许农民可以利用土地承包权进行融资，可以增加农民的融资渠道；土地确权登记，可以为政府部门提供土地信息，完善土地流转。

在土地制度保持长期稳定的基础上，土地使用权制度的多方位、多层次变革将成为重心。基于土地承包经营权长久不变的政策，土地家庭经营与现代化的规模经营并不矛盾，特别是在土地使用制度日益完善的发展趋势下。而“明确所有权，稳定承包权，放活使用权”的土地基本政策，又保证了土地使用制度的细化和灵活应变性，所以，未来的土地制度应该是规范化与灵活性、稳定性与应变性完美结合的制度，变革的重心仍将是土地使用制度的多方位、多层次变革。推进农业规模经营。推动土地承包权流转，支持乡村农业科技人员、返乡创业农民和大学生等新型主体创办农业规模经营组织。鼓励农户将农村土地承包经营权折价入股，参股农民专业合作社、农业企业，发展农业产业化经营。农民变市民。让转移出去的农民“离乡又离土”，安心当好非农民，进城务工的农民应该在医疗、教育、公共卫生、住房租购、劳动就业等方面享有与城市居民同等的权利，耕地逐步“向种田能手集中”，让专业农户、“最后的农民”——职业农民形成规模经营，才能实现农民利益最大化。

规范管理土地流转工作，确保农村土地依法、有序流转。一要建立符合市场经济要求的土地流转机制，建立健全土地承包经营权流转市场，积极培育和发展各种类型的为农村土地流转提供政策咨询、法律介绍及市场调研的中介组织。规范土地流转的契约形式，提供相关的土地信息和规范的流转合同文本，帮助农民联系流转对象，协调流转价格，协助办理土地流转手续，提高土地流转交易的成功率。二要充分发挥政府的职能。在土地流转过程当中，有关部门要加强土地承包经营权流转管理和服务，建立土地流转合同的订立、签证、登记制度，严格监视土地规模化经营以后的使用问题，凡是从事非农产业经营行为，收回其承包权。三要积极开展土地承包纠纷仲裁工作，推进土地承包管理工作的制度化、法制化，依法稳定和完善土地承包关系，保障农民的土地承包经营权。

9.3 新型农业经营主体培育政策评价

随着工业化和城镇化进程的加快，农民内部的分化不断加快，由于非农产业收益率普遍高于农业产业的收益率，一部分农民出现了兼业行为，出现了非农化、非粮化的现象。在这样的背景下，如何培育新型农业经营主体显得尤为重要。近年来，各级政府为了培育新型农业经营主体，出台了许多相关政策措施。推进新型经营主体发展，截至 2014 年，吉林省种养大户、家庭农场、合作社和龙头企业分别突破 5 万家、2 万家、5 万家和 500 家，产业化经营组织辐射带动农户 262 万户，占全省农户总数的 65%，新型经营主体迅速发展，有效地促进了规模化经营，推动土地流转，农村土地流转面积已达到 156.53 万公顷，占家庭承包经营总面积的 27%，对于促进农民增收发挥了重要作用。

9.3.1　新型农业经营主体培育政策沿革

我国新型农业经营主体大致包括专业大户、合作社、家庭农场、农业企业和其他相关组织。从经营的主体来看，与普通农户一样，专业大户和家庭农场也是以家庭为基本单位从事农业生产经营活动；而不同之处在于，专业大户和家庭农场的经营规模较普通农户要大得多，专业大户和家庭农场主要收入来自于农业生产经营，并且农业经营收入明显高于当地普通农户。由于专业大户和家庭农场的相似性，并且没有本质的区别，本节仅以家庭农场为代表进行相关分析。

新型农业经营主体中的农民合作社区别于 20 世纪 50 年代合作化运动中出现的各种类型的合作社，新型农业经营主体中的农民合作社是建立在家庭联产承包经营制度下的合作经济组织。20 世纪 80 年代后期以来，农民合作经济组织以农民技术协会、农民专业协会和农民合作社等形式缓慢发展，2003 年吉林省农委等九部门联合出台了《关于推进农村经济组织创新工作的意见》，拿出专项扶持资金，开展相关的宣传培训，使农民专业合作社由技术信息服务向经济活动转变。2006 年 10 月 31 日第十届全国人民代表大会常务委员会第二十四次会议通过了《中华人民共和国农民专业合作社法》，从 2007 年 7 月 1 日起开始实施。近年来，国家不断加大对农民合作社发展的政策扶持力度，在产业政策、财政政策、金融政策、税收政策、科技支持政策和人才扶持政策等方面给予了大力支持。2009 年，吉林省省委、省政府组织出台了《关于扶持农民专业合作社发展的若干政策意见》，提出了项目资金扶持、税收优惠政策、金融信贷支持、保障用地用电和运输优惠等 9 个方面 40 条政策措施，这些为农民专业合作社发展提供了制度保障。吉林省通过开辟绿色通道等措施，调动农民设立合作社的积极性，鼓励发展专业合作、股份合作等多种形式的合作社，落实允许农民以土地、林地使用权评估作价出资设立农民专业合作社政策措施。截至 2014 年年底，吉林省工商系统共登记农民专业合作社 52 065 家，发展成员 661 100 名，出资总额达 1 004.73 亿元，比 2013 年分别增长 20.98%、32.71%、42.32%。同时，吉林省进一步推进农民专业合作社联合社发展，认真实施《吉林省农民专业合作社联合社登记管理暂行办法》，积极鼓励企业特别是涉农企业引领设立农民专业合作社联合社。吉林省登记农民专业合作社联合社 32 户。

2008 年中共中央十七届三中全会通过的《中共中央关于推进农村改革发展若干重大问题决定》指出，允许农民以转包、出租、互换、转让、股份合作等形式流转土地承包经营权，发展多种形式的适度规模经营，并强调有条件的地方可以发展专业大户、家庭农场和农民专业合作社等新型经营主体。2013 年中央 1 号文件提出："鼓励和支持承包土地向专业大户、家庭农场、农民合作社流转，发展多种形式的适度规模经营"，2013 年中共中央十八届三中全会审议通过《中共中央关于全面深化改革若干重大问题的决定》明确提出："允许农民以承包经营权入股发展农业产业化经营，鼓励承包经营权在公开市场上向专业大户、家庭农场、农民合作社、农业企业流转，发展多种形式规模经营。"家庭农场逐渐成为社会关注的焦点，各个地区开始探索家庭农场发展的路径，对家庭农场发展给予相应的政策扶持，例如，吉林延边自治州分别从贷款贴息、税收优惠、财政补贴和设立专项家庭农场保险等措施来积极支持家庭农场的发展。2014 年 2 月 24 日，农业部又发布了《农业部关于促进家庭农场发展的指导意见》。《意见》要求各个地区要积极探索家庭农场管理服务制度，落实家庭农场扶持政策，引导土地向家庭农场流转。要求各级农业部门将家庭农场纳入支农惠农政策里，大力发展面向家庭农场的社会化服务，积极完善家庭农场人才扶持政策，家庭农场为农村经济发展和农民增收开辟了一条新的途径。

农业企业也是重要的新型农业经营主体之一，农业企业一般分为农业生产经营企业，农业服务企业和农产品加工企业。随着工业化、城镇化进程的加快，农民出现了兼业化和非农化的行为，少数个别企业通过转租土地从事农业生产经营活动。由于我国对基本农田的流转用途有严格的控制，大部分农业生产企业主要从事占用土地较少的畜禽养殖业。农业服务企业主要包括为农业生产提供农资生产、销售等服务的企业，同时也包括为农产品流通提供服务的农产品物流企业。农产品加工企业主要是以农业生产的产品为加工对象的企业，农产品加工企业对于实现农业产业化，增强农业产业竞争力具有重要的意义。我国农业企业发展离不开国家政策的支持，尤其一些农业龙头企业的发展更离不开国家政策的支持。各级政府对农业企业在金融融资方面给予相应的优惠政策，同时，财政安排专项资金扶持相关农业企业，另外，国家在税收方面也给予农业企业大力的支持，例如，在税收方面给予减免，出口方面给予退税。早在1997年，财政部和国家税务总局就颁发了《财政部、税务总局关于国有农口企事业单位征收企业所得税问题的通知》，对相关涉农企业实施免征企业所得税的规定。2000年农业部等部门又发出了《关于扶持农业产业化经营重点龙头企业的意见》，2001年，财政部、国家税务总局又发布了饲料产品免征增值税的相关规定。1995年财政部、2003年国务院分别推出了支持农业产业化的意见。积极扶持农业加工业的发展。近年来，我国农业企业在国家相关部门的大力支持下快速发展，2012年我国农业龙头企业达到11万家，其中国家农业产业化重点龙头企业1 253家。2013年我国规模以上农产品加工企业7.45万家。

9.3.2　新型农业经营主体培育政策评价

从国内外农业经营主体发展实践来看，专业大户和家庭农场是世界各国农业生产经营的主体，不管是美国规模较大的农业经营，还是像日本、韩国等规模较小的农业经营都是以家庭农场为主体，这是由农业生产的生物特性决定的，因此，家庭农场也是未来中国农业生产经营的主体。近年来，家庭农场发展的速度并不是很快，这主要是受到农业经营的自然风险、市场风险和农业贷款的难易程度等因素的影响。由于农业生产的自然风险和市场风险的存在，专业大户和家庭农场生产经营的风险较高，由于目前，我国缺乏完善的农业保险体系，尤其是针对新型农业经营主体的保险制度的缺乏，专业大户和家庭农场经营农业的风险依然较高。农业经营的高风险性也决定了专业大户和家庭农场农业贷款比较难以获取，进而阻碍了经营主体对传统农业的改造，阻碍了农业的现代化进程。

虽然农民合作社的数量从2007年颁布实施《农民专业合作社法》以后快速增加，但是从实际合作社运行状况来看存在很多问题。很多农民合作社是个体农资销售点改名后变来的，例如，农药销售点变成了某某农资合作社、种子销售点变成了某某农资合作社等，这些合作社并不是由农民自愿组成的互助组织。另外，很多合作社存在发起人个人运作、社员参与度低的现象。同时，很多合作社由于功能单一，社员参与的积极性并不高，地区之间发展不平衡、规模有限、合作层次较低等问题。对农村经济发展和农民增收的带动作用不够突出，家庭农场在一定程度上提高了农民的收入水平，拓宽了农民增收致富的渠道，但仍然存在诸多问题和不足。如家庭农场缺乏明确的定义而带来注册登记等一系列问题，融资难、土地流转不规范、发展过程中与现有农业政策的冲突等，特别是难以得到相应的扶持政策，政策性扶持力度和扶持范围有限，与家庭农场农业经营规模及生产多元化现实不相适应。家庭农场主要集中在粮油作物种植、生猪养殖等领域，而更大规模经营的蔬菜、水果、牛羊等农畜产品却得不到覆盖。

农业企业作为重要的新型农业经营主体之一，尤其在农业服务、农产品流通和农产品加工领域的作用非常重要。在农业企业发展方面，仍然存在许多问题。例如，由于我国没有禁止工商企业进行农地经营的法律，许多工商企业进行农地经营的行为有增无减，这给农业生产的安全和农民利益带来损害。近年来我国对农业企业的扶持大多在农产品加工企业，而对于从事农业服务业的企业缺乏相应的支持力度。这也导致了我国农业服务业发展的落后，难以满足现代农业发展的需要。同时，对农业龙头企业的政策支持缺乏农业企业管理、营销、品牌塑造等方面的扶持力度。另外，涉农企业由于行业利润率低于其他工业企业的利润率，因而，涉农企业，尤其是小型涉农企业在贷款方面存在着许多困难。

9.3.3 新型农业经营主体培育政策改革方向

家庭农场支持政策的改革方向应为家庭农场的发展扫清制度障碍，通过法律形式明确家庭农场的概念和认定标准，制定注册登记办法，出台专门的有针对性的财政税收扶持政策，引导农户依法采取转包、出租、互换、转让、入股等方式流转承包土地。在坚持农村土地集体所有权和充分尊重农民意愿的基础上，引导有稳定非农就业收入、长期在城镇居住生活的农户自愿退出土地承包经营权。对于登记注册的专业大户、家庭农场应加大财政扶持力度，并且对于新型农业经营主体应该给予相应的现代农业相关经营管理知识的培训，增强专业大户、家庭农场经营者的农业经营管理能力。同时，应该积极建立针对专业大户、家庭农场的完善的农业保险体系，提高专业大户和家庭农场应对自然风险和市场风险的能力。在贷款支持方面，各级涉农金融机构应该积极推出针对专业大户和家庭农场等新型农业经营主体的贷款业务，创新贷款抵押担保方式，积极为适度规模经营提供充足的资金支持。

围绕产前、产中、产后重点环节，加大农民专业合作组织创建力度。未来，应该发展多种类型农民合作经济组织，尤其应该在农资服务、生产性服务、融资贷款等方面加大农民合作经济组织的政策支持力度，解决农民农业生产经营中的问题。同时，农民合作社应该扩展其他社会功能，各级政府应该给予支持。例如，各级政府应该支持合作社举办入社会员职业能力培训活动，支持合作社承办必要的社会活动，丰富农村居民的精神层面的生活。

积极扶持农业产业化龙头企业的发展，增强产业竞争力。各级政府应该着力培育农业产业化龙头企业，进一步加大农业产业化龙头企业税收优惠和出口退税的力度，壮大领军型加工企业，培育成长型中小型加工企业，通过兼并、重组、参股、联合等方式，组建大型加工企业集团，提高产业集中度，促进产业集群、聚集发展。同时，应该加大农业企业在产品营销、品牌塑造等方面的财政支持力度。同时支持农业企业与家庭农场、农民合作社等经营主体建立长效的联结机制，进而增强农业企业的竞争力。在涉农企业贷款方面，各种政策性金融机构应该加大对涉农企业贷款支持力度，尤其是对创新能力较强、产品附加值较高的农产品加工企业给予贷款优惠政策，完善农业产业化龙头企业股权融资模式，制定农业产业投资、农业私募股权投资和农业科技创业投资扶持政策，支持符合条件的农产品加工企业在多层次资本市场进行融资，积极发展混合型经济。

9.4　区域发展政策评价

非农收入增加需要加快工业化进程，农业大省肩负着追赶沿海发达地区实现工业化和确保实现农业“安天下”的双重目标，中央政府有责任优先扶持农业大省加快工业化进程。一是因为在我国工业化初期和中期阶段，农业大省对支持全国的工业化，特别是东部省份率先实现工业化，做出了较大的牺牲，理应由中央财政作出补偿。二是因为在全国新一轮工业化竞争中，农业大省为确保全国 18 亿亩耕地“红线”，为建设全国重要的粮食生产基地，势必影响自身工业化的速度，也应由中央财政给予扶持。

9.4.1　区域发展政策的沿革

吉林省作为我国粮食主产区之一，人均土地资源相对全国平均水平较为丰富。从确保国家粮食安全和食品安全角度出发，吉林省坚持把粮食生产作为农业现代化建设的首要任务，先后实施了增产百亿斤商品粮工程、百亿斤肉工程、百万亩棚膜蔬菜工程、人参振兴工程，鹿业、林蛙、木耳、中药材等涉农产业工程，推动了农业专业化、规模化、产业化发展。2015 年 8 月 3 日吉林省人民政府出台了《关于进一步落实粮食安全省长责任制的实施意见》，提出要充分认识新形势下确保粮食安全的极端重要性和复杂性，进一步增强责任意识、担当意识，切实履行粮食生产、流通和储备责任，加快构建事权清晰、责任明确、运行顺畅、实施有效的责任体系。

吉林省委、省政府始终高度重视农业产业化经营和农产品加工业发展，立足吉林省的玉米、水稻、生猪、禽类、人参、食用菌等十几个优势资源，积极培育农业产业化龙头企业，带动农户发展产业化经营。吉林省委、省政府制定了《关于加快推进农业产业化经营的意见》（吉发［2005］27 号）和《关于促进农业产业化龙头企业和农产品加工业平稳较快发展的政策措施》（吉政办［2009］56 号），2012 年省政府又出台了《吉林省人民政府关于支持农业产业化龙头企业发展的实施意见》，设立了农业产业化发展专项资金，启动“农业产业化提升行动”，实施“双百双千工程”。到 2014 年，省级重点龙头企业发展到 469 家，培育国家农业产业化重点龙头企业 47 家。全省农产品加工业销售收入达 4 510 亿元，其中省级重点龙头企业销售收入达 2 586 亿元，占龙头企业收入的 76.6%。同时，引导支持龙头企业采取“公司＋基地＋农户”、“公司＋合作社＋农户”、流转土地办农场等多种有效方式，切实与种养农户建立互惠互利、风险共担、利益共享联结机制，形成紧密的利益共同体。促进各方的协同协作，使各方都能从中受益，为农民增收、农业增效、财力增强和农村繁荣做出了重要贡献。产业化龙头企业引领现代农业发展和带动农户多元、多渠道增收的能力在稳步提升。到 2014 年，各类农业产业化龙头企业辐射带动种植业基地 4 500 万亩，畜禽养殖量达 5.2 亿头（只），带动 269 万种养殖农户参与一体化经营，带动农民增收 71.5 亿元，户均增加收入 3 300 元；龙头企业直接为 6 万多农村劳动力提供就业岗位，吸纳 65 万农村富余劳动力就近就业，年人均工资性收入 2 万多元，龙头企业有效拉动了农村物流、金融等服务业发展，有力促进了农村经济的繁荣。

9.4.2 区域发展政策评价

从经济发展看，吉林省老工业基地深层次体制机制和结构性矛盾凸显，民营经济发展滞后；产业结构不优，农业增产增效空间缩小，工业经济增长乏力，支柱产业创新转型不快，新兴产业接续能力不强，城镇化带动不强，与东部沿海经济发达省份相比依然存在市场经济体制不完善、城市保护性制度明显等问题。吉林省工业在结构上的重型化特征明显，产业结构上呈现出“结构重、层次低”的发展态势，2014 年重工业占工业的比重为 69.2%，工业增加值率仅为 27%，低于发达省份 30%的水平。民营经济不发达，规模以上民营工业企业数为 2 636 个，每万人拥有量还不到 1 个，规模以上民营工业企业数量少，经济总量与发达省份相比尚有较大差距。近年来，吉林省城镇化率增速放缓，2010—2014 年吉林省城镇化率年均增加 0.04 个百分点，与同处东北地区的辽宁省和黑龙江省相比，吉林省的城镇化率分别低 11.97 和 3.22 个百分点，较低的城镇化率也反映了吉林省城镇经济发展的滞后，制约了农村富余劳动力非农产业就业，已经成为农民进一步增收的“短板”。

9.4.3 区域发展政策改革方向

非农收入增加需要加快工业化进程，推进城镇化，为此，必须要有工农业协调发展的政策思路，应确立工业拉动农业的思想，以商品粮基地丰富的资源为基础搭建农产品加工业的平台，与工业结构调整方向相适应，确定农业生产结构优化的导向政策。从宏观经济的角度看，也要考虑到工农业布局，必须实现工农业的协调发展，必须进行综合生产体系建设，切实把粮食生产的资源优势转化为地方经济优势。在财政政策上，中央应加大对农业大省转移支付的力度，中央财政应本着“区分轻重缓急、突出支持重点”的原则，逐渐增加中央财政对农业大省的支持力度，提高支出规模，完善对产粮大县的奖励政策和粮食最低收购价政策，通过财政贴息支持农村金融改革。

在产业政策上，国家应促进农业大省的农业前向和后向产业的发展，加大对农业大省农业服务业和农产品加工业的政策扶持力度。促使农产品加工企业通过订单农业等有效形式带动农户发展农业生产，促进农民增加收入。国家要在政策、资金、税收等方面采取优惠和扶持措施，重点在粮食主产区加速建设一些大型农用工业骨干企业，加快企业技术改造步伐。国家要进一步支持农业大省城镇化建设，为农村剩余劳动力转移提供发展空间和环境。吉林省自身也要加快农业结构调整，建立农牧结合，发展畜牧业，发展特色高效经济作物，发展多种经营，促进农村一、二、三产业融合发展，强化农业品牌建设，提高农业附加值。稳定家庭经营收入，挖掘特色养殖、庭院经济、园艺特产业等方面的增收潜力。

在区域政策上，建立工业大省与农业大省利益补偿机制。经济较发达工业大省，财政收入高，其基本农田均被变作现代工业企业或经济作物区，用现代工业和高收益经济作物积累的财富来反哺农业大省，对于农业大省GDP增长应该是有效恰当的。建议让工业大省承担更多的农业安全责任，实行工业大省对口扶持农业大省政策，引导工业大省对农业大省的投入，可考虑由中央政府向工业大省收取补偿金，再根据农业大省调出粮食的数量，通过转移支付手段对农业大省予以补贴。同时，作为配套政策，政府以较高税率向工业大省企业征收耕地税，增加工业大省企业的用地成本，适度促使东部工业大省相关产业向中西部农业大省转移，进而加快中西部农业大省工业化进程，促使东部工业大省企业走集约式发展道路，实现企业转型和产业升级，达到双赢的目的。

9.5 本章小结

垄断式的粮食收储政策制约了市场功能的正常发挥，玉米临储价格的实施也使得大量的生态脆弱区、湿地保护区变成了玉米种植区，破坏了生态环境，也造成了下游产业的高成本效应。未来，粮食价格保护政策的改革需要实施目标价格制度，推动玉米后续产业发展，增强吉林省玉米产业的市场竞争力。粮食补贴政策实施以来，极大地调动了农民种粮积极性，稳定了粮食产量，确保了国家的粮食安全。但是实施普惠式补贴，难以激励种粮大户和种粮专业户。同时，补贴力度不足，偏重社会效益，忽视生态效益。未来应实施差异化粮食补贴政策，向专业种粮农民倾斜，促进土地流转，强化生态环境意识，重视农业保险补贴，降低农业灾害与市场风险。中央政府应优先扶持农业大省加快工业化，增加吉林省农民非农收入。

粮食增产并不意味着农民必然增收，从微观来看，依据经济学原理，产量最大化时在生产函数第二阶段尾端，此时，并不是收入最大化时期。从宏观来看，由于供求关系决定价格，当供给充足时，就很难避免卖粮难或变为竞相降价的恶性竞争，导致“谷贱伤农”。

吉林省作为产粮大省，却是工业小省、财政穷省，产粮越多、贡献越大，农民收入越低、财政包袱越重。要继续贯彻国家各项惠农政策，让种粮农民得到实惠，务必包括粮食直补、良种补贴、农机购置补贴、农资综合补贴等政策，确保中央和吉林省给种粮农民的实惠真正落实到农民手中，不断提高粮食生产效益，充分保护和调动广大农民的种粮积极性。国家应增加对财政困难的产粮大县的奖励和补助，地方政府也要通过粮食流通，产品加工以及提供各种服务增加财政支持。

第十章 研究结论与对策建议

10.1 研究结论

（1）不论是增量还是增速，吉林省农民收入都经历了从低速增长向快速增长转变的过程，而且农民收入的非农化特征越来越明显。但应该看到，吉林省农民的收入来源比较单一，在收入的构成中，仍旧以家庭经营性收入为主。而其中，第一产业收入的比重过大，第二、三产业还没有形成足以使农民普遍增收的力道。第一产业的内部结构中种植业一枝独秀，特别是玉米种植业收入占总收入的比重较大。深入观察分析农民收入的来源发现：一是家庭经营性收入提升的空间有限，因为家庭经营性收入的内部构成很大一部分来自于第一产业收入，这一比重在未来的经济发展过程中会不断下降，而来自第二、三产业收入的比重却在上升；二是工资性收入对农民收入增长的贡献最大，将成为未来吉林省农民增收的核心“潜力池”，只要继续开拓农民在非农领域的从业参与度，该模块对农民收入的增长将具有十分可行的重大机会；三是目前财产性收入的贡献最小，但财产性收入的增收空间会十分可观；四是转移性收入可以由政府继续“发力”，但并不能实际解决问题的根本矛盾。要缩小吉林省城乡收入差距，提高农民的收入水平，就应该增加农民工资性收入、财产性收入和转移性收入，一方面政府要加大转移性支出和减免力度，鼓励其彻底进入非农领域就业，降低其入城生存的成本；另一方面，政府可以推行合适的政策帮助这些转为非农产业的农民，将其存有的零散土地进行合理的置换与整合，为其入城提供一份保障，也会利于农村土地的集约式生产。

（2）实证研究结果表明：农民收入结构变动与“城镇化经济水平”“非农资本活跃度”“二、三产业发展力”正相关。从经验角度来看，区域的经济发展是促进农民收入结构变动的主要动力，城镇化可较好地推动农业劳动力到城镇和二、三产业创业、就业，农民收入结构也得到了相应的变化，农民收入来源更加多样化、非农化。农民其自身的活跃程度和财富资本的积累程度会使其更容易获得非农收入，农村劳动力教育水平的提高仍旧有利于农民非农就业，推动农民收入结构变动。第二、三产业的发展趋势和速度，也就是其发展力，与农民收入结构变动有着密切联系。基本上可以说，相比第一产业，第二、三产业的发展越迅猛，农民越容易接触和融入城镇的生产生活之中，进而获得更频繁的参与非农业产业的机会，获得更多的非农收入。不过，政府对农业的基础设施建设投资越大，由于这一政府行为会促进农业现代化的发展，导致农业生产规模和经营环境整体优化，资源配置更高效，继续坚持农业经营的农民家庭经营性收入就会越多，这样就会降低农民外出获取非农收入的动机，进而农民收入结构变动就会越小。

（3）在外部环境一定情况下，农民非农收入状况会受到农民自身因素、居住地因素、家庭因素的影响。从农民自身因素来看，依据调查数据，男性农民非农收入略高于女性农民；青壮年农民非农收入高于中老年农民；农民文化程度的高低密切影响着农民非农收入的多少，较高文化水平的农民非农收入更高；未婚农民参与非农职业的比例远远大于已婚农民。从居住地因素来看，农民非农收入的高低除了农民自身的情况外，还与其居住周边的环境相关。如果再加上农民自身有一技之长，头脑灵活，更能适应市场经济发展，就有更多进入非农产业就业的机会，获得非农收入也较多。除了离县城距离近以外，如果恰好居住区附近有非农企业，则将会获得十分有利的增加非农收入的机会。从家庭因素来看，家庭耕种土地越多，非农收入比重越小。这说明农民如果家庭所耕种的土地越多，其“离农”从事非农经营活动的动力越弱。而家庭功能比较健全、家庭负担比较小的农民则因为其有良好的家庭后盾支撑，会勇于尝试非农方面的职业分化，非农收入所占比重也会越大。

（4）农民非农收入所占比重的逐渐增加是农民基于收入最大化作出的理性选择的结果。农民非农收入所占比重不断上升，尤其是农民工资性收入所占比重不断上升，是一部分农民或者农民的部分劳动时间从传统的农业经营转移到非农经营或者外出务工的结果。当农民种植粮食作物的收益低于种植经济作物、发展畜牧业收益，农民会放弃粮食作物的种植，转而经营相对收益较高的农作物的种植。农民收入结构的变动也会进一步影响农民行为选择，农民从事非农经营和外出务工的收益高于种植粮食作物取得的收益时，更多的种植粮食作物的农民会放弃粮食作物的经营活动，转向非农经营活动或者外出务工，从而对粮食播种面积产生负面的影响。一定非农收入有利于粮食生产效率的提高，但当非农收入超过一定水平时，农户粮食生产效率会呈现下降的趋势。农民非农收入所占比重的增加一方面增加了农民的收入，另一方面对农业生产却造成了许多负面的影响，农民非农收入的增加，尤其是工资性收入的增加降低了农民种粮的积极性，影响了农民对耕地的可持续性投入，为保证农业生产的顺利开展，为了维持粮食的稳定产量，农民对土地投入过多的化肥、农药等化石能源，这样虽然短期保证了粮食的产量，但是长期却导致农业生态环境遭到破坏，农业生产不可持续。随着农民非农收入进一步增加，农业收入比重微乎其微时，农民对农业生产的物质投入也会降低。

吉林省农民收入结构和农民非农就业的变化趋势相同。吉林省农民非农就业对农民收入结构变动的冲击作用要大于吉林省农民收入结构变动对吉林省农民非农就业的冲击作用。吉林省由于农民人均耕地资源较丰富，农民非农收入的增加并不能够让农民放弃经营农业，而且，随着国家支农惠农力度的加大，农业各种补贴也使得农民经营农业的积极性不断增强，导致农民放弃农业经营转向其他职业的机会成本较大，农民并不愿意放弃农业经营去转变职业角色。另外，近年来吉林省乡镇企业经营出现了衰退的现象，乡镇非农经济的不景气也让想放弃农业经营的农民失去了安全感，农民对职业转换的意图更加淡漠。

在收入结构对消费支出结构的影响方面，家庭经营性收入和工资性收入仍然是影响农民基本消费支出的最主要收入来源，而在基本生活消费得到满足以后，对其他生活消费支出项目影响最大的收入来源不尽相同。转移性收入对农民非基本生活消费支出的正向影响较大，尤其是对农民文化教育方面消费支出的影响处于四个收入来源之首。工资性收入和转移性收入对农民医疗消费支出的正向影响较大，工资性收入对农民交通、通信消费支出的正向影响最大。

吉林省农民生活性消费结构进一步转型升级需要不断增加农民工资性收入和转移性收入，而增加农民工资性收入和转移性收入需要各级政府加大两个方面的工作。一方面应加快农村富余劳动力的转移力度，通过增加对农村外出务工农民的职业教育培训等途径来加大对农村人力资本的投入，进而提高农民的工资性收入；另一方面需要各级政府和相关组织不断加大对农业的支持力度，通过工业反哺农业、城市反哺农村和财政转移支付的方式来增加农民转移性收入。通过这两个方面的努力，能够增加农民的工资性收入和转移性收入，进而带动农民消费结构的转型升级。

实证结果表明，农民非农收入的变化与地区经济发展之间存在长期密切的关系。地区经济的发展对农民非农收入的拉动具有持续的正向影响，地区经济的发展能够为农民非农就业提供更多的机会，同时地区经济的发展也能为农民务工收入的增长提供保障。地区经济的发展会受到自身发展基础的影响，本期的经济发展水平会影响下一期经济的发展。农民非农收入的变化对地区经济发展的影响也呈现正向影响，但是影响的幅度并不是很大，说明农民非农收入与地区经济发展的关系，更多地表现为地区经济发展对农民非农收入的影响。

（5）垄断式的粮食收储政策制约了市场功能的正常发挥，玉米临储价格的实施也使得大量的生态脆弱区、湿地保护区变成了玉米种植区，破坏了生态环境，也造成了下游产业的高成本效应。未来，粮食价格保护政策的改革需要实施目标价格制度，推动玉米后续产业发展。粮食补贴政策实施以来，极大地调动了农民种粮积极性，稳定了粮食产量，确保了国家的粮食安全。但是实施普惠式补贴，难以激励种粮大户和种粮专业户。同时，补贴力度不足，偏重社会效益，忽视生态效益。未来应实施差异化粮食补贴政策，向专业种粮农民倾斜，促进土地流转，强化生态环境意识，重视农业保险补贴，降低农业灾害与市场风险。中央政府应优先扶持农业大省加快工业化，增加吉林省农民非农收入。

10.2 对策建议

优化农民收入结构，需要稳定农民农业经营收入。而要想稳定农民农业经营收入，就要加快农村剩余劳动力转移，加快一部分农民市民化，这样才能保证经营农业的农民获得规模经济，使得农民经营农业的平均收入不低于城镇居民人均收入。同时要大力发展工业和服务业，以此为农村剩余劳动力转移进城提供较多的就业岗位。总之，优化农民收入结构，促进农民增收是一个系统工程，需要政府、农民、企业等相关主体的共同参与才能完成。以下从发展非农产业、加快城镇化进程、加大农村人力资源开发力度、完善劳动力自由流动机制和推进城乡经济社会一体化等方面提出相关的对策建议。

10.2.1 推动实体经济发展，促进非农产业快速发展

非农产业的快速发展对促进农民非农收入具有不可替代的作用，非农产业

发展关键靠经济主体兴办实体经济，按照绿色、生态、可持续模式发展实体经济。

（1）努力实现以支柱优势产业为支撑，以战略性新兴产业为先导，使特色资源产业得到深度开发，把吉林省建设成为中国重要的工业基地。做强绿色制造业，做大资源工业，振兴新兴产业。加快交通信息和服务业的发展，大力发展县域经济，积极发展特色农产品加工业。充分利用吉林省现有农产品加工业发展的基础，积极寻求产业优化升级，延长农产品加工业产业链条，提升农产品加工业的科技含量，为农产品加工业转型升级提供科技支持，并且在税收、行政审批等方面对高新技术农产品加工业予以优惠扶持。大力发展吉林省现代服务业，特别是能够吸引农村劳动力就业的农业服务业的发展，拓宽农民就业空间。

（2）推进大众创业、万众创新，发挥创业带动非农收入的倍增效应。创业促就业是实施扩大非农收入的重要内容。一是充分发挥报刊、电视、基层劳动保障平台等宣传阵地作用，大力宣传现有的创业政策和创业成功典型，增强创业意识，营造创业氛围。二是通过多种渠道，征集和开发一批投资少、见效快、市场发展前景好、适合本地农民的创业项目，开展创业项目展示活动。根据农村劳动力自身特点和创业不同阶段的需要，采取与专家结对“一对一”辅导等措施，加强创业帮扶，为农村劳动力自主创业提供各个阶段的服务。三是各地应积极设立农民工返乡创业园，同时，各级政府应该加大对入住农民工返乡创业园的企业生产用地、税收和贷款等方面的扶持力度。通过农民工返乡创业带动农村劳动力就业，进而促进农民非农收入的增加。开发针对返乡农民工的创业贷款。鼓励和引导农业产业化重点龙头企业和农民专业合作组织带动农民创业，允许它们开展公共财政支持的创业培训，利用它们的资金、技术、信息和市场等方面的优势带领农民创业，推动以创业带动农民就业，从而提高农民收入水平。

（3）加快吉林省农村金融体制改革。大力发展农业内源融资和外源融资方式，同时制定相应的法律法规，规范农民融资渠道和融资方式。积极鼓励相关金融机构开放多种适合农民的金融产品。同时，加大金融机构对农村服务业、乡镇企业的扶持力度。吉林省各级政府要加大对农村水、电、交通、通信等基础设施的投入，以此更好地引进外资，促进中小企业和民营企业的快速发展。继续实施农民小额担保贷款业务，解决农村劳动力自主创业资金不足的瓶颈。

10.2.2　推进特色城镇化，吸纳农民进入城镇

把发展中部城市群作为城镇化的增长极，增强中心城区辐射带动作用，强化县城综合承载能力建设，坚持把加强县城发展作为推进城镇化的重点，使其尽早成为具有一定规模效应和集聚效应的中小城市。坚持新农村建设与城镇化“双轮驱动”，在城乡一体化中推进城镇化，进一步提升城镇化的质量和水平。以工业企业、专业市场、特色产业的实体经济纽带作用，加速人流、物流、资金流、技术流向县城流动，形成产业集聚，人口集聚，物流集聚。实现向城市与县城人口的聚集和产业的集中、规模的扩大，推进资本下乡，农民进城。

（1）产业集聚。优化产业布局和空间布局，把吉林省中部城市群建设和发展玉米加工业和畜牧业等特色产业结合起来，加大对畜牧业加工企业和玉米加工企业等特色产业实施减免税收政策，集聚产业力量。作为消费品和工业原材料的农产品，以工业集中区为载体，在城镇进行加工消化，有利于节约运输成本，以龙头企业集群发展为重点，拓展产业链功能，打造区域特色品牌。以此带动服务业、运输业、物流业等相关产业发展，在各县城形成主导产业突出、规模效应明显的核心区和产业集聚区。城市以服务业为主体，城镇以工业为主体，农村以农业为主体，城市、城镇、农村形成三、二、一的产业布局。

（2）人口集聚。壮大县城功能，要围绕增加农民的非农就业和提高农民收入而展开，大力推进城镇化进程，重点是促进农村劳动力向城镇第二、三产业转移，促进农村人口向城镇集聚。在此基础上，伴随着第二产业从城市外移至城镇，支持城镇中小企业发展，特别是劳动密集型的产品加工业的发展。应使城市的政治中心外移，推动城市人口向城镇流动。要着眼城镇整体功能的全面提升，加大基础设施投入力度，切实增强县城、卫星城和重点小城镇吸纳人口和就业的能力。

（3）物流集聚。鼓励支持电子商务、物流配送和连锁经营等现代流通方式进入县城镇，充当中心城市向农村扩散技术能量的中介和农村向城市集聚各种要素的集散地。建立良种、化肥、农机等经销市场，建立“农机 4S 店”，以及农技服务站，将农业生产资料的销售集中在城镇，靠近需求市场，使城镇成为农业生产资料的集聚地。

10.2.3 强化农村人力资源的开发，增强农民职业能力

坚持农民职业培训与就业、提高农民收入相结合，加大对吉林省职业教育培训资源的整合力度，尤其是农民职业教育资源的整合力度，各级政府应大力支持各大农业高等学校和职业学校对农民进行职业培训的力度，加大对农民进行种植业、养殖业、畜牧业等相关产业经营知识的培训。同时积极组织各级劳动保障部门加大对农民工外出务工进行职业培训，提高农民工的职业技能。通过对农民进行人力资源开发，开展农民实用技术、农民转岗等方面的培训及对中青年农民进行学历教育，建立符合实际的订单、定向、定岗培训模式，提高培训实效。坚持政府推动、市场运作、部门监管、农民受益的原则，以市场需求为导向，以农村劳动力转移就业为目标，以职业技能培训为重点，提高农村劳动力素质和职业技能，促进农村劳动力合理有序转移，推动城乡统筹发展。

（1）建立技能培训机制和转移就业机制。要从根本上加强对农村劳动力的培训，坚持立足产业、政府主导、多方参与、注重实效的原则，以服务现代产业发展、服务新型经营主体培育、服务重大工程项目需要为导向，加快建立教育培训、认定管理和政策扶持“三位一体”培育环节，主要从以下两个方面着手：一是政府引导、市场运作双结合，从原则上做好农村劳动力的培训。通过举行定向与非定向的培训方式，分别对农村劳动力进行专业和非专业技能培训。二是大力支持市场主体举办农村劳动力培训，鼓励企业和组织对农村劳动力进行定向培训。通过各种职业培训，逐步提高农民工的职业技能，为农村富余劳动力转移到非农产业部门提供强有力的技能保障，进而增加农民的非农收入。

（2）各级政府应增加对农村教育的转移支付力度，促进教育公平，健全教育保障体系。学校教育尤其是农村基础教育至关重要。通过发展农村基础教育，可以有效提高农民的基础知识水平，能够大大降低农业技术推广的成本，不断提高农业劳动生产率，也更有利于农业劳动者素质提高，进而增加农民非农收入。因此，加大对吉林省农村基础教育的经费投入力度，从而促进吉林省农民收入的稳定持续增长。

（3）向农民投资，既关注农民向第二、三产业和城镇转移，也关注农民的培育和劳动力素质的提高，强化农村人力资源的开发利用。在工业化、信息

化、城镇化深入发展中同步推进农业现代化，补齐农业现代化这块短板，迫切需要在坚持和完善农村基本经营制度的基础上，加快培育多元化的现代农业经营主体，以解决“地怎么种”为导向，推动不同经营主体的规模经营模式。积极构建以农户家庭为基本经营主体，以社会化服务为农业经营提供保障，以市场化为导向的农产品目标价格机制的现代农业经营体系。加大培育专业户、家庭农场、合作经济组织和农业企业等多种经营主体，培养造就新型农民队伍，鼓励支持大中专院校特别是农业院校毕业生及农村能人返乡到农村经营农业。

10.2.4　改革城乡二元经济结构，完善城乡人口流动政策

积极推进城乡要素平等交换和公共资源均衡配置，有序推进农村劳动力转移就业和农业转移人口市民化。

（1）深化户籍制度改革，协调推进相关制度建设。全面放开中小城市和城镇的落户限制，实行城乡一体的居民户口登记制度，鼓励符合条件的农民积极落户城镇，同时各级政府应该完善新落户城镇的农村居民的养老、医疗卫生、子女教育等公共福利政策。逐步建立迁移到城镇居住的农村居民养老、医疗、教育等问题的有效衔接制度，确保落户城镇的农村居民免除后顾之忧。对不稳定就业（签订短期合同、频繁流动以及从事各种灵活就业）的农民工，则需要政府各部门之间协调、联动，创新机制来妥善解决。继续坚持以流入地为主、以公办学校为主的“两为主”政策，落实进城务工人员随迁子女在流入地就学的同城同等待遇。在此基础上，稳步推进城乡公共服务均等化。

（2）根据农村实际情况，对目前在落实执行的农村就业政策进行评估，对存在的不足和问题进行分析和解决，进一步完善农村劳动力自谋职业、自主创业、灵活就业政策体系，大力优化就业创业服务，促进农村劳动力充分就业，增加收入。建立城乡统筹的劳动力就业服务体系和就业保障制度。维护广大农民基本生活权益，完善农村社会保障体系，降低农民进城的成本，降低农民进城后生产经营的不确定性风险，保护农民进城就业的合法权益，提高农民的人力资本积累，从而提高农民工资性收入。

（3）推进农村土地流转，完善现代土地制度体系。吉林省农业规模经营的实现是一个循序渐进的过程，要和吉林省城镇化和工业化进程相适应，应坚持农地农有、农地农用、征地补偿原则。明晰所有权、稳定承包权、放活经营

权。其一，农村土地归集体所有；其二，承包权依然归属于农民，以未来确权后的土地承包证书为法律依据，加快农村土地确权登记颁证；其三，农民不会因为土地流转而丧失承包权，因此也将分享流转土地经营的收益权。在坚持农村土地集体所有的前提下，促使承包权和经营权分离，形成所有权、承包权、经营权三权分置、经营权流转的格局。通过实施土地转让补贴，鼓励全家外出打工农户、劳动力不足无力正常经营农户、产出效益低的农户转出承包土地的经营权。农民流转土地承包经营权要按照依法、自愿、有偿原则，要坚持家庭联产承包制经营这一底线，尊重农民意愿，循序渐进。通过规范、有序地流转土地承包经营权，从而使从事农业经营的专业农户、家庭农场和农村合作经济组织实现规模经营，获取规模收益。对流转出土地的农户进入城镇工作和生活，各级政府要确保这部分人群享有和市民一样的医疗、养老、教育等社会福利。

10.2.5 加快一、二、三产业融合，推动城乡经济社会一体化发展

（1）推动农业劳动生产率的提升。一方面，完善土地产权制度，加快土地流转。完善土地承包经营权流转、抵押、租赁等相关权利制度，使农民充分享受土地相关产权带来的红利。推进一些具备条件的农民工和兼业农民市民化，解决市民化的农民医疗、养老、子女教育等社会保障问题，让其自愿放弃土地经营，这样能够确保从事农业经营的农民扩大农业经营的规模，进而获得规模经济，以此来保证经营农业的农民的收入不低于城镇居民的平均收入。另一方面要加大对农业科技投入力度，通过现代科技提高育种能力、改良农业机械、加快农业信息化程度，加大对农业保险的投入力度，同时加强农民技术培训的投入力度，培训新型职业农民。

（2）加大农业保护力度。农业的生物周期性决定了农业的自然风险较高，同时，农业的小农经营与市场经济不对接，也决定了农业的市场风险较高。农业的高风险性与农业的国民经济基础地位之间的矛盾决定了农业的自然风险需要由社会来共同承担，规避农业的自然风险需要大力扶持农业保险行业的发展，要在税收、工商登记等方面给予农业保险企业相关优惠政策，同时要加大对农业保险企业补贴的力度。要降低农业的市场风险，需要稳定农产品的价格，避免农产品价格波动的幅度过大，确保农民的农业收入的稳定增长。目前

吉林省农产品价格，尤其是玉米价格并不稳定。例如2015年由于国际玉米市场价格的冲击，国家降低了玉米临储价格，这样对农民的收入产生了一定的影响。要稳定农产品价格需要建立与市场经济相适应的目标价格。完善的目标价格不但能保护农民的收入，而且还能提高中国农产品的国际市场竞争力。保护农业要不断降低农业的自然风险和市场风险，而且还要保护农民种粮的积极性。继续加大对种粮专业户、家庭农场和农业合作经济组织的财政扶持力度。不仅要继续加大粮食直补、良种补贴、农资补贴等相关补贴的力度，而且要加强农业基础水利设施、农村基础设施等相关设施建设的财政扶持力度，同时要建立城乡统筹的养老、医疗和教育体制机制。

（3）加快产业融合力度。首先，要加大技术、资本等生产要素对农业的投入力度，并且提高农业生产要素的配置效率，加大农资供应、农产品生产、农产品加工、农产品运输和农产品销售各个环节有机协调力度；其次，加快产业融合需要加快农业服务业发展，建立完善的农业服务体系；再次，需要强化政府统一规划、政策引导和重点扶植的调控职能，构建一、二、三产业融合发展的产业政策框架，建立产业融合发展的利益协调机制，保障农民和相关组织能够公平分享一、二、三产业融合中的“红利”；最后，需要增加财政对基础设施建设和公共服务方面的投入，并对产业融合发展提供财政、税收、金融等方面的援助支持，推动一、二、三产业协同发展。

10.3 研究展望

我国目前处于全面建成小康社会的关键阶段，而全面建成小康社会的关键在于农民增收问题，农民的增收问题不仅关系到中国粮食安全，更关系到社会的和谐稳定。要解决农业问题，必须靠工业化；要解决农民问题，必须靠农民市民化；要解决农村问题，必须靠城镇化。要使农民增收，就应增加农民资源占有量；要实现农业现代化，就得改变城乡二元结构。构建一个包含农民人力资本、农业现代化、农村工业化和农村城镇化的综合性数理模型，探讨农民增收机理将作为下一阶段的研究任务。中国各个区域经济发展水平差距较大，沿海地区较为发达，工业化和城镇化发展均高于吉林省，江浙地区过去为中国粮食主产区，但是随着工业化、城镇化进程的加快，现在已经失去了粮食主产区的优势，农民出现了严重的非农化和非粮化，农民收入结构发生了显著改变，农民的种粮积极性普遍较低。未来随着吉林省工业化、城镇化进程的加快，会不会出现像江浙农户一样种粮积极性下降的情况？如果有可能出现，应该如何避免？如何用江浙一带的先进经验来预测未来吉林省农民的粮作行为和收入结构的变动情况？这些问题都需要下一步深入研究。未来，随着我国经济的进一步发展，尤其是随着工业化、城镇化进程的完成，三次产业会出现不断融合的现象，那么三次产业融合会对农民收入结构产生什么影响，从三次产业融合的角度来探讨农民收入结构变动的问题也将是下一步继续研究的课题。

附录

问卷编码：

2014年吉林省农户问卷

市：
县（区）：
乡镇：
村：
小组：
被访者姓名：
电话号码：
手机号码：
调查员姓名：______________调查日期：______________

表A　农户家庭基本信息

农户家庭常住人口信息表（1. 户口在家；2. 在家全年居住三个月以上；3. 具有集体户口的在学和参军人员）					
个人编码	01 与户主关系 代码1	02 性别 1=男；2=女	03 年龄 周岁	04 教育程度	05 是否结婚 1=是；2=否
101					
102					
103					
104					
105					
106					
107					
06. 农户家距离最近县城的距离________公里					

代码1：1=户主　2=配偶　3=孩子　4=孙子（女）　5=父母　6=（外）祖父母　7=兄弟姐妹　8=儿媳女婿　9=亲戚　10=其他（请注明）

代码2：1=村支书　2=副支书　3=村长　4=副村长　5=会计　6=小组长　7=妇女主任　8=村民代表　9=包/驻村干部　10=其他（请注明）

代码3：0=文盲　1=小学文化　2=初中文化　3=高中文化　4=大专　5=大学本科　6=其他（请注明）

表 B1　家庭成员就业情况

调查员请注意：1. 表 B1 调查所有 16 周岁以上出现在表 A 中的家庭成员，未满 16 岁的不问表 B1。2. 自营工商业不包括养殖业。

个人编码	01. 2014 年是否干活（包括务农及非农工作） 1. 是》03 2. 否	02. 2014 年没干活的原因 1. 年老 2. 身体不好 3. 待业 4. 只做家务 5. 上学 6. 其他（文字注明）》下一人	03. 2014 年是否务农？ 1. 是 2. 否	04. 2014 年是否有非农收入（包括家庭经营收入中非第一产业收入和外出务工收入）？ 1. 是 2. 否	按从事时间长短来计算，2014 年最主要的非种养工作			按从事时间长短来计算，2014 年第二重要的非种养工作
					05. 职业编码	06. 具体工作说明	07. 是否有第二位的非种养业工作？ 1. 是 2. 否》下一人	08. 具体工作说明
101								
102								
103								
104								
105								
106								
107								

职业代码：1＝农业务工　2＝工厂工人　3＝建筑业工人　4＝工匠（木匠、泥水匠）　5＝矿业工人　6＝其他工人（请说明）　7＝商业工作人员　8＝企业管理人员　9＝服务行业（美容、理发、餐厅服务、司机、厨师、保安等）　10＝办事员（秘书、勤杂人员等）　11＝村、组干部　12＝各类专业技术人员（教师、医生等）　13＝党政企业负责人　14＝自营工商业　15＝其他（请说明）

表 B2′　2014 年家庭成员非农工作地点

个人编码	15. 2014 年工作地点？ 1. 本乡 2. 外乡
101	
102	
103	
104	
105	
106	
107	

表 C　2014 年粮食种植投入和收入（只包括用现金购买的部分投入）

	农作物 1	农作物 2	农作物 3	农作物 4	农作物 5
01. 总播种面积（亩）	作物代码（）	作物代码（）	作物代码（）	作物代码（）	作物代码（）
02. 总产量					
03. 有出售的吗？（包括已出售和准备出售的） 1＝有，2＝没有＞06 题					
04. 出售比例（%）					
05. 出售均价（元/千克）					
06. 该作物播种面积最大的地块代码					
07. 该地块面积（亩）					
08. 单产（千克/亩）					
09. 塑料薄膜（元/亩）					

（续）

	农作物1	农作物2	农作物3	农作物4	农作物5
10. 种子（购买的）（元/亩）					
11. 如果是自留种子，每亩多少斤（斤/亩）					
12. 水费（元/亩）					
13. 农家肥（购买的）（元/亩）					
14. 如果是自家的农家肥，每亩的数量?					
15. 农家肥单位（1＝担；2＝立方米）					
16. 化肥（元/亩）					
17. 农药（元/亩）（包括除草剂、杀虫剂、杀菌剂、作物生长剂）					
18. 自家劳动力投入（工日/亩）					
19. 雇工（元/亩）					
20. 服务费（包括翻地、耕地、收割等服务费）（元/亩）					
21. 农机燃料费（包括自家和借用农机）（元/亩）					
22. 其他投入（元/亩）					
23. 2014年雇工工资（元/天）					

粮食作物代码：1. 玉米　2. 水稻　3. 大豆　4. 薯类　5. 其他粮食作物

D　2014年农户家庭耕地情况

2014年家庭耕种的土地共计__________亩。

表 E　2014 年农户家庭收入构成情况

单位：元

01. 玉米收入	02. 大豆收入	03. 水稻收入	04. 其他种植业收入	05. 养殖业收入	06. 自营工商业收入	07. 外出务工收入	08. 其他工资性收入	09. 粮食直接补贴	10. 综合农资补贴（化肥、种子、柴油、农机）	11. 退耕还林补贴	12. 从出租土地、设备、房屋等得到的收入	13. 存款利息收入	14. 贷款利息收入	15. 除意外收入的其他收入	16. 总收入

注：意外收入指彩票收入、遗产继承收入等，这里不考虑意外收入对农户种粮行为的影响。因此收入中不合算意外收入。

参考文献

蔡昉，王德文．经济增长成分变化与农民收入源泉［J］．管理世界，2005（5）：77-83.
蔡薇，何云涛．农民收入结构对农村消费市场影响的实证研究——基于华东五省一市面板数据［J］．江西农业大学学报（社会科学版），2013，12（1）：53-57.
钞小静，沈坤荣．城乡收入差距、劳动力质量与中国经济增长［J］．经济研究，2014（6）：30-43.
陈冲．我国省际间农民收入差距的趋势及其结构分解：1996—2008［J］．经济经纬，2010（5）：106-110.
陈吉元，韩俊．农民收入增长与农村经济结构变动关系的研究［J］．中国农村观察，1995（1）：3-16.
陈军．农产品价格、农民专业合作社与新疆农民可持续增收研究［J］．西北人口，2013（1）：52-56.
陈世强，石慧娜．中国乡村从业人员就业结构演化及对农民收入的影响［J］．经济地理，2008（3）：469-474.
陈世强，石慧娜．中国乡村从业人员就业结构演化及对农民收入的影响［J］．经济地理，2008，28（3）：469-474.
陈锡文．构建新型农业经营体系刻不容缓［J］．求是，2013（22）：38-41.
陈宗胜，周云波，任国强．影响农村三种非农就业途径的主要因素研究——对天津市农村社会的实证分析［J］．财经研究，2006（5）：4-18.
邓大才．农民增收的极限约束与跨越路径［J］．经济学家，2004（3）：54-58.
狄传华，王丽娟，宋沁青．中国农民纯收入增长结构分析［J］．经济师，2009（3）：8-10.
范东君，朱有志．二元经济、农业劳动力流动与粮食生产［J］．云南财经大学学报，2012，（1）：50-56.
范念龙，徐红．新疆农村居民收入与经济增长关系研究［J］．商业经济，2011（3）：37-39.
高梦滔，毕岚岚，师慧丽．流动性约束、持久收入与农户消费——基于中国农村微观面板数据的经验研究［J］．统计研究，2008（6）：48-55.

宫雨虹．中国农民收入持续增长的机制研究［D］．重庆：西南财经大学，2010.
关浩杰．中国农民收入变动与经济增长的动态关系——基于VAR模型的实证分析［J］．首都经济贸易大学学报，2011（1）：24-28.
郭庆海．我国农村家庭经营的分化与发展［J］．农业经济问题，2000（5）：33-37.
何蒲明，刘红，魏君英．农民分化对粮食生产影响的实证研究［J］．经济与管理研究，2014（4）：54-58.
何蒲明，刘红，魏君英．农民分化对粮食生产影响的实证研究——基于粮食主产区的动态面板数据［J］．经济与管理研究，2014（4）：54-58.
何蒲明，张凡．农民职业分化、收入分化与城镇化关系的实证研究［J］．长江大学学报（自然科学版），2015（12）：62-65.
何秀丽，张平宇．吉林省农民收入变动及影响因素分析［J］．农业系统科学与综合研究，2007，23（4）：481-485.
胡善清．百尺河镇农户分化对农户收入影响研究［D］．青岛：中国海洋大学，2011.
胡文国，吴栋，吴晓明．我国农民收入增民影响因素的实证分析［J］．经济科学，2004（6）：5-15.
黄季焜．对农民收入增长问题的一些思考［J］．经济理论与经济管理，2000（1）：56-61.
黄云婷，吴青蔚．江苏农村居民收入差距分析——基于苏南、苏中、苏北的研究［J］．新疆农垦经济，2012（7）：64-68.
金一虹．农村妇女职业分化研究［J］．学海，1995（2）：47-52.
李朝林．贫困农户增收路径研究——基于农民收入差距分析［J］．科技和产业，2008（11）：23-29.
李道军，胡颖．农民增收与经济增长之间关系的实证研究［J］．新疆农垦经济，2004（1）：6-9.
李恩，宋妍澎，冯梦龙．农民收入增长影响因素的实证分析——以吉林省双辽市某村为例［J］．农业经济，2008（5）：58-60.
李宁辉．粮食主产区农民收入动态检测［M］．北京：中国经济出版社，2006.
李培林，李强，孙立平，等．中国社会分层［M］．北京：社会科学文献出版社，2004.
李培林．流动民工的社会网络和社会地位［J］．社会学研究，1996（4）：42-52.
李锐，项海容．不同类型的收入对农村居民消费的影响［J］．中国农村经济，2004（6）：9-13.
李实．中国农村劳动力流动与收入增长和分配［J］．中国社会科学，1999（2）：16-33.
李雪松，冉光和．财政分权、农业经济增长与城乡收入差距［J］．农业技术经济，2013（1）：86-94.
李逸波，彭建强．农民职业分化的微观影响因素实证分析——基于分化程度与城乡选择的二重角度［J］．中国农村观察，2014（3）：41-51.

刘纯彬，陈冲．影响农村居民消费行为的收入结构效应分析——基于我国1997—2009年面板数据的实证检验［J］．天府新论，2011（4）：43-48.
刘怀宇，李晨婕，温铁军．被动闲暇中的劳动力机会成本及其对粮食生产的影响［J］．中国人民大学学报，2008（6）：21-30.
刘惠英．江苏农民消费问题研究［D］．南京：南京农业大学，2000.
刘京亮．收入结构视角下河北省农民收入增长研究［D］．石家庄：河北经贸大学，2014.
刘长庚，王迎春．我国农民收入差距变化趋势及其结构分解的实证研究［J］．经济学家，2012（11）．
柳芳．农民收入结构变动与农民增收问题研究［D］．郑州：河南农业大学，2010.
陆彩兰，洪银兴，赵华．农民收入结构对消费支出的影响——基于江苏省1993—2009年的数据分析［J］．经济体制改革，2012（2）：66-70.
陆彩兰，洪银兴．江苏省农村金融发展与农民收入结构分析［J］．商业研究，2013（6）：181-187.
罗永．黑龙江省农民人力资本投资对非农收入的影响研究［D］．哈尔滨：东北林业大学，2015.
马林静，欧阳金琼，王雅鹏．农村劳动力资源变迁对粮食生产效率影响研究［J］．中国人口·资源与环境，2014（9）：103-108.
马凌，朱丽莉，彭小智．江苏省农民收入结构的演变、成因与优化对策［J］．华东经济管理，2011（12）：16-20.
牟少岩，仇焕广，张珍，等．影响我国农民职业分化的宏观及微观因素分析［J］．农业经济，2007，（10）：19-21.
牟少岩，杨学成．农民职业分化微观影响因素的实证研究——以青岛为例［J］．农业经济问题，2008（11）：90-95.
牟少岩．农民职业分化的影响因素研究——以青岛地区为例［D］．泰安：山东农业大学，2008.
彭长生，钟钰．教育、流动与欠发达地区农民的收入分化——基于安徽省的农户调查数据［J］．农村经济，2014（5）：70-74.
蒲艳萍，刘蜻．劳动力流动对农村经济的影响效应——基于对重庆市137个自然村有无外出务工家庭的调查分析［J］．经济问题探索，2010（9）：43-49.
秦立建，张妮妮，蒋中一．土地细碎化、劳动力转移与中国农户粮食生产——基于安徽省的调查［J］．农业技术经济，2011（11）：16-22.
全磊，何蒲明，魏君英．中国农民职业分化与收入分化关系到实证研究［J］．湖北农业科学，2015（10）：5198-5200.
任淑荣．河南农民收入结构变动及影响因素分析［J］．河南农业大学学报，2007，41（4）：232-236.

盛来运．农民收入增长格局的变动趋势分析［J］．中国农村经济，2005（5）：21-25.

孙建文．山西农民收入结构分析［J］．山西农业大学学报（社会科学版），2004（3）：219-222.

汪旭晖，顾晶．中国农村居民消费与收入关系的实证研究［J］．北京工商大学学报（社会科学版），2009（1）：58-63.

王帆，黄利民．农民职业分化的微观影响因素分析以江汉平原为例［J］．湖北科技学院学报，2014，34（7）：195-199.

王格玲，陆迁，王昕．社会资本对农户收入及收入差距影响的灰色关联度分析［J］．广东农业科学，2012（16）：200-202.

王健宇，徐会奇．收入性质对农民消费的影响分析［J］．中国农村经济，2010，（4）：38-47.

王晶．农村市场化、社会资本与农民家庭收入机制［J］．社会学研究，2013（3）：119-144.

王来栓，朱润喜．东中西部地区农民收入差距分析［J］．未来与发展，2013（6）：110-115.

王丽丽，刘书琪，万思博．基于VAR模型的农民收入变动与经济增长关系的实证分析——以齐齐哈尔市为例［J］．中国农学通报，2014，（14）：141-146.

王少平，欧阳志刚．中国城乡收入差距对实际经济增长的阈值效应［J］．中国社会科学，2008（2）：54-66.

王文信，徐云．农民工就业影响因素分析——对安徽阜阳农村的调查［J］．农业经济问题，2008（1）：85-90.

王小华，温涛，王定祥．县域农村金融抑制与农民收入内部不平等［J］．经济科学，2014（2）：44-54.

王小鲁，樊纲．中国地区差距的变动趋势和影响因素［J］．经济研究，2004（1）：33-44.

王晓蓉，贾宝红，信丽媛，王丽娟，马享优．天津市农民收入来源结构的灰色关联度分析［J］．天津农业科学，2013，19（2）：57-60.

温涛，田纪华，王小华．农民收入结构对消费结构的总体影响与区域差异研究［J］．中国软科学，2013（3）：42-52.

吴娟，陈欣．城乡居民收入差距与农业经济增长关系的实证研究［J］．农业技术经济，2010（12）：25-30.

吴云勇．中国农民非农收入影响因素的综合分析——基于通径分析方法［J］．南方农村，2012（4）：36-38.

西奥多·舒尔茨．改造传统农业［M］．梁小民译，北京：商务印书馆，2006.

夏莉艳．农村劳动力流失与农业基础稳固［J］．经济问题探索，2009（5）：35-40.

谢凤华，刘国栋，龙芮希．收入结构对农民生活消费支出影响的区域差异分析——基于

1998—2013年省际面板数据的实证研究［J］．湘潭大学学报（哲学社会科学版），2015（5）：72-76.
谢童伟，吴方卫．农村居民家庭纯收入构成及影响因素差异分析［J］．上海财经大学学报（哲学社会科学版），2010（4）：74-81.
熊有云．县域尺度下农民收入构成时空演变差异——以湖南省为例［D］．兰州：西北师范大学，2010.
徐会奇，李敬强．不同收入来源对农村居民消费的影响及对策［J］．经济纵横，2009（3）：44-46.
许恒周，郭忠兴，郭玉燕．农民职业分化、养老保障与农村土地流转——基于南京市372份农户问卷调查的实证研究［J］．农业技术经济，2011（1）：80-85.
许恒周．农民阶层分化与农村土地流转中的产权偏好［J］．中州学刊，2011（4）：75-78.
杨乐乐．影响农民非农就业的微观因素分析——基于全国7506个样本的实证研究［J］．西华大学学报（哲学社会科学版），2010（6）：83-87.
姚俊．流动就业类型与农民工工资收入——来自长三角制造业的经验数据［J］．中国农村经济，2010（11）：53-62.
印银银，汪丽娟，张藕香．农民分化的收入决定因素分析［J］．电子科技大学学报（社科版），2013（4）：56-62.
原媛．改革开放以来青州市农民收入结构变动情况分析［D］．泰安：山东农业大学，2015.
约翰·伊特韦尔，等．新帕尔格雷夫经济学大辞典（第3卷）［M］．北京：经济科学出版社，1996.
张车伟，王德文．农民收入问题性质的根本转变——分地区对农民收入结构和增长的考察［J］．中国农村观察，2004（1）：2-13.
张车伟，王德文．农民收入问题性质的根本转变——分地区对农民收入结构和增长的考察［J］．中国农村观察，2004（1）：2-13.
张德华．黑龙江省农民收入影响因素及对策研究［D］．哈尔滨：东北农业大学，2013.
张风龙，藏良．农民收入结构变化研究［J］．经济纵横，2007（7）：2-5.
张建杰．农户收入结构变迁及其成因研究［D］．杭州：浙江大学；2005.
张秋惠，刘金星．中国农村居民收入结构对其消费支出行为的影响——基于1997—2007年的面板数据［J］．中国农村经济，2010（4）：48-54.
张务伟，张福明，杨学成．农村劳动力就业状况的微观影响因素及其作用机理——基于入户调查数据的实证分析［J］．中国农村经济，2011（11）：62-73.
张艳．我国农民的职业分化与养老保障的路径选择［J］．华中农业大学学报（社会科学版），2009（6）：33-36.
张占贞，王兆君．我国农民工资性收入影响因素的实证研究［J］．农业技术经济，2010

(2)：56-61.
张珍，陈锦铭，仇焕广．影响农民职业分化的经济因素探析［J］．安徽农业科学，2008，36（5）：2097-2098.
张宗平，蔡兰英，代金环等．赤水市农民财产性收入现状及原因探析［J］．农技服务，2012（4）：501-504.
赵恒庆．甘肃省农户收入影响因素的计量分析［J］．北方经济（综合版），2010（16）：69-72.
赵剑治，陆铭．关系对农村收入差距的贡献及其地区差异——一项基于回归的分解分析［J］．经济学，2009（1）：363-390.
赵力涛．中国农村的教育收益率研究［J］．中国社会科学，2006（3）：98-109.
赵丽．中国农民工资性收入影响因素的实证研究［D］．武汉：华中科技大学．2010.
赵伟，赵晓霞．对外贸易、FDI与中国农民收入及其分化的实证研究［J］．国际贸易问题，2008（3）：95-102.
赵耀辉．中国农村劳动力流动及教育在其中的作用［J］．经济研究，1997（2）：37-42.
赵颖．我国固定资产投资增长与农民收入结构变动的实证分析［J］．岭南学刊，2009（5）：101-105.
中国人民银行成都分行调查统计处课题组．对四川省农民工工资水平及其影响因素的调查［J］．西南金融，2011（5）：31-32.
钟甫宁，何军．增加农民收入的关键：扩大非农就业机会［J］．农业经济问题，2007（1）：62-69.
钟甫宁，何军．增加农民收入的关键：扩大非农就业机会［J］．农业经济问题，2007（1）：62-70.
周红利，和荣．中国地区间农民收入差距研究［J］．山西财经大学学报，2007，29（10）：19-25.
周晔馨．社会资本在农户收入中的作用——基于中国家计调查（CHIPS2002）的证据[J]．经济评论，2013（4）：47-57.
周雪松，刘颖．中国农民收入结构演变及其启示［J］．中国农学通报，2012（14）：210-213.
朱丽莉，钟钰．我国粮食生产效率与区域差异的实证观察［J］．统计与决策，2015（17）：93-96.
朱玲，金成武．中国居民收入分配格局与金融危机应对［J］．管理世界，2009，（3）：63-71.
朱学新．我国农民收入的结构性差异与内部分化研究［J］．财政研究，2014（11）：58-61
朱志明．甘肃省农民收入结构变动对农业生产的影响［D］．兰州：兰州大学，2009.
Alan de Brauw，Huang Jikun，Scott Rozelle，et al. The Evolution of China's Rural Labor

Markets during the Reforms [J] . Journal of Comparative Economics, Vol. 30, No. 2, pp. 329-353, 2002.

Brian C, Briggeman, Allan Wayne Gray, etal. A New U. S. Farm Household Typology: Implications for Agricultural Policy [J] . Review of Agricultural Economics, 2007, 29 (4): 765-782.

Dastrup S R, Hartshorn R, Mcdonald J B. The impact of taxes and transfer payments on the distribution of income a para metric comparison [J] . Journal of Economic lnequality, 2007, 5 (3): 353-369.

GG Liu, WH Dow, Fu Alex Z, et al. Income productivity in China: On the role of health [J] . Journal of Health Economics, 2015, 27 (1): 27-44.

Gisser, M. Schooling and the farm problem [J] . Econometrica, 1965 (3): 582-592.

Gregory Veeck, Clifton W. Pannell. Rural Economic Restructuring and Farm Household Income in Jiangsu, People's Republic of china [J] . Journal of Contemporary China, 2004 (6): 275-292.

Hanson R J. Non-farm income earned by commercial farm operators in central ilinois [J] . American Journal of Agricultural Economics, 1971, 53 (1): 103-105.

Huffman W. Farm and off-farm work decisions: the role of human capital [J] . Review of Economics and Statistics, 1980 (62): 14-23.

Iddo Kan, Ayal Kimhi, Zvi Lerman. Farm output, non-farm income and commercialization in rural Georgia [J] . Agricultural and Development Economic, 2006 (3): 276-286.

K. Davis. Impact of Farmer Field Schools on Agricultural Productivity and Poverty in East Africa [J] . World Development, 2011, 40 (2): 402-413.

Larry A, Sjaastad. The Costs and Returns of Human Migration [J] . Journal of Political Economy, Vol. 70, No. S, pp. : 80-93, 1962.

Matlon P J. Income Distribution among Farmers in Northern Nigeria: Empirical results and policy implications [N] . African Rural Economy Paper, 1979.

Raphael O. Babatunde and Matin Qaim. Impact of Off-farm Income on Food Security and Nutrition in Nigeria [C] . Contributed paper for the 3rd Conference of Africa Association of Agricultural Economists, "Africa and the Global Food and Financial Crises", Cape Town, 2010 (2): 1-30.

Robert J, Haupt Originally. When is a Farmer a "Family Farmer"?: An Analysis of Chapter 12 Income Qualifications [J] . Oklahoma City University Law Review. 2004 (1): 725-735.

Samuel H. Preston. Urban Growth in Developing Countries: A Demographic Reappraisal [J] . Population and Development Review, 1979 (6) 195-215.

Soy Transprotation Council. STC Analysis Shows Impact of Transportation on Farmer Income

[EB/OL] . http：// cornandsoybeandigest. com/marketing/stc-analysis-shows-impact-transportation-farmer-income，2010-06-17.

TranThi Ut，Kei Kajisa. The impact of green revolution on rice production in Vietnam [J] . The Developing Economies，2006（2）：167-189.

图书在版编目（CIP）数据

吉林省农民收入结构问题研究 / 张茗朝，陈忠明，
姜会明著. —北京：中国农业出版社，2016.12
ISBN 978-7-109-22404-9

Ⅰ.①吉… Ⅱ.①张… ②陈… ③姜… Ⅲ.①农民
收入—收入分配—研究—吉林 Ⅳ.①F323.8

中国版本图书馆 CIP 数据核字（2016）第 283311 号

中国农业出版社出版
（北京市朝阳区麦子店街 18 号楼）
（邮政编码 100125）
责任编辑　刘明昌

北京中兴印刷有限公司印刷　　新华书店北京发行所发行
2016 年 12 月第 1 版　　2016 年 12 月北京第 1 次印刷

开本：700mm×1000mm　1/16　　印张：15.25
字数：270 千字
定价：38.00 元